尽 善 尽 美 弗 求 弗 迪

组织与人才发展精进系列

萃取组织经验

知识地图梳理与案例开发实战

孙科柳 李常菊 蒋朝安◎著

電子工業出版社
Publishing House of Electronics Industry
北京 • BEIJING

内 容 简 介

组织经验萃取在帮助企业沉淀管理智慧、加速员工成长、提升组织绩效水平等方面具有重要的作用。本书从经验的价值、案例开发机制、知识地图构建、案例主题规划、业务场景还原、案例文本写作、萃取经验与方法、案例教学设计、案例应用与推广这九个方面，对组织经验萃取的逻辑和方法进行了深入浅出的解读，以期推动组织经验萃取工作的规范化、科学化发展。

本书可作为企业大学管理者、人力资源负责人、企业培训工作者等的学习用书。

未经许可，不得以任何方式复制或抄袭本书之部分或全部内容。
版权所有，侵权必究。

图书在版编目（CIP）数据

组织经验萃取：知识地图梳理与案例开发实战 / 孙科柳，李常菊，蒋朝安著. 一北京：电子工业出版社，2022.7
（组织与人才发展精进系列）
ISBN 978-7-121-43456-3

Ⅰ. ①组… Ⅱ. ①孙… ②李… ③蒋… Ⅲ. ①企业管理－组织管理学 Ⅳ. ① F272.9

中国版本图书馆 CIP 数据核字（2022）第 080672 号

责任编辑：杨　雯
印　　刷：三河市鑫金马印装有限公司
装　　订：三河市鑫金马印装有限公司
出版发行：电子工业出版社
　　　　　北京市海淀区万寿路 173 信箱　　邮编：100036
开　　本：720×1000　1/16　印张：16.25　字数：265 千字
版　　次：2022 年 7 月第 1 版
印　　次：2022 年 7 月第 1 次印刷
定　　价：69.00 元

凡所购买电子工业出版社图书有缺损问题，请向购买书店调换。若书店售缺，请与本社发行部联系，联系及邮购电话：（010）88254888，88258888。

质量投诉请发邮件至 zlts@phei.com.cn，盗版侵权举报请发邮件至 dbqq@phei.com.cn。

本书咨询联系方式：（010）57565890，meidipub@phei.com.cn。

前言

面对日益激烈的市场竞争，企业的生存和发展系于一端，那就是人才的能力。于是，很多企业开始在人才培养方面投入巨大的精力，并做出持续的努力。由于企业是一个人为的、功利性的组织，带有其商业目的，其进行人才培养的目的肯定是希望通过培训能够实现更多的价值创造。因此，人才培养项目带来绩效提升，做到即学即用，解决业务问题，这是其底层需求。这也就要求我们在人才培养项目设计上必须做到通过对人才的赋能推动对业务的赋值。

这几年，笔者一直在帮助一些企业推进学习型组织建设、领导力建模、内训师培养、培训课程体系搭建等人才发展项目，对此有着较多的切身感受。从项目实践来看，组织经验是紧扣业务、做实人才培养工作的一个重要载体。将从组织经验中萃取出来并形成标准化的东西融入人才培养活动中去（也就是我们常说的案例开发与案例教学），让更多的人学习和掌握优秀经验，可以实现用组织智慧提升员工能力，强化组织绩效水平。

华为公司创始人任正非强调，员工的经验是公司宝贵的财富。为了让经验得到更广泛的复制和传承，华为要求每个员工把当年发生的关键事件、重要收获用案例的形式呈现出来，然后上传到公司案例库里面。每个员工都可以通过案例搜索平台查阅其他人的案例。当遇到问题时，华为人可以利用这个平台，搜索他人的经验，从而找到解决问题的突破口。另外，华为也会派一些年轻员工到新的地方去开拓市场，同时给他们一本案例集，这里面包括前辈们在类似的地方是如何做的。通过这样的方式，华为将员工的宝贵经验传承下来，实现了对组织知识资产的有效管理。

对于企业来说，能否快速挖掘组织智慧，并通过有效的手段复制与传播，成为能否赢得商业竞争的关键。这也是最近几年来很多企业开始重视案例开发与案例教学的原因。外部商业环境的快速变化，导致外面的知识已经不再适用于企业的人才培养工作，企业必须及时总结自己的经验，再通过训战结合的方式，培养出源源不断的梯队人才。

笔者在组织经验萃取方面有着丰富的实践经验，曾给国家电网、隆平高科、新力地产、澳优乳业等知名公司提供过相关咨询服务。在咨询辅导过程中笔者发现，尽管企业知道组织经验很重要，却不知从何入手。

为了让企业管理者、培训工作者清晰认知和掌握组织经验萃取方法，笔者策划、编写了本书。为什么要进行组织经验萃取？如何将员工大脑中的优秀经验萃取出来，并将这些经验转化为组织的知识资产？如何通过案例开发将业务发展与人才培养进行有效结合？组织如何才能更加有效地进行经验萃取，标准化的流程和工具有哪些？在案例开发过程中有哪些需要注意的事项？组织可以通过哪些方式进行案例应用与推广？这是本书主要探讨的内容。

本书结合了笔者自身丰富的实战经验，同时参考了一些已出版的书籍，对标了国家电网、华为、华润、平安银行、万达、德勤、麦肯锡等优秀企业实践，系统、深入地梳理了组织经验萃取的方法，旨在让读者通过用对方法、学通案例，做对、做好组织经验萃取工作。

在写作本书的过程中，笔者得到了诸多管理学专家、企业培训工作者以及一线管理者的大力支持和帮助，在此一并表示感谢。

尽管经过细致的策划与写作，本书也难免会出现争议之处，若您有更加到位的建议，恳请不吝指正。最后，衷心希望这本书能够给读者提供一些积极的思考和启发，并能够提供切实有效的帮助。

孙科柳

目录

第 1 章 经验的价值

第 2 章 案例开发机制

第 3 章

知识地图构建

第 1 章
经验的价值

组织内部有许多经验丰富的员工，我们可以将他们身上宝贵的经验萃取出来，沉淀为组织的知识资产，并将这些经验推广和复制给更多的员工，从而大大提升组织的绩效水平。

1.1 经验的定义与分类

对于“经验”一词，大家都很熟悉。那到底什么是经验呢？经验包括哪些类型呢？对企业而言，哪些经验才是有萃取价值的呢？

1.1.1 什么是经验

百度词条上指出：在哲学上，“经验”是人们在同客观事物直接接触的过程中，通过感觉器官获得的关于客观事物的现象和外部联系的认识；辩证唯物主义认为，“经验”是在社会实践中产生的，它是客观事物在人们头脑中的反映，也是认识的开端；在日常生活中，“经验”是对感性经验所进行的概括总结，或指直接接触客观事物的过程。

据此，我们可以得出：经验是人们从生活、工作实践中总结而来的知识或技能，它可以被复制或模仿。

【管理研究】经验学校理论：在实践中学习知识和技能

美国南加州大学的教授摩根·麦考尔认为，领导者具有或者缺乏技能很大程度上依赖于他们有没有上过“经验”这堂课程。一个具有挑战性的任务、一次领导项目的失败、一次新领域的任务都是经验学校的“课程”，它能帮助我们培养和塑造各种能力。

麦考尔指出，福克·沃尔夫公司通过挑选具有“合适特质”的人成为战斗机驾驶员，这也许是千里挑一，但这些人并不是天生具有“合适特质”，他们出众的能力来源于成长过程中不断积累的实践经验。

任正非向华为人强调：“我们一定要加强中、高级干部和专家的实践循环，在循环中扩大视野、增加见识、提高能力。中、高级干部和专家以及有追求的中、低级员工，应该勇于到洪流中去，向一切有经验的人学习，当然也可以向市场人员学习，他们在战争中的国家、艰苦的地区，不也是远离家人的吗？既然胸怀大志，就要有相应的付出。”

不只是任正非强调要向有经验的人学习，还有很多著名的企业也非常注重这一点，如宜家对销售人员的培训。

宜家家居是世界著名的家居卖场，公司提倡的口号是“为大多数人创造更加美好的日常生活”。为了提高客户的生活质量，宜家在培训方面也是独树一帜的。

在宜家家居，销售员需要在卖场中为客户介绍家具产品，校园教授式的培训方式并不适合宜家，因而宜家将培训活动从房间里面解脱出来，让员工在卖场环境中接受培训。

宜家家居非常注重新老员工之间的交流工作。经验丰富的销售员将掌握的销售技能传授给新进销售员，在实际的销售活动中做示范。宜家的培训堪称是“每时每刻、随时随地”的，通过细心观察，销售员随时可以学到新的销售知识。

在瑞典总部，销售经理会被下派到其他地区，销售员可以向他们学习先进的销售经验，提高自身的销售技能，深入感受公司的企业文化。

销售是一项走出去的工作，宜家家居的“每时每刻、随时随地”的培训方式也是一种走出去的培训活动，非常值得广大管理者学习和借鉴。

向有经验的人学习是一种更有效率的学习方法，也是员工快速融入团队的方式之一。有经验的人知道如何快速激发自己的潜能，通过向他们学习，可以帮助我们在工作和生活中降低犯错误的概率，减少探索的时间，从而快速地达成个人目标，实现价值。

真正的知识就在经验中。经验是个人的核心竞争力，它能帮助我们在许多情况下提高成功的可能性。

Z 公司在成立不久后，管理层决定聘请一名运营副总裁，负责新产品的生产运营管理。经过一段时间后，公司找到了两位合适的候选人。

候选人 A 来自董事会成员的推荐，曾任职于同行业的一家大型跨国企业，在他任职运营副总裁期间，带领团队做出了不错的成绩。同时，这家跨国企业所经营的产品正是Z公司未来的发展方向。候选人B是一位在小规模家族企业中从一线工作做起的管理者，有工厂搬迁、开设新工厂等实战经验，解决过别人可能都没遇到过的问题。

经过一番权衡，公司最终选定具有更好职业背景的候选人A。然而，18个月后，A被解雇了。原来，A虽然管理过生产运营，但他曾任职的企业是一家处于稳定期的企业，他并不了解新建工厂的管理，也没有和员工一起并肩作战的经验。因此，被董事会极力看好的他无法管理好Z公司。

对于新成立的企业来说，流程制度尚未规范化，每项工作都要依靠人来完成，因此有经验的领导者是非常重要的。Z公司在挑选候选人时，更多关注资源，而非应用能力，这是很多企业家经常会犯的错误。

英国作家德拉·梅尔曾说："经验犹如一盏明灯的光芒，它使早已存在于头脑中的朦胧的东西豁然开朗。"尤其是在工作中，经验更是衡量一个人价值的重要指标之一。那么，这些经验是如何得来的呢？

1.1.2 经验的来源

当成功完成某项任务时，我们总能从中总结一些方法和技巧，帮助我们下一次更顺利地完成类似任务，这时，经验来源于我们的成功实践活动；当某项任务完成失败时，我们也能够对其进行复盘总结，提炼出一些导致失败的关键点，避免后续工作中再犯类似的错误，从而提高成功的可能性，这时，经验来源于我们的失败教训。由此看来，经验的形成不只是来源于成功的最佳实践，也包括负面教训。

很多业务专家之所以能够成功，就是因为他们勤于思考，能够从成功和失败中积累经验，进而不断地提升自己。

张龙鑫（化名）入职华为多年，遇到过最难交付的项目是中东地区的第一个移动、固网融合代维项目。项目交付的难度在于：一是团队人员构成复杂，既有华为现有人员，也有客户现网人员，还包括一些新招聘的员工；二是项目合同条款严苛，客户要求非常高。

张龙鑫认为项目总结非常重要，特别是越复杂的项目，越要做工作总结。因此，在整个项目交付的过程中，项目组将一些成功与失败的经历都写成了案例，还被“知识收割项目组”列为收割重点。

正是因为项目组能够从成功与失败中积累经验，最终项目顺利交付，并且该项目的网络质量在当年阿联酋电信管理局的评比中获得“最佳网络质量”称号，赢得了客户的高度赞扬。

尽管我们说经验传承既强调成功经验，也重视负面教训，但目前来看，更多人还是倾向于分享自己的成功经验，而不愿意分享自己的失败经历。

在工作中，员工难免会犯错误，如果懂得在错误中进步，反而更有利于个人和企业的发展。相关研究表明，做事过程中必要的犯错更能接近目标。在索尼公司，一个从来没有犯过错误的经理是不能被提拔的，其他的世界知名企业也非常能够容忍和包容失败。我们从“试错”中总结和提炼的经验，是最宝贵的知识资产。

王海顿（化名）是华为个人金牌奖的获得者，他认为他的成功就来自以往员工的失败经历。对此，他表示：“有很多重大项目遇到了瓶颈，轮到我去的时候，前面已经倒下半打项目经理了，当我总结他们失败的经验教训后，只要绕过他们遇到的坑，离最终成功也就不远了。”

在王海顿看来，华为目前的知识库和分享平台做得还不错，但是还有可以完善的地方，他认为大家还可以多分享一些失败的经历。曾经有个客户高层问过王海顿一个问题：“华为的项目组啥时候能做到不犯同样的错误？”因为大家不愿意分享失败的经历，所以难以从失败中总结经验教训，避免同类错误的发生。因此，王海顿认为，在未来的人生和技术发展方面，应该要不断地“试错”下去，这样才能有更多的收获。

爱尔兰剧作家萧伯纳曾说：“经验使我们恍然大悟地认识到，我们为什么常常不从经验中吸取教训。”面对错误和挫折，很多人会选择两条路：一条是通过指责别人来为自己辩解，开脱责任；另一条则是半途而废，用“这件事太难了”来安慰自己，选择退缩。选择这两条路的人都不会有进步。只有勇于接受和承认失责，通过不断的反思，总结相关的经验教训，才能避免在今后犯同样的错误。

总而言之，在企业经验萃取中，我们不单单要关注那些成功的最佳实践，也要注重复盘总结失败经历，从成功经验和失败教训中收获成长。

1.1.3 经验的具体类型

一般来说，我们可以将工作中的经验分成三种类型：个人经验、团队经验和组织经验（见图 1-1）。

个人经验	团队经验	组织经验
· 产品销售技巧	· 跨部门项目合作	· 六西格玛管理方式
· 设备维修方法	· 部门工作流程优化	· 阿米巴经营方式
· 方案策划要点	· 质量小组的创新活动	· 丰田式生产体系

图 1-1　经验的具体类型

个人经验是指技术专家、高绩效者、优秀管理者等在工作中积累的实践经验，如员工个人掌握的销售技巧、设备维修方法、方案策划要点等。

刘爱群长期坚守维修岗位，积累了丰富的维修经验。他常常将这种经验分享给他人，为整个维修团队和公司创造了许多价值。

在他看来，维修人员的大部分经验都在自己的脑子里，而维修分析过程和问题表现没有保留下来，如果某个岗位的人员流失，这些针对具体产品的特定经验也会随之流失。因而，刘爱群在日常的维修过程中，每次遇到故障就会花一两分钟的时间详细记录诊断过程，并定期把这些工作习惯总结成维修定位记录总结模板，建立故障品“病历档案”。这些档案为自己和他人在今后遇到同类问题时提供了参考思路。

团队经验是指由一个部门或小组共同完成的实践经验，如跨部门团队完成某个项目、部门对某项工作流程的优化、质量小组开展的创新活动等。

星期五是华为南研新员工报到的日子。服务前台负责接待的秘书一到九点，就开始为新来的员工介绍入职流程了。在带领大家参观的同时，秘书也为大家送上了一份“入职锦囊”，其中包含了领取办公用机的步骤、IP 电话的拨打方法、秘书的联系方式、租房信息，等等，包罗万象。

以前的新员工接待工作与现在完全不一样。那时候的新员工接待工作是各部门分开做的，每个部门各自预订会议室，向新入职的员工讲解公司的规章制度及工作流程等。这种重复的工作不仅浪费了许多人的时间，也导致有人经常因为工作冲突而影响接待。

为了改善工作，秘书们借鉴了其他公司的经验，设立了一个文秘服务台，专门负责新员工的接待工作。此后，每当有新员工入职时，只需要一位秘书就能完成整个接待流程。这样一来，不仅减少了大家的重复劳动，节省了时间，提高了工作效率，而且新入职的员工也不用到处找部门了。

相比个人总结，公司更需要的是团队层面的集体总结，所以任正非要求华为大学牵头，以包含重大经验教训的项目为对象，开发一些案例，如知名的“马电案例”“广东 C 网案例”等，并且在全球每个项目组进行研讨学习，推动公司在管理流程、员工行为等方面进行改进。

组织经验是指一个企业或组织在生产经营过程中沉淀下来的管理经验，如摩托罗拉创建的六西格玛管理方式、日本京瓷公司的阿米巴经营方式、丰田公司的丰田式生产体系等。

在京瓷公司取得快速发展、规模不断扩大的过程中，稻盛和夫非常渴望获得能够同甘共苦、共同分担经营重任的经营伙伴。于是，他把公司细分成多个称为“阿米巴”的小集体，从公司内部选拔阿米巴领导，并委以经营重任，从而培育出许多具有经营者意识的领导，也就是经营伙伴。

阿米巴的设立有三个条件：阿米巴是一个独立核算单位；阿米巴是一个独立完成业务的单位；能够把组织划分成执行公司目的与方针的各单位。

每个阿米巴都有一个领导，他们是阿米巴的经营者。各个阿米巴是在同一个经营理念的指引下，在同一个公司内共同运转的、有着共同命运的“零部件”。与此同时，支撑阿米巴经营的经营管理部门必须搞好确保阿米巴经营正常运转的基础建设，包括业务体系和规章制度的设计，当然还要确保经营信息的准确传递和及时反馈，并且要对公司资产进行健全的管理。

阿米巴经营方式在京瓷公司取得了巨大的成功，因此，它也被誉为京瓷经营成功的两大支柱之一。

曾经担任麦肯锡董事长兼总裁的弗莱德・格拉克说：“无论工作中遇到什么问题，都不要一个劲儿地反复去试图独立解决它，简单地尝试后如果无效，就应该立刻想到求助，因为，无论是什么问题，你的同事或前辈们都可能在某个地方已经对类似的情况做出过研究和讨论了。既然一句提问便可以解决，为什么还要去反复地浪费时间呢？”不管是自己的经验，还是他人的经验，这些经验可以让我们减少很多不必要的探索时间，从而提高工作效率。

1.2 经验萃取的目的

个人的经验是一笔宝贵的财富。很多人可能都经历过相同的情况，却因为看不见过去的失败教训或未掌握更好的方法，浪费了大量的人力、物力和财力。组织通过将个体和集体智慧可视化，进而推广和复制，可以使员工更好地学习、吸收这些智慧的精华，同时，也可从中找出更好的处理方法，实现更好的管理。

1.2.1 将隐性经验显性化

工作中，我们身边不乏实战经验丰富的人，当我们向他们请教的时候，绝大多数人却这样回答：“我也是凭感觉的，你多做几回就知道了，熟能生巧嘛。”

听到这样的回答，你可能会心生不悦，但其实很多时候并不是他们不愿意将经验传授给你，而是这种经验是一种直观的感觉，看不见、摸不着，是一种习惯性的动作，很难用言语表达，我们将其称为隐性经验。如果不能及时地将隐性经验整理出来，它们将随着时间推移、人员离岗或离职而消失殆尽。因此，企业需要将这些人身上的隐性经验萃取出来，通过解构和重构，形成具有标准化模式的动作或行动方式，以实现经验的复制、推广和传承。

我们都知道经验传承很重要，但是如何让员工将隐性经验显性化，实现对隐性经验的管理，却是诸多企业面临的挑战。

员工缺少时间和动力来进行经验总结和分享，同时，心里也有顾虑，如果将经验共享出去，会不会影响自己的职业发展。

公司在知识管理上缺少工具和方法，无法指导员工在业务推进过程中及时进行经验萃取。

公司没有从制度方面明确要求员工进行经验提炼和共享，即使员工做出了隐性经验显性化的成果，也不能从绩效结果上看出来。

管理者更关注直接的工作产出，即使他们意识到隐性知识可以促进更多人的能力提升，也很少会要求员工去提炼和分享经验。

任正非曾说过，华为最大的浪费就是经验的浪费。不只是华为，大多数企业或个人都在大量浪费着宝贵的隐性经验，在工作中碰到的问题、已有的经验教训、产生的数据等诸多有用信息都没有被保存下来。如果我们能够更好地利用我们的经验，将隐性经验显性化，建立起良好的反馈机制、解决机制和监控机制，那么必将更好地促进企业走向成功。

华为主要通过以下三种方式来开展组织经验萃取工作。

（1）文档萃取。这主要是指将一些关键项目和岗位任职中的输出文档进行梳理和萃取。华为在任职资格体系中规定，不同等级任职资格评定需要提供相应的证明案例或者知识资产产出。因此，华为人都会积极主动地参与经验总结工作，包括挖掘优秀实践案例、项目总结及推广本部门的优秀标杆。

（2）访谈萃取。定期组织专人对一些高绩效者、业务专家进行深度访谈，萃取他们的优秀经验。

（3）共创萃取。当某个重大项目完成后，由项目关键参与者共同组成研讨小组，以复盘或研讨共创的方式来梳理和总结项目经验。

对于个人而言，将隐性知识分享给其他组织成员可能会使自己的工作优势受到威胁，降低个人的专业权威性，但同时也给自己带来了相互学习、共同进步的机会，帮助企业获取更大的利益，实现自我价值。所以，要将企业中有经验员工的知识显性化，把经验提取出来，形成企业经验库供新老员工学习。如何将个人经验显性化呢？如表 1-1 所示。

表 1-1　个人经验显性化的方法

方法	具体内容
梳理经验	访谈业务相关人员，进行整理；通过培训传授工具和方法
总结工作	将项目总结中的“最佳实践”部分、“问题、分析、措施”部分进行整理，分别放在知识管理系统中的最佳实践库和问题库中，以方便查阅使用
记录问题	记录常见问题，把该问题事件和解决方案及时储存并传播给相关人员，有效地减少重复发生的概率

在知识管理研究理论和实践中，隐性知识的研究得到越来越多的重视，隐性知识显性化对于员工个人成长、提高企业管理效率、增强核心竞争力都具有重要的意义。

1.2.2　充分共享组织经验

“我之所以看得远，是因为站在巨人的肩膀上。”牛顿将自己的成功归结于利用了前人的知识和经验，这对我们也极具启发。许多人在解决问题时，总是喜欢自己从头开始，而不去发现已经验证过的经验，看似为了解决问题付出了努力，但实际上是一种浪费。

麦肯锡的咨询顾问如果在咨询项目中遇到瓶颈，咨询顾问们便会聚集在一起，通过集体讨论来探索解决方案。在这些讨论会上，一个重要环节便是探讨该瓶颈是否在其他咨询案例中出现过，如果是，那么项目负责人便会寻找当初解决过类似状况的咨询顾问，向其学习相关经验，并用来指导接下来的咨询工作。这样做的好处毋庸赘言，足以为效率至上的麦肯锡人节省大量的探索时间，并少走很多弯路。

为了让员工们更好地相互学习，麦肯锡公司还专门建立了一个电子数据库，这个数据库里拥有麦肯锡最近的所有项目和内部研究报告。

当常驻新加坡分公司的麦肯锡全球资深董事叶远扬还是个初级咨询顾问时，在项目之初，他的工作之一就是在网上搜索那些对当下的项目有所启发的案例，如类似的行业、类似的企业问题等。虽然难以避免地会搜索到大量资料，还需要不断排除，但在这个过程中，他学到了许多自己不曾经历和掌握的问题解决知识和经验。更重要的是，这项夜以继日的工作往往会对项目组接下来的执行工作起到卓有成效的帮助，大大提高团队的执行效率。

将组织过往的岗位专业经验进行总结、梳理、沉淀、升华和传播，是企业最有战略性的投资。很多企业在如何利用组织经验方面进行了大量的实践和探索。丰田将复盘的方法演化为一个更为系统化的精益工作方法——A3 纸报告。

解决问题是一门思考的学问，但把东西写下来有助于思考，如何把每一步骤的重要信息与决策记录下来，和他人分享，获得意见，并吸取他们的意见以做出适当修改呢?

通常情况下，人们会考虑用大量数据表或大型数据库来汇总问题，但往往信息过于繁杂，需要花费大量时间去找寻信息间的逻辑。丘吉尔曾这样幽默地讽刺一份冗长的报告:“这份文件的长度把它自己捍卫得很牢固，完全避免了被阅读的危险！”

为了避免这类问题的发生，丰田发明了一种便于阅读的方法——使用铅笔、橡皮和一张 A3 纸，来编写“A3 纸报告”。这种报告通常结合使用少量文字和绘图，把问题的源头、分析、纠正方法和执行计划等各种信息呈现得非常清楚简明，可以用很短的时间阅读、理解，并做出决策。

使用“A3 纸报告”讲究的是一个完整开端、随时追踪、完美收场并随时改善的过程。在使用“A3纸报告”时，改善者及时地跟踪改善项目，及时提出建议，避免改善结果与目标差距过大。更重要的是，在这个项目完成时，团队成员应该对这个解决问题的循环和持续改善的思维产生一个全新的认识，并在以后的工作中运用它。

很多人误以为，使用“A3纸报告”就是绘制花哨的图表，以施展一种报告制作技巧。实际上，这并非“A3纸报告”的主要诉求点。“A3纸报告”应该实现的价值是有效沟通、分享重要信息、寻求支持、征询建议、达成共识、解决问题及获取成果。

华为鼓励员工自发分享经验，将遇到的典型事件作为案例进行开发和设计，以构成企业的案例库。在员工遇到工作上的问题后，可以在案例库中进行查询，看看其他员工遇到同样的难题时是如何解决的，从而形成自己解决问题的方法和策略。这样使得华为员工解决问题的质量和效率都得到了提高。除此之外，阿里巴巴也强调经验交流和分享。

在阿里巴巴，几乎每个管理者都承担了“老师”的身份。阿里巴巴要求每个管理者都必须掌握知识、经验分享的技能，并且要主动在团队内部进行分享，对员工进行赋能。阿里巴巴十八罗汉之一、阿里巴巴集团董事局执行副主席蔡崇信曾在一次演讲中说，阿里巴巴是一群老师的故事。“随着我们的业务变得更加复杂，随着我们的规模从数百人扩大到数千人，再到数万人，我们开始意识到，我们不能仅靠增加人手来应对所有的增长。”蔡崇信说道，“我们必须训练他们，每个管理者都应该具备教师的品质，好老师能造就伟大的商业领袖。”

通过经验分享和交流，每个人都能学到自己擅长领域外的知识和经验，从而更加完善自己的能力。

1.2.3 有效管理知识资产

《管子·霸言》有云：“夫争天下者，必先争人。”在如今市场竞争异常激烈的环境下，决定企业未来的不再是产品或业务，而是人才。人才是企业的活性资源，能为企业发展提供最根本的竞争优势。因此，企业要清楚经营人才的核心内容，这样才能使人才得到有效增值。

从内容上看，人力资源管理专家彭剑锋教授认为人才经营主要包括三大核心内容：经营人的知识价值、经营人的能力发展、经营人的心理资本。人才经营的核心任务是通过对知识、对人的智慧资源的管理，构建有效的知识交流、共享、应用、转换、创新平台，激活人的智慧和价值创造潜力，从而放大组织的人力资源价值与效能；通过打造人才供应链与能力发展学习系统，来支撑战略目标的实现与业务的增长，实现人与组织的同步发展；通过有效的心理资本管理体系，提升人才的工作场景体验与幸福指数，进而提升人才对组织的认同感与忠诚感。[1]

人的知识价值、人的能力发展、人的心理资本是人才经营的主要内容。优秀企业总是以此为着力点，持续投入资源和精力，以实现人才经营的效果。

谷歌从系统的角度考虑如何促进企业的知识创新和共享，从组织设计、环境塑造、IT 知识管理平台、认知学习、组织文化和激励等影响企业知识共享的每一个环节入手，建立了高效成功的知识管理体系，使得员工的优秀创意层出不穷，谷歌也成为知识管理的标杆企业。

充分利用组织的知识资源、发挥知识价值，可以使企业其他资源的价值也得到成倍放大，是企业建立竞争优势、持续盈利的重要保障。华为公司总裁任正非曾指出，华为走过的道路是曲折崎岖的道路，这中间既有经验也有教训，这些失败教训和摸索出来的经验，是华为宝贵的财富。面对国际化大企业强有力的竞争，华为必须将这些宝贵而痛苦的积累与探索，结合先进管理思想和方法进行升华，使其成为指导华为前进的理论，并且在实践中不断地优化它们，从而引导华为正确地发展。

1　彭剑锋，张建国. 经营者思维——赢在战略人力资源管理 [M]. 北京：中国人民大学出版社，2019.

在华为内部刊物《华为人》上曾刊载过这样一个故事：日本一家汽车企业的 QCC（品管圈）主管发现部分零件上有毛刺，就自己买了一把锉刀，把问题零件上的毛刺锉掉，于是零件就通过验收了。但他并没有把自己的经验告诉别人，在他退休以后，大批量的零件出现不合格的情况。

由此可见，在一个企业中，组织的经验传承是非常重要的。尤其在一些无法形成流程化、需要具体问题具体分析的岗位上，就更需要个人的经验和过往数据的辅助。一个人在工作中累积的经验，也是企业重要的财富，只有让这些知识资产继续传承下去，才不至于因为一个人的离去而导致一系列问题的出现。

普华永道作为四大国际会计师事务所之一，具有非常成熟的知识管理体系。知识管理对于普华永道来说非常重要，其公司员工的大部分时间都在创造和分享知识。他们认为，一方面，知识分享可以让即时变化的信息在全公司范围内有效流动，保证大家及时了解各种政策、制度的变化；另一方面，由于公司的员工流失率较高，知识分享可以帮助公司及时储存知识。为此，普华永道建立了最佳实践信息库，其中包含了公司内外部的最佳实践案例、标杆研究、专家观点、行业发展趋势等。

将岗位优秀经验进行提炼、梳理、整合，提炼出相对通用的理论、方法论，把隐性知识显性化，建立企业知识库，可以实现经验在组织内的复制、传承，即便是没有任何经验的员工，在学习和理解相关操作之后，也能够按照具体操作的流程开展工作。

1.3 经验萃取的价值

惠普前总裁兼首席执行官路·普莱特曾经说过：“如果惠普知道惠普知道什么，那么它的利润将是现在的三倍。”这位前企业最高管理者认为，如果能将执行过的项目经验及时记录、整理下来，那么惠普可以避免走很多弯路，从而实现利润的增加。

1.3.1　快速提升组织绩效水平

在工作中，我们会发现，同一个工作交给两个员工，有经验的员工和没有经验的员工做出来的结果会有很大的差距。有经验的员工在沟通效率、工作成果等方面，都要优于没有经验的员工。

一个团队通常有十几个人，但往往只有一两个排头兵冲锋陷阵，其余的人业绩堪忧。那么如何把绩优员工的经验和思路传授给普通员工呢？标杆员工之所以成为标杆，肯定是因为他们在工作中某些方面比一般的员工做得好。如果我们能把标杆员工完成工作的关键做事方法或思路，提炼成一套标准化流程，让普通员工按照这套标准化流程去做，那么普通员工也就很容易和标杆员工达成同样的业绩指标了。

爱因斯坦说过，人并不能在相同的认知水平上解决原来的问题，因为这样的认知水平正是产生问题的原因。组织经验的萃取和推广，使得人们不需要再从头开始学习新的东西，可以利用总结出来的规则和规律，实现快速成长。因此，如果我们能将这些经验复制给没有经验的员工，就能大大降低企业的成本，提升组织绩效水平。

【管理研究】业务专家所具备的能力

信息加工心理学家洛林·安德森认为，业务专家之所以能够更快、更有效地解决问题，是因为他们具备以下能力：

第一，掌握解决问题所需要的行动顺序。

第二，能够从看似不同的问题表象中发现其相同的本质。

第三，能够把外显的陈述性知识转化为可以直接应用的程序性知识。

企业要将优秀员工头脑中的隐性经验加以萃取，显化为可传承、可复制的知识，以供组织内部其他人学习和使用，助力企业保持持续成长的活力。

A 公司为营造组织学习氛围，成立了多个课题小组，如企业文化课题小组、人力资源课题小组等。每个小组认领不同的主题，以小组合作学习的方式，开展多样化的学习活动。

公司定期组织学习成果交流会，让每个课题学习小组将各阶段所研究的内容制作成PPT，向大家汇报，以便共同交流和学习。在每一场成果交流会后，公司会选出表现最好的课题小组，拿出他们的案例给所有员工分享。同时，还组建了微信群和QQ群，将一些学习内容及时发布出来，让没有参与交流会的人也可以看到，大家也可以在群内互相交流汇报和学习的感受，学习别人的优点，接受别人的优秀建议，共享学习经验，实现共同进步。

通过这种形式的经验交流和分享，员工们都学到了自己专业领域外的知识和经验，能力也得到了有效提升。

每个组织内部都有许多经验丰富的员工，如果能够帮助企业内部的专家和高手总结、提炼和萃取他们的经验和思路，使之沉淀为组织资产，并将这些经验推广和复制给更多的员工，那么就能够使组织智慧快速复制和传播，还能优化工作流程和提升组织绩效。

1.3.2 帮助专家总结和分享经验

很多业务专家在实际工作中表现得很好，但是当需要他们分享自己的经验和方法时，却总是说不清楚。一方面可能是因为他们不善于言辞，另一方面也可能是因为很多业务专家并不具备梳理自我经验的能力和方法。

在《我的兄弟叫顺溜》电视剧中有这样一个片段：王宝强饰演的二雷是个射击能手，每次上战场都能准确射杀敌人，营长让他给战友们讲讲是如何做到的。结果二雷只是憨憨地摸了摸自己的头说："我就是跟我爹打獐子，獐子特别难打。"现实中不少业务专家也是如此，总结不出自己的工作经验。

因此，企业进行经验萃取，也是在帮助业务专家进行自我经验梳理和总结，在这个过程中，业务专家不仅提升了自己的总结能力，还能够从更高的视角来评价自己的经验以及思考如何做得更好。

笔者曾经给一家公司做供应商管理咨询项目，主要是帮助公司对各供应商进行赋能。

一直以来，公司产品的某项原材料供应商主要有三个，该原材料总量的 60% 来源于 A 供应商，30% 来源于 B 供应商，10% 来源于 C 供应商。公司采购经理从内部管理、服务质量、响应速度等指标分别对它们进行了综合评分，得出 A 供应商为 95 分，B 供应商为 75 分，C 供应商为 70 分。采购经理认为，各供应商之间能力相差较大，理应由能力最强的 A 供应商负责公司原材料供应，同时，这样也方便采购人员的工作，可以节省一些工作环节。于是，他向公司领导建议，终止与其他两家供应商的合作，只保留 A 供应商。公司领导否决了这个提议，要求一定要由多家供应商提供原材料。另外，领导还要求对能力稍弱的两家供应商进行赋能，帮助它们提升综合能力。

那么公司领导为什么不同意采购经理的提议呢？我们都知道，将鸡蛋放在一个篮子里，风险很大。如果仅保留一家供应商，一旦它发生意外，对公司造成的影响可能是无法估量的。而采购经理仅从自身工作角度出发，没有从公司全局角度来考虑供应商管理工作，缺少大视野。这个事件也让采购经理改变了思考方式，今后在工作中能够站在更高的视角考虑问题。

在引导业务专家进行经验萃取时，我们可以采用不同的方式，如利用 AAR（行动后反思）、复盘等工具方法，也可以运用场景化游戏来帮助业务专家进行经验沉淀。

瑞士地下水专家金士博为了引导大家合理引用地下水进行浇灌，发明了一个地下水游戏。游戏的玩法有点像“大富翁”，可以四个人玩。在游戏中，每个参与者可以选择种植的农作物种类以及灌溉方式。另外，参与者也可以购买拖拉机、灌溉设备等。但是其中的条件是，地下水不能被抽干，如果地下水被抽干了，那么大家就都输了。为了能够赢得游戏的胜利，大家就会很关心地下水位。在游戏中，地下水位用棋子表示，每个人都可以看到。每灌溉一次，参与者就会拿出去一些棋子，补给的时候就加一些棋子。当大家发现地下水位很低时，就会很小心地选择农作物。通过这种方式，参与者逐渐总结出了自己的经验，知道应该如何选择农作物及灌溉方式，从而确保不会超采地下水。

通常来说，做业务的人是缺少工具和方法去整理和外化自己的经验成果的，需要组织能够合理运用一些工具和方法帮助他们从经验中提炼出结构化的方法，从而将这些掌握在少数精英手中的经验和能力沉淀到整个组织中，以便在员工之间实现快速普及。

1.3.3 基于业务场景开展学习活动

接受培训时，学员往往都感觉很好，也认为自己学到了东西，企业对此也很满意，但培训结束之后，学员却无法将培训所学的内容应用到业务场景中去。美国学者玛丽·布罗德（Mary Broad）研究指出，企业员工接受培训学习之后，只有不足 10% 的知识能迁移到实际工作中。显然，如此低下的知识迁移效率极大地限制了培训对于企业业务发展的支撑作用。这是许多企业都存在的问题，培训了又培训，效果却看不到。

美国著名培训师迈克尔·马奎特指出，阻碍企业员工将技能迁移到实际工作中的原因很多，最重要的原因在于知识管理是一个循环的系统，如图 1-2 所示。

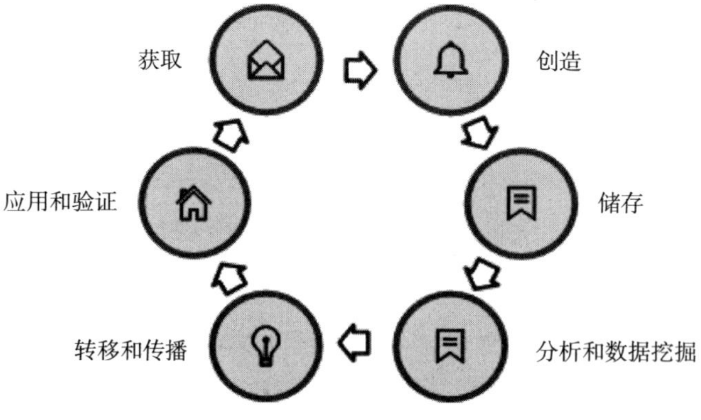

图 1-2 知识管理的系统化模型[1]

1 马奎特. 学习型组织的顶层设计 [M]. 顾增旺，周蓓华，译. 3 版 . 北京：机械工业出版社，2016.

也就是说，从知识的获取，到创造、储存、分析和数据挖掘，再到转移和传播、应用和验证，是一个循环流动的过程。只有让知识管理的系统顺利地循环运转起来，培训的知识内容才能够发挥应有的效果，才能顺利地将学习内容应用到工作中去。

美国宇航局为了让即将退休的元老级人物的丰富经验和宝贵的知识流传下来，启动了一项知识迁移计划。在这个计划中，一些团队选择了采取“午餐会议”的形式，讨论大家碰到的技术难题。在这种讨论中，信息得到了充分的交流，年轻员工接触到了特定的专业知识。这样一来，既能让专业的技术知识得到沉淀并传承下去，也使年轻员工学会了更多解决实际问题的方法。

对于企业来说，学习活动应该符合成人的学习规律，切实地解决企业的业务痛点，提升组织的效能。围绕组织经验萃取展开的培训活动就非常符合企业的要求，它能够帮助员工挖掘出所在岗位工作的关键业务场景及关键问题，同时萃取出这些岗位上绩优员工解决这些问题的方法和经验。同时，这些方法和经验可以以案例、课程、微课等方式来进行大范围的传播和分享。

招商银行一直都非常重视对新任管理者进行领导力培养，包括青年干部培养等。过去，招商银行的领导力培养项目主要由一系列的管理课程组成。尽管大家对这些课程的评价是很好的，但是真正在工作实践中却很少有人能将课程内容应用上。为此，招商银行想要改变这样的现状。在外部咨询公司的建议下，招商银行对其工作场景进行了梳理，找到其新任管理者面临最多的 30 个关键场景。

招商银行梳理工作场景后发现，这些新任管理者在日常工作中，75% 的时间大概都在处理 5 到 6 个重点工作场景。因此，招商银行在外部咨询公司的帮助下，围绕这几个关键场景进行组织经验萃取，并在此基础上展开了领导力培训课程。这种培训方式不再以知识传授为主，而是以新任管理者在实际工作中的具体工作场景为核心，帮助学员找到能解决问题的方法和工具，以此来提高学习转化的效率。

基于企业实际的工作典型情境开展学习活动，员工在学习中遇到的场景就是工作中将要面临的场景，企业可以借助这些学习活动培养学员熟练应对这些场景的能力，使他们能够很快地将学习内容应用到实际工作中。

1.4 萃取成果的呈现形式

组织进行经验萃取的重点是将经验赋予员工，让他们能够运用这些经验，提升工作能力，达到绩效目标。那么，萃取出来的经验如何更好地在组织内部进行传播呢？具体来说，经验萃取成果的呈现形式包括工作流程与制度、岗位操作手册、典型实践案例。

1.4.1 形成工作流程与制度

在工作流程的运行过程中，企业可以通过展开经验教训的总结，形成案例分析，借助相关工具不断优化完善流程标准，逐步形成全业务流程的标准化操作。工作流程形成标准化后，新员工通过学习模板和相应的章程进行工作，可以大大减少完成任务所需的时间，少走弯路，从而提高组织整体的工作效率，推进管理进步。图 1-3 阐述了利用 AAR 等工具的流程标准化形成路径。

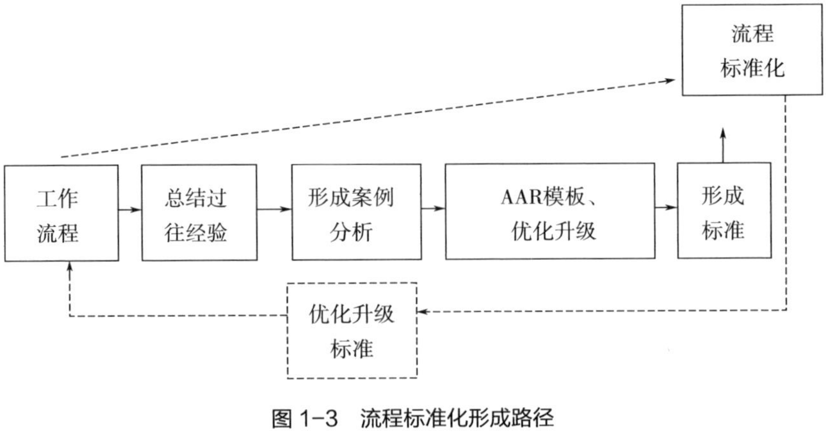

图 1-3 流程标准化形成路径

其中 AAR 环节十分重要。表 1-2 简要阐述了 AAR 模板的内容。

表 1-2　AAR 模板[1]

AAR 名称	××流程（活动或项目）的 AAR			
参与人员名单				
模板填写人		填写时间		
AAR 记录				
主要工作、活动	预期目标	实际完成情况	预期与实际的差距原因分析	改进建议

AAR 这一环节是将技术和人员的快速报告相结合的有效过程，为组织提供过去成功和失败中得到的经验和教训，以便改进未来的表现。在 AAR 环节中，相关负责人根据模板形成文件和案例，如果 AAR 固定在制度中，还可以与奖金和绩效挂钩，以便更好地优化工作流程。

随着企业外部环境、企业经营范围和经营策略以及客户等多种因素的变化，流程在实施过程中总是会出现这样或那样的障碍，而员工作为流程的执行者，对于流程运作的细节很熟悉，他们提出的有关流程的意见和建议经得起实践的检验，能够贴合业务运作需求，而不仅仅是以结构表达和书面形式来优化流程。

让业务专家对各岗位的工作流程进行系统梳理，并提出优化意见，可以不断改进企业流程，以取得最佳的效果。

1.4.2　编写岗位操作手册

绩优员工、业务专家等对其所在岗位各个关键场景的工作流程、方法和技能都非常熟悉，引导他们将业务中的关键点、难点问题进行整理和探究，形成标准化岗位操作手册，是组织经验萃取与传承的重要方式。

1　王玉荣，葛新红. 流程管理 [M]. 5 版. 北京：北京大学出版社，2016.

万达学院的培训理念之一就是："来万达学院学习的干部人人是老师，真正的学生只有一个，就是万达。通过培训调动和激发上万名万达干部的智慧和能量，帮助万达成长。"

企业要通过培训把保存在每位学员头脑中的智慧经验"萃取"出来，形成企业的知识财富，让所有员工都能享受知识管理的成果。万达学院曾经用"雁过拔毛"的方式将同岗位学员的优秀经验和做法汇集起来，形成本岗位的工作指引，即"岗位宝典"。

在具体操作过程中，业务专家将岗位经验进行流程化和系统化的输出，形成可复制和可传承的岗位操作手册，如表 1-3 所示。

表 1-3　岗位操作手册（模板）[1]

<table>
<tr><td colspan="2">任务名称</td><td></td><td>学习对象</td><td></td></tr>
<tr><td colspan="2">业务专家</td><td></td><td>萃取时间</td><td></td></tr>
<tr><td colspan="2">学习目标</td><td colspan="3"></td></tr>
<tr><td colspan="2">经验图示</td><td colspan="3"></td></tr>
<tr><td colspan="5">具体操作流程与说明</td></tr>
<tr><td>序号</td><td>流程步骤</td><td>关键环节 / 动作</td><td>操作说明及示例</td><td>挑战及应对技巧</td></tr>
<tr><td>1</td><td></td><td></td><td></td><td></td></tr>
<tr><td>2</td><td></td><td></td><td></td><td></td></tr>
<tr><td>3</td><td></td><td></td><td></td><td></td></tr>
<tr><td>……</td><td></td><td></td><td></td><td></td></tr>
<tr><td colspan="2">配套工具</td><td colspan="3"></td></tr>
</table>

企业编写标准化的岗位操作手册，通常有四个目的，如图 1-4 所示。

1　邱伟. BEST 高能经验萃取 [M]. 北京：电子工业出版社，2020.

使工作或作业活动有章可循，使工作（作业）过程控制规范化，保证全过程的质量和安全

对内、对外提供文件化的证据

作为持续改善培训效果、工作环境和岗位工作指引的基础和依据

用作学习与培训教材，以提高人员素质和技术水平

图 1-4　编写岗位操作手册的四个目的

明确编写岗位操作手册的四大目的之后，在编写时将会更有针对性，但是在这个过程中，一定要按照“三性”原则，即完整性、可操作性和统一性。如表 1-4 所示。

表 1-4　岗位操作手册的编写原则及内容

原则	具体内容
完整性	应遵照行业、企业颁布的相关标准，内容清晰、准确、完整，以保证对工作或培训活动的全过程控制
可操作性	要注重策划和设计，量化、细化、优化和标准化每项作业内容，确保作业有程序、结果有记录、考核有依据，不断强化作业的可操作性
统一性	应与企业管理体系、工作岗位职责标准等相衔接

岗位操作手册除了要求内容详尽、条理清晰，还要指标明确，职责、权利和义务要对应，这样才能更好地让员工进行针对性的学习，以及促进员工顺利地展开工作。

1.4.3　开发典型实践案例

在进行组织经验萃取时，我们通常以开发典型实践案例的方式来传播经验。因为一个好的案例能够将学员带入实际的业务场景，让他们产生对学习的兴趣，提升学习的效果。

【管理研究】贴近工作情境有助于提升学习的效果

迁移学习理论认为，学习的情境与日后运用所学内容的实际情境相类似，有助于提升学习的效果。因此，创设与应用情境相似的学习情境是有必要的。

另外，还要在知识或技能的学习过程中考虑到实际运用情境中的种种情况。

案例教学法是在教学过程中使用公司真实发生的案例，使学员融入真实管理情境之中解决问题、处理挑战，通过教师与学员、学员与学员之间高度互动的方式收获学习体验的一种教学模式。案例与员工日常的生活与将来的工作中要面临的情境具有相当强的相似性，这种相似性能使员工在案例学习中获得实用的知识与经验，有效地提升学习的效果。

金融行业的企业普遍存在的特点是：年轻人特别多，员工流失率特别高，人员变动很大。而且这个行业中，诚信又很重要。因此，某金融平台公司非常重视公司价值观的宣导。如果用我们常规的思路去宣贯价值观，就是要求大家去背、去记公司的价值观是什么、愿景是什么。但是，对于年轻人而言，越是采取这种强制性的灌输方式，其反抗性越强。为此，该公司的案例委员会做了一本案例集，这个案例集中呈现的其实就是真实发生在该公司员工身上的一系列故事，这些故事全部围绕公司的核心价值观，如诚信、专业等。通过这种场景化案例的学习，更多人感同身受，从而认可了企业文化和价值观，并主动去践行和传承企业文化和价值观。

围绕实际工作场景来编写案例，能减少学习者在学习新知识过程中所面临的困难。真实的信息，真实的组织结构，这样的学习对员工来说也会更加有效。

2020年，笔者团队为国网吉林省电力有限公司延边供电公司提供“六心”服务暖三边项目服务。该项目通过全面解析三边服务策略背后的行为要求，提炼出做好三边服务所必须具备的“热心、耐心、爱心、尽心、精心、同心”六心服务内涵。基于“六心”服务，项目萃取了国网吉林省电力有限公司延边供电公司的典型服务实践，以发挥优秀典型实践的示范作用，形成清晰的实践指引。

总的来说，工作流程与制度、岗位操作手册、典型实践案例等都是组织经验的载体，很多企业会把案例作为知识管理工作的重要一环。

第 2 章
案例开发机制

员工在工作中习得的技能，在解决问题过程中发展的能力，是企业最宝贵的知识资产。因此，经验萃取和案例开发成为当前学习技术领域的热门话题。企业掌握做好案例开发工作的基本方法，包括构建案例库、组建案例开发专家队伍、完善案例管理制度体系等，就显得尤为重要。

2.1 案例开发的意义

企业进行案例开发是为了储存可供他人学习的经验，并将这些个人经验变成组织的知识资产，为组织的发展提供核心竞争力。

2.1.1 什么是案例

案例是为了实现某个具体目的，围绕某个或某些问题，对某个真实的场景做出的客观性描述，它具有说服、思考和教育的意义。企业内部开发的案例是围绕某个明确目标，对员工身边发生的真实业务场景及相关状况所做的结构化描述，这个描述中通常包含了组织中某个人或某些人在工作中遇到的困难、机会、决策以及解决问题的方案等。

由此来看，案例的特征如下。

（1）真实性：以事实为依据，但可根据实际情况去除敏感信息或适度编撰细节。

（2）启发性：案例可作为学习材料，它应该包含一个或数个问题，启发他人进行创造性的思维，开拓新的思路。

（3）目的性：案例需要有明确的目的，能够带来一定的价值，学习者经过认真的研究和分析后会从中有所收获。

（4）典型性：反映事件的典型性，具有普遍的借鉴意义。

案例具有特定的文体和书写规范，以下这些内容都不属于案例范畴。

（1）对事件做静态的、缺少过程的描述。

（2）信手拈来的没有问题或疑难情境的事件。

（3）没有对事件的理性认识的描述。

（4）没有客观真实、缺乏典型意义的事件。

大多数企业刚进行案例开发的时候一般选材于优秀人物、优秀实践或企业内部重大事件，但是，很多人利用这些素材撰写案例时很容易写成工作汇报或总结。案例和工作总结有相通之处，但也有着本质上的区别，如表 2-1 所示。

表 2-1　案例和工作总结的区别

维度	案例	工作总结
结构要求	一个完整的案例包括引文、背景信息、事件过程、问题和冲突、经验总结等内容	通常包括情况概述、成绩和经验、存在的问题和教训、今后努力方向四部分
用途	关注经验产生的过程，引发案例阅读者自己得出结论或思考下一步该怎么办	对一段时期内的工作加以总结、分析研究、肯定成绩、找出问题、得出经验、探寻事物发展的规律，用于指导下一阶段的工作
语言风格	避免用概括性语言，必要的时候还需要描述角色在情境下的对话和心理活动	一般比较平铺直叙，简明扼要，通常使用概括性语言
信息处理方式	对某些敏感信息一定要进行掩饰处理	无须对信息进行掩饰，如事件、原委、人物、数据等

2.1.2　案例的价值

华为、华润、平安等国内优秀企业非常重视案例，那么案例到底能给组织带来哪些价值呢？

传统的培训方式大多数是以教师为中心的，更准确地说，是以培训内容为中心的。培训者主要围绕如何将培训内容传输给学员而展开各项工作，他们思考的首要问题是讲的内容是否清晰完整地传递给了学员，至于学员能否完全理解培训内容，能不能将学习的知识和技能应用到实际工作中去，则很少去考虑。

因此，传统的培训方式很容易出现学员参与度不高，学习的注意力无法集中，或者培训的内容无法有效落地等情况，导致企业所做的培训工作无法为企业业务发展提供有效的推动力。

与传统的讲授式教学相比，案例教学以学员为主，让学员主动发现问题，强调分析解决问题的能力，学习转化率高。研究表明，这种学习效果是最深入和持续的。案例教学与传授讲授式教学的区别如图 2-1 所示。

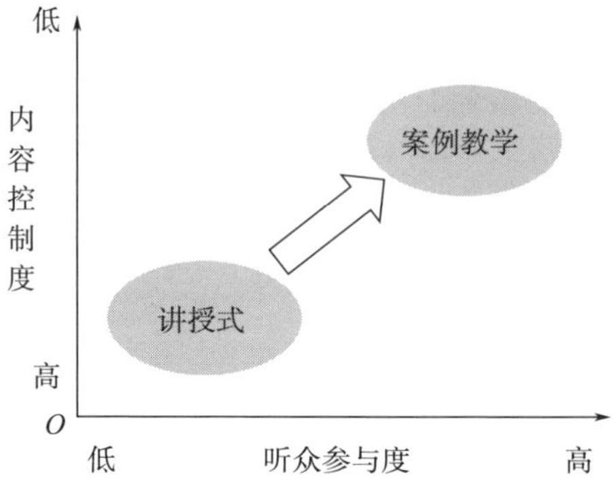

图 2-1　案例教学与传统讲授式教学的区别

根据联合国教科文组织的相关资料，对比多种教学方法，案例教学法的教学效果最好。各种教学法教学效果比较如表 2-2 所示。

表 2-2　各种教学法教学效果比较

序号	方式	知识传授		态度转变		分析能力培养		人际能力培养		学员接受力		知识保留力	
		分数均值	名次	分数均值	名次	分数均值	名次	分数均值	名次	分数均值	名次	分数均值	名次
1	案例教学	3.56	2	3.43	4	3.69	1	3.02	4	3.80	2	3.48	2
2	研讨会	3.33	3	3.54	3	3.26	4	3.21	3	4.16	1	3.32	5
3	课堂讲授	2.53	9	2.20	8	2.00	9	1.90	8	2.74	8	2.49	8
4	模拟练习	2.00	6	2.73	5	3.58	2	2.50	5	3.78	3	3.26	6
5	看电影	3.16	4	2.50	6	2.24	7	2.19	6	3.44	5	2.67	7
6	指导式学习	4.03	1	2.22	7	2.56	6	2.11	7	3.28	7	3.74	1
7	角色扮演	2.93	7	3.56	2	3.27	3	3.68	2	3.56	4	3.37	4
8	敏感性训练	2.77	8	3.96	1	2.98	5	3.96	1	3.33	6	3.44	3
9	看电视	3.10	5	1.99	9	2.01	8	1.81	9	2.74	8	2.47	9

案例学习能让人有身临其境的感受，它通过模拟现实工作场景，让学习者参与其中，通过分析成功或失败的工作经历，从中产生思考，从而丰富知识、拓展能力。优秀案例对学习者来说，具有非常重大的意义，它可以帮助学习者拓宽视野、积累经验、提升自己的业务工作能力等，具体作用如表 2-3 所示。

表 2-3　优秀案例的承载作用

维度	具体作用
积累经验	通过案例学习，学习者可以了解不同业务领域的问题、不同管理层级应该承担的责任等，为今后胜任工作提供帮助
培养思考力	在案例学习过程中，可能涉及多方面的思考能力，包括问题识别能力、数据处理能力、批判性思考能力以及决策技能
加深理论理解	案例能很好地测试和加深学习者对理论的理解，因为本身可能就包含理论素材，或者随同案例布置的阅读材料包含了理论。案例使理论付诸实践，或识别出来实践对理论的需求
给予实践机会	案例给了学习者一个在实验室的环境中去实践管理的科学和艺术的机会，而不必担心会给公司和个人带来风险

不断沉淀组织经验并进行广泛传播，一方面可以让学习活动变得更简单，提升组织学习效果，另一方面组织通过复制和传承优秀员工成功的关键要素（知识、技能、态度等），可以大幅度提升组织效能。

平安银行某客户经理入职不久，业绩平平，对于业务工作，他有很多困惑，包括如何做市场、怎么处理与客户的关系等。他的上级告诉他，可以去案例库中找找经验。

例如，对于做好客户拜访这项工作，在学习之前，该员工的每次客户拜访都不是顺利，很多客户反馈他总是无法当场解决客户的疑问，或是说话具有攻击性，总让客户觉得很尴尬……

通过案例学习，该员工掌握了客户拜访的一些经验：在做客户拜访前，需要做好客户分析工作，设计产品草案，或是邀请产品经理共同营销；初次拜访要先暖场，再切入业务主题……

除此之外，该客户经理通过学习销售典范案例还掌握了提升服务效率、巩固客户关系等销售技能，因此，他的业绩也实现了快速提升。在学习案例前，该客户经理的业绩为日平均存款 7500 万元；学习案例后，其业绩为日平均存款 1.4 亿元。[1]

1　悦扬，李殿波，余雪梅. 企业经验萃取与案例开发 [M]. 北京：机械工业出版社，2017.

不只有平安银行员工受益于案例学习带来的改变，中国太平洋人寿保险（集团）股份有限公司（以下简称“太平洋人寿”）对于案例学习的效果也深有体会。

2006 年，太平洋人寿的个险业务陷入低迷，业绩持续走低。采用何种培训方式帮助团队提高工作业绩，成为培训工作者面临的一大难题。

经过一番研究，太平洋人寿决定实施最佳实践案例项目：通过数据分析找到最佳销售典范员工，从他们身上挖掘可复制的案例，并进行分享传播，同时追踪大家的学习效果。

从数据来看，最佳实践案例项目带来了非常大的改变——一个季度内就将太平洋人寿的个险业务业绩提升了 68%。最佳实践案例项目之所以能实现业绩提升，是因为它为销售队伍积累了经验，提高了销售队伍的能力，增强了销售队伍的信心，为业务运转提供了有力支持。

因此，太平洋人寿一直把“最佳实践案例项目”持续至今。通过长期持续运作最佳实践案例项目，公司内部创造了一种可以使员工内在动力爆发的环境，大幅度提升了组织能力。

案例学习可以提升个人业绩，从而推动组织绩效的提升。这就是案例学习带来的价值。企业通过对业务及管理实践进行描述、总结和归纳，以及对事件的反思和启示，将促使组织的最佳经验得到推广。

2.1.3 案例的应用模式

企业进行案例开发，其应用模式可以归纳为六个方面：承接战略落地、组织经验提炼、重大项目复盘、会议场景应用、关键人才培养和企业文化宣贯。

1. 承接战略落地

围绕战略方向和战略目标，梳理关键成功要素，导出战略 KPI（关键绩效指标）以及重点工作，通过挖掘重点工作典型事件，提炼典型案例，在企业内部进行复制和传播，推动公司战略落地，提升业务效能。如图 2-2 所示。

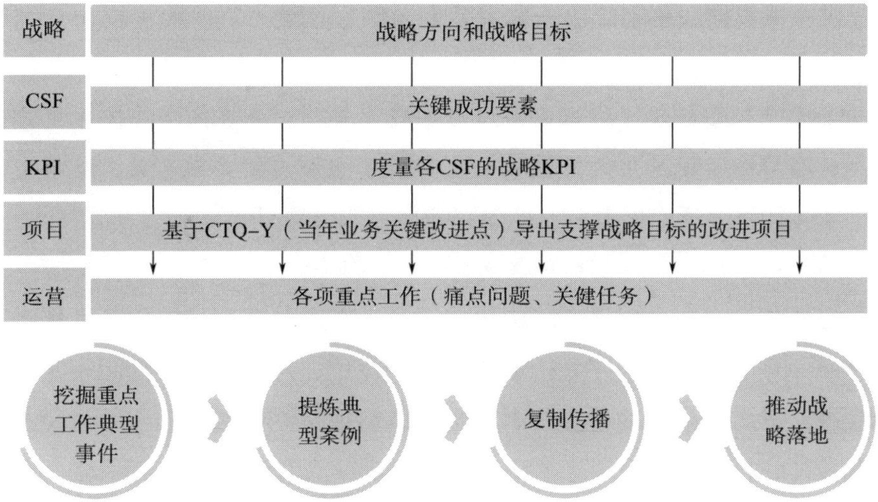

注：CSF（Critical Success Factors），关键成功要素

图 2-2　案例应用模式——承接战略落地

2. 组织经验提炼

配合企业发展战略，以案例为手段，甄选备受内部认可的案例，记录和强化优秀实践，挖掘经验与精神，形成的案例可以在企业范围内持续传播，为员工工作提供方法指导，支持战略性工作有序开展。如图 2-3 所示。

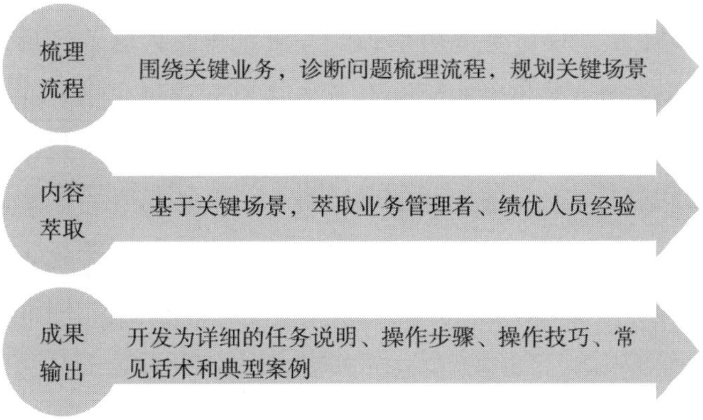

图 2-3　案例应用模式——组织经验提炼

3. 重大项目复盘

以开发案例为工具，形成对重大事件全面复盘的制度，重视并例行开展团队复盘、项目复盘、战略复盘、事件复盘等工作，以总结经验与不足，为后续

工作提供决策依据，复制成功，减少风险，少走弯路。

中国银行上海市分行的业务条线定期提交案例，并在业务交流中定期复盘案例，从而形成了规范化的复盘机制，实现了组织内的共创开放、反思自我和集思广益的氛围营造，进而助推了组织能力转型与提升。

案例复盘是一个系统化、结构化的活动，它对某个项目中的各动作进行细致、严谨、有序的推演，并分析形成结果的原因，从中找到差异和不足，从而提出改进方案。复盘活动通常是由整个团队的成员共同参与的，并且每个人都可以发表自己的见解。

4. 关键人才培养

在社会发展如此迅速的情况下，知识的边界被重新定义，传统的人才培养受到严峻挑战。要想在互联网时代迎接挑战，培养新型人才，就需要依靠案例进行场景化的人才培养。在人才培养项目中，企业运用微案例、微视频等进行互联网教学、课堂案例教学等，让学员们在情境中学习研讨，提高了培训的系统性、针对性、有效性。

阳光保险集团在进行新员工的培训时，用案例模式对传统的新员工培训模式进行了升级，通过场景化建构，让新员工参与到案例中来，身历其境地感受企业文化，为正式走上工作岗位奠定坚实的基础。

同时，在培训过程中，通过对组织层面、团队层面及个人层面的典型场景案例学习，新员工可以感受阳光保险集团的创业史、感受文化，明确企业对新员工的希望。

通过真实业务场景的模拟以及实战案例的训练，个人管理、团队管理和业务管理的能力都会有大幅度的提升。

5. 企业文化宣贯

以案例为载体，可开展企业文化案例研讨、在企业网站进行案例宣传、举办案例专题展、编写企业文化案例集等，创新企业文化宣贯教育方式，拓展文化宣贯的新观念、新方式。

2019 年，笔者在给快消品行业 M 公司做咨询服务时，就曾注意到，它在企业文化建设的过程中，引入了案例教育来规范员工行为。M 公司将员工工作中与企业文化和制度相悖的行为视为“企业病毒”，并建立了“企业病毒库”。“企业病毒”实际上是公司的“高压线”，这样做明确了公司“要什么”和“不要什么”。M 公司的“企业病毒库”是发动全员结合自身的业务实践，写出与企业文化和企业制度相悖的“病毒”，并通过系统整理汇编建立的。

为了增强引导效果，公司将“病毒”拍成视频，给“病毒”取名、下定义，以生动有趣的形式向全体员工展示出来，并定期组织员工培训、学习。

公司通过建立“企业病毒库”明确了公司的行为禁令，净化了员工成长环境，也让企业文化深入人心。在企业文化建设过程中，我们可以参考这种做法，将价值观行为化，画定行为红线，并结合员工实践中的典型案例将企业倡导或反对的行为以生动的形式呈现出来，强化引导效果。

对于案例学习，任正非强调:“知识是平面的，它对事物的理解重在共性，而工作常常是个性的。从学习案例入手，是知识能力比较强的人的一种认识客观规律的方法，会使我们进步较快。”

2.2　掌握案例开发方法论

企业做好案例开发工作的前提就是掌握系统的案例开发方法论，按照程序化的步骤将企业内部经验结构化和场景化，最终开发出符合要求的规范案例。

2.2.1　案例开发的基本要求

从历史上看，不管是在中国还是西方国家，都会通过案例的形式来启发人们开展学习活动，如中国第一部纪传体通史——《史记》，它以人物传记为中心来反映历史内容，其中的故事写得非常形象和生动。西方也有类似的著作——《圣经》，它也是以故事的形式记载了犹太及邻近民族的一些事情。无论是《史记》还是《圣经》，实际上都是在通过讲故事的方式来传递人物的形象，让大家看得更清晰。

如果再往前追溯，西方哲学家苏格拉底、中国哲学家孔子都使用了相似的教学方式——启发式教育，或者把它称为案例教学，来提高学生的能力和格局。

前面我们也阐述过，现代案例教学的起源是哈佛大学商学院，距今也有一百多年的历史了。哈佛大学商学院在网站上展示了自己的案例库，可供外部人员下载，但大多数案例是需要付费购买的。这些案例在哈佛商学院的培训班上也会经常用到。那么企业进行案例开发有哪些基本要求呢？如图 2-4 所示。

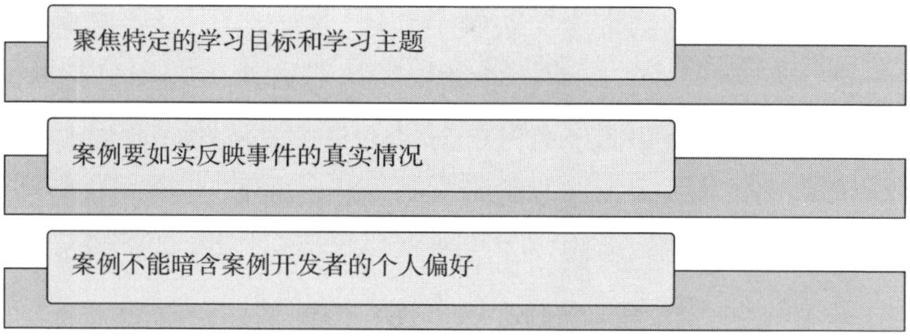

图 2-4　案例开发的基本要求

第一，聚焦特定的学习目标和学习主题。也就是进行案例萃取之前，我们要思考，写这个案例能给阅读者带来哪些价值，是不是可复制和传承，阅读者通过案例学习应该实现什么样的学习转化。

2020 年，笔者在给快消品行业 M 公司做组织经验萃取的咨询项目时，要求案例作者填写一张表，明确所开发案例的学习目标、主题等内容。下面是某员工填写的表格。

学习目标	掌握与中大型经销商的谈判策略和技巧
学习转化	1. 编写与中大型经销商谈判的实操指导手册 2. 中大型经销商谈判案例课程讲解 3. 指导下属进行中大型经销商谈判总结

续表

知识 / 方法 / 工具	1. 公司政策理解：经销商调研政策、经销商谈判政策 2. 知识点理解：价格链、谈判各阶段要点 3. 方法工具应用：USPER 谈判模型
学习子主题	高绩效行为
客户调研	1. 摸排客户门店、销量情况 2. 收集客户组织架构 3. 明确客户关注点
制定合作规划	1. 梳理价格链 2. 明确返点、任务量、辅助支持等
进行谈判	1. 明确谈判目标 2. 准确识别谈判分歧 3. 把握谈判各阶段工作要点
谈判总结	1. 复盘谈判过程 2. 形成谈判经验

第二，案例要如实反映事件的真实情况。案例的作用不是为了炫耀案例主人公的成功经历，也不是为了指责案例主人公的失败做法，而是通过总结经验和教训，从中得到启发。因此，不管是成功经历还是失败经历，在还原案例场景时，我们都需要如实进行阐述，不夸大成功，也不美化失败。

华为的“马电事件”曾经在公司内部引发了轰动。华为人没有做到以客户为中心，而遭到了马来西亚电信 CEO 的投诉。为此，华为大学组织开发了这个案例，通过调查事情的前因后果，最终撰写了两个案例版本。一个是长的版本，一个是短的版本，员工学习的一般是短的版本。所有人通过学习这个案例，进一步了解和铭记了“以客户为中心”的重要性。

第三，案例不能暗含案例开发者的个人偏好。就像上面阐述的“马电事件”，华为大学组织写这个案例时，并没有去评论到底是哪个人、哪个部门做错了，而只是单纯地围绕学习目标来阐述事件的整个过程中发生了什么，哪些人做了什么样的决定，产生了哪些结果。

在华为，案例按照开发主体层级分为公司案例、部门案例和个人案例。个人案例是个人在工作中的感悟、反思，传递个人经验和技能，用于任职资格评价以及个人分享和交流；部门案例是总结某个领域的经验和教训，传递的是组织管理经验和专业技能，主要用于业务研讨和自学；公司案例是公司高层关注的重大事件，一般是总结跨业务领域的系统经验和教训、传递价值观及政策导向，用于学习项目及业务研讨。

企业内部推行案例开发需要制定相应的标准、规范、流程，以引导员工有效萃取经验，快速产出优秀案例。

2.2.2 标准化的案例开发逻辑

案例开发就是对真实发生过的事情进行客观描述，并进行经验萃取的过程。笔者通过学习外部优秀经验，结合一些项目实践，总结出了标准化的案例开发逻辑，如图 2-5 所示。

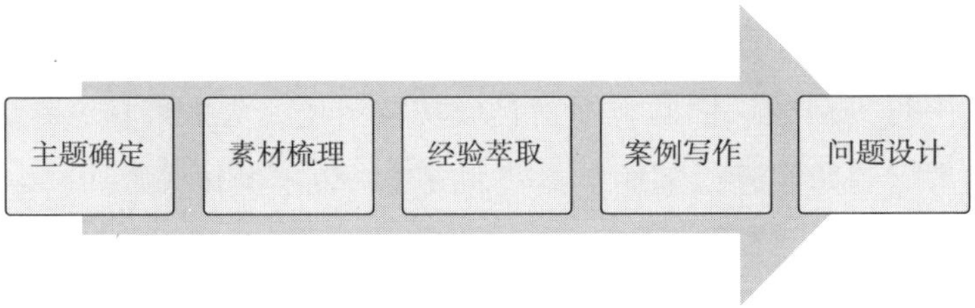

图 2-5 标准化的案例开发逻辑

第一个阶段是主题确定。企业业务流程涉及的环节很多，员工面临的工作场景也很多，为了做好这些工作，员工需要学习哪些知识和技能？工作中每天都会发生大大小小的事情，哪些事件才是值得我们去深挖的，有哪些员工经历过这样的事件，其他人从这些事件中可以学到什么？这是案例开发工作首先需要确定的。

第二个阶段是素材梳理。当我们选定案例主人公后，可以通过访谈或填写表格等方式来获取案例素材，通过分析和整理素材，就可以知道案例的背景、案例主人公所采取的关键动作和行动、最终达成的效果。

第三个阶段是经验萃取。也就是把这个故事当中的经验点和知识点提炼出来，并用模型、图表等形式进行生动的呈现。经验是介于通用的学科理论、方法论、模型和企业自身优秀的工作案例之间的抽象知识和技能。

第四个阶段是案例写作。在我们对素材进行整理后，就可以构思案例场景，明确案例中的冲突与呈现方式，确定案例写作风格，按照案例写作模板进行案例初稿的撰写。在完成这些工作后，企业专职案例人员或外部专家就可以对案例初稿进行评审，提出相应的修改意见，案例作者再根据修改意见进行案例的修订、完善，输出案例终稿。

第五个阶段是问题设计。对于非教学型案例，此步骤不是必选项。在教学型案例中，通过设计问题，可以帮助学习者按照一定的逻辑理解案例中的关键。

以上五个阶段就是企业进行案例开发的基本逻辑与步骤。

2.3　构建系统化的案例库

企业在进行经验萃取的过程中，建立自己的图书馆——“内部案例库”是非常必要的。建设合理科学的案例库，一方面实现了资源的整合，将收集到的经验进行统一管理，便于查找和学习；另一方面提供了员工自主学习的平台，通过阅读案例的形式，学习他人的成功经验或失败教训，指导自己的工作。

2.3.1　明确案例库建设的目标与思路

由于通过案例库可以寻求前人经验智慧的指点，以更好地学习和工作，因此，越来越多的机构和大学都建立了案例库。

案例库更适合人员规模较大和有一定知识管理基础的企业。国内企业案例库建设最早、相对完善的标杆是华为。华为很早就建立了案例库，不同部门有各自的案例库，通过搜集影响力较大的案例，并让这些案例转化为学习的素材，华为的经验与智慧得以汇聚和传承。华为案例平台于 2007 年正式上线并运营至今，案例库已经成为内部深入人心的知识管理工具。

如今，华为案例教学的任务一般由华为大学来承担。部门内部则会有一些小型的案例分析会，针对本部门具体的职责进行案例教学。为了更好地发挥案例教学的作用，华为大学教育学院还专门成立了案例设计与开发部。

对于华为这样一家拥有十几万名员工的超大型企业来说，参与项目的人众多，他们可能会从不同的角度写同一个案例，这样案例就显得有些散乱，也占用了数据库资源。任正非要求华为大学要能够对案例进行整理，将同一个案例整合起来，学习者就能更全面地对案例进行认识和学习。

任正非在内部讲话时说："华为大学把培训资料放在网上全开放，每个人都能写案例，并推进案例从粗到细的串联与穿透，促进业务的发展和继承。对于华为公司的优秀人物，如'蓝血十杰'，华为大学不仅要宣传他们的精神，更要将他们的方法论和经验展示出来。"搭建案例库学习平台，无疑会更有利于企业人才队伍的建设，加强技能、经验、技术等方面的资源共享。同时，也对企业开展培训活动提供了更高价值的教学资源。

为确保案例库的规范性、科学性和合理性，企业进行案例库建设首先应该明确工作思路以及目标。

"贵州财经学院案例库建设方案"中指出：

学校将以专业为单位，以课程为中心，分三年推进案例库建设。每个分院须根据自身专业特点进行专业、学科（专业群）案例库建设，教务处、实验教学部组织相关专业建设跨专业、跨学科的案例库。

阶段性目标：各专业每年完成一定数量的案例资料的调研、收集、整理和撰写工作，每年须完成10个左右的案例设计。

总体目标：三年建设期结束时，案例库建设完善，案例充分应用于教学，至少有一本公开出版的案例教材。

另外，案例库的建设规划还要明确以下内容：

（1）案例库的基本架构。

（2）案例库建设团队的分工以及激励制度。

（3）预算与经费保障措施。

（4）成本控制、进度控制和质量控制方法等。

其中值得关注的是，搭建案例库的基本架构主要包括以下三个步骤。

（1）按公司的业务线搭建分案例库。如某银行根据其业务类型，将案例库分为个人基金、投行、运营、风控、综合管理等分案例库。

（2）根据案例内容，搭建子案例库。如设立领导力、销售管理、通用能力与素质、重大事件等子案例库。

（3）针对每个子案例库中的案例，按照一定的逻辑顺序进行分类管理。如按照事件复杂程度将案例分为操作型案例、业务型案例、战略型案例。

在上述步骤的基础上，再对各案例的使用人群、适用场景及篇幅安排等进行明确的规定，如表 2-4 所示。

表 2-4　案例库架构说明

总案例库名称	分案例库名称	子案例库名称	核心内容及功能	主要用户	事件复杂程度	主要应用场景	案例篇幅建议

完成上述几个步骤后，企业案例库的基本架构就已经搭建完成了。接下来，就要挑选合适的案例纳入案例库了。

2.3.2　案例入库标准与评选流程

在案例入库之前，需要对案例质量进行把控，确保案例的实用性。一般来说，入库案例需要满足以下几个条件。

（1）真实性。案例必须是真实的、符合现实情境的。凭借案例撰写人员的主观判断构造出来的案例不仅达不到学习效果，反而会对他人的工作产生错误的指引，甚至导致不良的后果。尤其是当使用者发现案例内容有虚假时，可能会对案例教学产生强烈的抵触心理，进而影响经验在整个组织内的推广和传播。因此，在评价入库案例时，一定要把控其真实性，确保案例是有据可依的，增强案例对使用者的说服力。

（2）针对性。对于案例学习者，要想激发他们的学习意愿，主要靠内容价值来驱动，让他们认识到阅读优秀案例可以帮助自己解决问题。因此，为了更好地指导和帮助其他员工今后的工作，入库案例的内容一定要围绕组织发展战略、重点业务和关键难点或风险点等方面。只有这样，案例使用者才能在阅读学习后，将经验运用到实际工作中。

（3）系统性。主要是指案例内容的系统性和案例分析的系统性，从案例发生的背景、过程，到解决方案、最终成果，都要进行详细的阐述，确保前后的一致性。

（4）完整性。入库案例是对组织内部所有人开放的，使用者可能来自不同的部门，对不同业务流程的认识都不一样。因此，要求入库案例所有的基本信息都不能缺失，帮助使用者更好地理解案例、使用案例。

在这些条件的基础上，可以制定相关的入库案例评价标准表，如表 2-5 所示。

表 2-5　入库案例评价标准表

评分项目	评分维度	评分维度描述	评分标准	得分
基本要素	真实性 满分__分			
	针对性 满分__分			
案例质量	系统性 满分__分			
	完整性 满分__分			
总得分	评分须知：满分__分，入库案例总得分不可低于__分			

Z 公司评价案例的维度主要包括三个方面。第一，完整性。评价要素包括标题、作者、内容、经验、附件、主要人物、面临的挑战、采取的行动、事件整体过程、有细节描写、最终的结果。第二，可复制性。评价要素包括经验总结、方法 / 理念、操作步骤 / 流程、反思 / 改进思路。第三，案例质量。评价要素包括内容连贯且时间线清晰，文字叙述流畅，重点突出且详略得当，能让学员有所启发，能让学员提出新见解，能指导学员进一步思考自身业务发展及趋势。

综上，案例评价要素共 21 项，每个评价要素为 1 分，总分为 21 分。案例得分需达到 17 分才算合格。

不同的公司可根据实际情况制定自己的案例评价标准。案例达到评价标准，按照组织的审批流程通过后方可入库。案例入库评选流程如图 2–6 所示。通过审核的案例由维护人员进行统一整理，根据内容涉及的工作范畴予以分类，并且按照时间、类别等信息对案例进行编码。

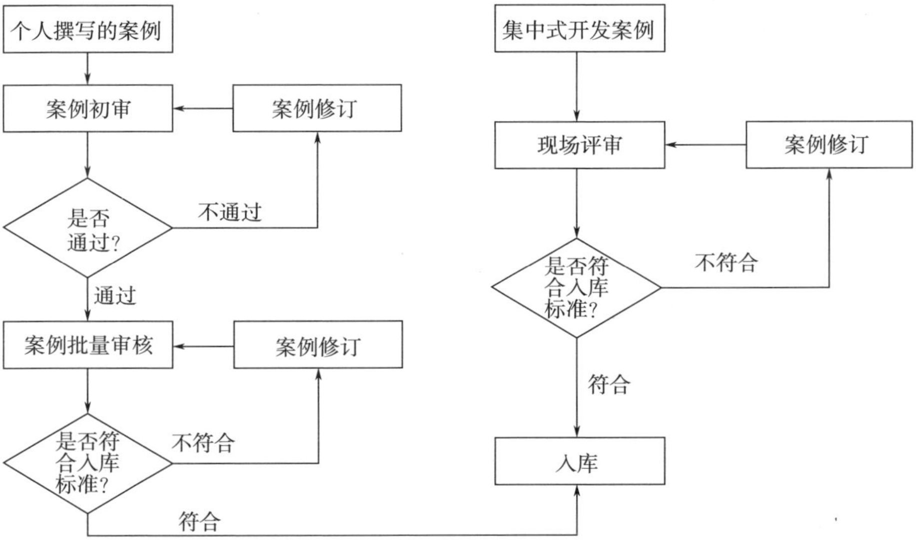

图 2–6　案例入库评选流程

关于案例评选与入库，华为在 2014 年用互联网精神重新建设新案例平台时，核心的设计思路可以用四个字来概括：写、浮、找、学。

（1）写：降低写作门槛，新增自由分享模式。

（2）浮：通过大众点评浮出优秀案例并定期邮件推送。

（3）找：多维分类、贴标签、按部门 / 职能分区，方便查找。

（4）学：强化推荐分享与互动。

另外，有些企业可能有相关保密规定，因此，在案例入库前，相关管理部门应该进行密级评定，涉密的案例不得入库。同时，企业每年可以将入库的案例制作成案例集，作为档案保存下来。

2.3.3 不断创新迭代，完善案例库

优秀的案例能够引发案例阅读者自己得出结论或思考下一步该怎么办，它更多关注经验产生的过程，如为什么会有这样的结果？还有哪些其他可能的结果？得到这些结果的方式和方法是什么？具体如何去做？正如唯物辩证法指出的那样，人类对于事物的认知必须通过大量实践，通过大量的实践活动，才能将其整理、总结、升华为系统的理论。理论是将实践中的特例、不同的个例进行整理，转化成的具有普遍意义且具有逻辑性的系统化知识。

随着企业的不断发展，组织内外部环境也在不断发生变化，已经入库的案例可能已经不再适用于当前的情况。因此，组织需要定期更新案例库中的案例，一些陈旧案例需要进行相关处理，确保案例的时效性。

在对案例库定期进行重检、更新时，可从两个方面着手：一是参考案例入库流程添加新案例；二是组织各业务部门定期更新案例，如表 2-6 所示。

表 2-6 案例重检、更新安排表

序号	子案例库名称	检查周期	工作周期	更新方式	
				修改标准	出库标准
1					
2					
3					
……					

另外，企业在大力开发内部案例的基础上，还可在案例库中适当补充外部典型案例，以供员工学习使用。

2.4　强化案例开发队伍建设

企业进行案例开发并不是一件简单的事，而是一项复杂的系统工程，因此，它需要依靠团队的力量来完成。要组建一支案例开发专家队伍，包括内部案例开发人员以及外部专家，只有凝聚团队的共同力量，才能确保企业内部案例开发工作的有序进行。

2.4.1　组建内部专家队伍

企业内部案例开发队伍中一般包括以下四种角色。

（1）案例开发主导者。这类人员对公司整体了解程度较高，能够准确地提取案例开发的重点方向和主题。他们拥有专业的案例开发能力，负责组织内部案例开发和推动其他员工开发案例。一般来说，他们并不是具体案例的开发者。

（2）案例分享者。这类人员是公司的绩优员工、业务专家、优秀管理者等，他们拥有丰富的经验，对工作场景极为熟悉，能够为案例开发提供业务知识、管理知识等方面的支持。但是他们的写作技能可能不强，需要相关支持人员的帮助。如果这类人员进行案例分享的结果非常成功，那么就可以极大地强化他们的荣誉感，促使他们今后更加积极主动地进行案例写作和分享。

（3）案例撰写者。有时候，案例撰写人员可能和案例分享人员是同一个人，这取决于案例分享人员的写作水平和时间安排等因素。例如，一些业务专家的时间很宝贵，抽不出充足的时间来撰写案例，这时就需要其他人来辅助他进行案例制作，以保证案例产出的质量。案例撰写人员主要负责资料收集、整理和分析及案例编写工作。同时，撰写案例要求工作人员对业务相对熟悉，并且具备一定的访谈技巧和文字功底。

（4）案例管理者。这类人员主要负责案例入库、更新和传播，对质量审核过关的案例进行整理、分类、编码和储存，定期修正更新，方便员工阅读学习。

2020 年，H 公司组织进行案例开发，内部专家队伍主要由人力资源部与业务专家构成，团队成员发挥各自优势，保证案例开发工作按质按量完成。人力资源部与业务专家的分工如图 2-7 所示。

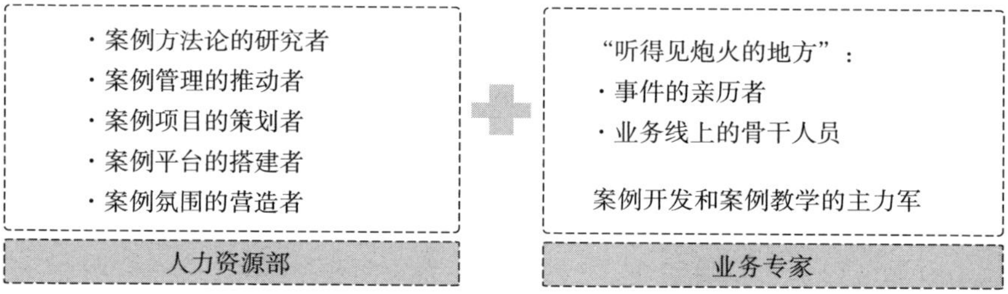

图 2-7 人力资源部与业务专家的分工

现实中，很多企业将案例开发的重任全都推给了人力资源部门，结果将他们搞得焦头烂额：领导的“置身事外”使他们无法完全主导案例开发工作，加之员工的“不买账”，很难取得良好的效果。这样一来，轰轰烈烈掀起的案例风潮，在遭遇重重障碍后，会很快偃旗息鼓。

如果说企业内部案例开发是一个系统工程，那么，这绝非某个部门或团队的责任。可以说，在一个企业中，上至最高领导人，下至每一位员工，包括中间的所有层级人员，都是案例推行工作中的组织者和参与者，都应该承担起相应的责任。

众多企业的实践表明：案例工作的本质是企业大学或人力资源部门为业务部门提供的一项创造业务价值的信息资源学习服务。职能部门与业务部门的相互支持，有助于各项工作的有效执行，能确保案例开发工作的高质量。

2.4.2 导入外部专家资源

案例开发工作的各个环节紧密相扣，每个环节的执行效果都会影响案例的最终应用。因此，很多企业会寻找外部咨询团队来协助进行案例开发工作。

咨询顾问在日常的咨询工作中能够接触到更多更前沿的管理学思想和理

念，他们可以提供科学的案例编写流程，评估案例的开发质量，以及为案例库的建设提供宏观指导和理论支持。

值得注意的是，外部专家不能随意引入，要遵循一定的引入流程，通过认证后方可引入。

阿里巴巴的外部导师要经过“在线提交报名表—参加线上视频沟通—安排考前辅导与考核—在考核后安排线下面试—签约认证导师协议”的考核流程。

导入外部专家团队应遵循的流程如图 2-8 所示。

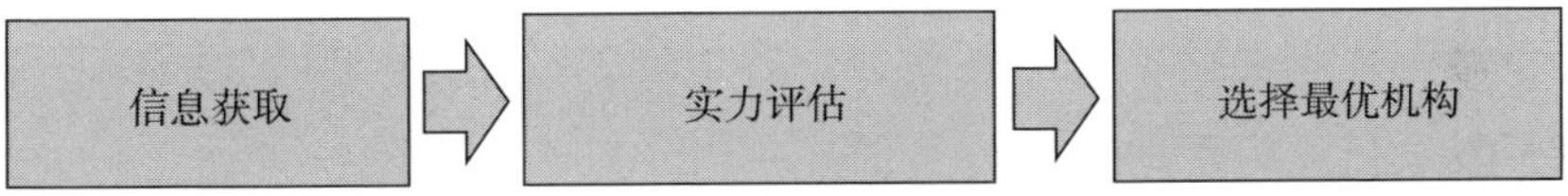

图 2-8　导入外部专家团队的流程

首先通过熟人推荐、同行介绍、网络搜集等渠道获取外部咨询机构的信息，然后对各个咨询机构的资质，包括成立时间、规模大小、公司盈利状况、业务范围、客户类型、客户数量、客户的组成、典型实践案例等方面进行综合性的评估，接着选定几家不错的咨询机构进行洽谈，最后通过深入沟通和了解，选择最合适的咨询机构谈判并签订合作协议。

对于组织经验萃取项目而言，更重要的是外部专家需要有实战经验，能够真正帮助公司有效地萃取出组织经验。目前，很多机构的老师都是用标准化的内容在各个企业内进行授课，这只能说是给员工松松土。为了确保能够真正帮助企业完成经验萃取，笔者团队综合提供以下服务：

（1）组合式萃取。提供标准化的流程和工具，岗位专家可自主完成经验萃取；咨询专家利用访谈工具与技巧，萃取岗位专家的优秀经验；开设工作坊，咨询专家辅助岗位专家将优秀经验萃取出来。

（2）分层辅导。系统化培训员工，传授案例开发方法论；对于一些结构化能力不强的员工，可提供一对一带教服务，进行案例文本的批注与修改；开展线上线下辅导，解答案主的疑问。

（3）深度开发服务。对于一些重点课题、重点案例，咨询专家与案主进行一对一访谈，深入了解案例的来龙去脉，辅导案主进行案例写作，助力企业萃取典型实践。

在对外部咨询团队进行能力评估时，需要重点关注以下方面：

（1）能够匹配企业实际需求，设计完整的案例开发、学习、应用的流程。

（2）熟悉收集和分析员工学习需求的工具和流程，可以协助企业完成需求挖掘、识别与目标设定等工作。

（3）掌握成熟的、体系化的案例开发方法论，能为企业内部案例开发队伍进行培训赋能。

（4）拥有组织经验萃取与案例开发等方面的成功的项目实操经验，确保企业案例开发项目的可落地性。

京东对外部导师的选拔条件做了明确规定：

一是支持京东价值观，热爱工作，乐于分享。

二是岗位经验不低于两年，熟悉京东的平台规则、熟悉日常运营工作；在特定领域或业务上有专长者优先考虑。

三是普通话标准、表达能力强，具有感染力，综合素质较高；有自主开发课程或授课经验者优先考虑。

不仅京东对外部专家的要求如此，阿里巴巴也是如此。阿里巴巴在引入外部专家资源时其首要的要求就是认可阿里巴巴价值观及阿里巴巴平台发展方向。

在实际操作中，企业可以根据具体的外部专家引入流程，确保引入的专家素质过硬、行为过硬、业务过硬。在外部专家完成项目任务后，企业要对其进行评估，及时淘汰那些不能满足组织需求、评估结果较差的外部专家，确保组织的学习效果。

2.4.3 定期开展赋能活动

定期开展案例开发与案例教学赋能活动，提高企业内部案例开发团队的综合能力，一方面可以为开发出更多高质量的案例提供保障，另一方面能够培养更多的案例专家，丰富企业内部的案例专家资源。

在众多赋能活动中，案例开发工作坊是人们获取案例开发能力的最佳方式之一。案例开发工作坊的操作流程如图 2-9 所示。

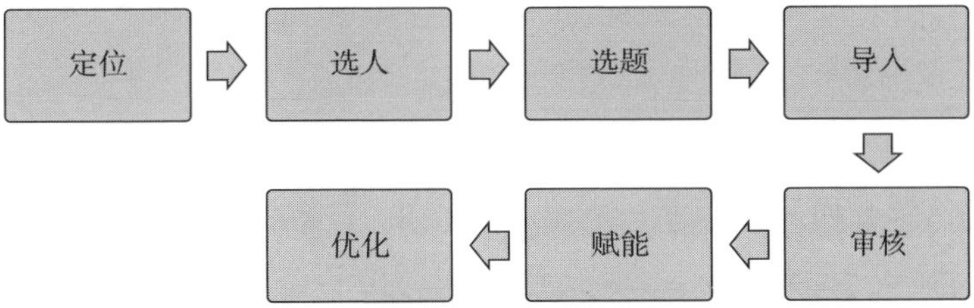

图 2-9　案例开发工作坊的操作流程

定位：明确案例开发工作坊的目的及开发出的案例的用途。

选人：结合案例开发工作坊的目标，明确赋能对象的业务类型、层级等。

选题：围绕目标主题设计细分主题，并结合学员的岗位事先进行分组。

导入：提前 10 天左右通过线上微课向学员导入案例开发的基本概念和方法，并布置课前任务，下发案例素材模板。

审核：学员需按照主题和案例模板事先撰写案例素材，人力资源部需按时间点汇总案例素材，进行初筛。

赋能：集中 2～3 天进行案例开发方法论的现场赋能，并让学员按照案例写作模板将之前审核完的案例素材开发为案例初稿；导师在案例工作坊现场将对学员进行辅导。

优化：工作坊结束后，根据案例导师的反馈意见，参训学员需进行案例的再次优化，并提交参与审核。

其中，案例开发工作坊的现场赋能主要包括两个方面，具体如表 2-7 所示。

表 2-7　现场赋能重点

序号	案例教学部分	案例写作部分
1	案例教学的前提条件	主题筛选与确定
2	案例教学示范	撰写案例计划准备
3	讲师授课前的准备工作	数据收集和访谈准备
4	案例教学计划	如何有效管理相关数据和信息

续表

序号	案例教学部分	案例写作部分
5	如何提问引导课堂	建立案例架构和大纲
6	管理课堂讨论方法	撰写案例背景、挑战和解决方法
7	不同学员的教学方式	怎样写一篇高水平的教学笔记
8	评估学生在课堂上的参与度	—

为了在较短时间内开发出一批优质案例，平安大学举办了案例萃取班，其包括含以下内容。

一是布置课前学习任务。在学习线下课程之前，参加案例萃取班的学员需要先在平安大学的线上平台进行案例微课的学习，然后要参加考试，检验学习的效果；同时，学员还要按照案例写作模板撰写案例初稿。

二是课堂实操与辅导。课程面授主要讲的是案例开发方法论的重点和难点，针对性地解答学员的困惑；授课导师引导学员进行案例的修改与完善；有些案例会进行案例分享，因此也会增加一些关于演讲与表达的赋能课程。

三是课后优化案例。在赋能活动结束后，学员要按照授课导师的指导意见，对案例进行修改、完善。

平安大学案例萃取班本质上就是案例开发工作坊，将案例开发人员集中在一起，汇聚企业业务专家、教学设计人员的力量与智慧，通过理论学习、经验分享和实操演练，着力开发企业案例和配套材料，真正将案例开发工作做专、做精。

随着众多知名企业大学开始应用案例教学模式，企业案例开发与教学赋能活动逐渐成为企业内训工作的新亮点。

为推动华润集团各单位围绕管理和业务发展实践进行总结，沉淀一批传承组织智慧的教学案例，华润大学组织开展了一系列案例开发与案例教学的赋能活动，取得了不错的效果。如表 2-8 所示。

表 2-8　华润大学案例开发与教学赋能活动

序号	学习小组	赋能活动过程与特点
1	华北万家学院	课前准备，下发材料，督促预习；统一进行实操培训；安排部分学员进行经验分享
2	华东置地学院	针对性选择不同的时机开展案例教学；在案例教学课程结束后，将案例转化为情景剧
3	华东电力学院	室内 + 户外教学；融入行动学习工具
4	华西燃气学院	编制学员案例集；传授案例教学的方法与实用工具；强化培养学员的弱势性格特点
5	华南金融学院	运用“头脑风暴 + 六顶思考帽”；根据案例类型设定不同的质疑与反思过程

案例开发赋能活动促进了案例开发人员的写作技巧和案例开发工具使用能力的双向提升，在组织内部营造了良好的学习氛围。

2.5　完善案例管理制度

落实案例开发工作还需要加强制度体系的建设。围绕案例价值链主要活动搭建并不断完善案例管理制度，可以有效提高案例开发人员的积极性。

2.5.1　案例开发的项目化管理

通常，组织经验萃取与案例开发工作会以项目的形式开展。因此，我们可以实施案例开发的项目化管理，把项目管理的思想、策略、手段和方法，运用到案例开发的执行工作过程中。

首先，编制一体化的项目方案。在项目方案中，项目发起者需要确定好项目目标、项目内容、项目预算等。需要说明的是，上级领导在对项目方案进行审核时，通常会考虑如表 2-9 所示的几个方面。

表 2-9 项目方案的审核内容

审核内容	评审要点
及时性	是否按时上交
可行性	· 学习活动的预算是否合理 · 需要的相关支持是否得到满足
内容的完整性	· 重要内容有无缺失 · 内容设计得是否满足组织需要

案例开发项目能不能实施好，与企业本身的项目管理运作水平相关，尤其是员工的项目管理意识、素质、掌握的工具和方法论，所以要关注“人”的项目化建设能力。在方案通过后，企业需要确定参与案例开发项目的团队成员及分工。基于项目的案例人员角色与工作内容如表 2-10 所示。

表 2-10 基于项目的案例人员配置

序号	角色	工作内容
1	案例开发者	案例主题分析；案例素材收集；案例正文撰写；案例问题设计、案例教学支持
2	案例教学者	教学授课；引导学员；案例学习与互动；案例教学总结
3	案例发起人	提出案例工作需求；评审案例主题；支持项目实施；主持关键研讨和沟通
4	案例运营管理	项目行动协作；资料搜集整理与分析；参与研讨与沟通；协助辅导案例教学

为了更好地推进项目工作，案例开发团队需要制定项目计划进度表。在制定项目计划时，我们一般采用甘特图法。某公司组织经验萃取与课程开发项目计划如表 2-11 所示。

表 2-11 项目计划进度表

项目工作	模块	关键任务	负责人	时间节点
项目筹备	组织分工	项目运营方案确认		
		案例征集通知、报名		
		组建微信群		
项目实施	宣导培训	线上启动会：项目介绍		
		案例开发方案介绍		

续表

项目工作	模块	关键任务	负责人	时间节点
项目实施	案例编写	案例素材写作与收集		
		导师案例素材稿批改		
		学员案例素材修改		
		收集案例初稿		
		案例精修与定稿		
	案例开发	确定访谈式案例开发的主题		
		确定访谈案主名单及访谈时间		
		组织访谈		
		整理访谈记录与拆解访谈素材		
		追踪补充素材及访谈中案主提到的佐证材料		
	案例评优	针对优秀案例进行宣传与表彰		
后期跟进	结项	结营仪式，案例课程认证和优秀表彰		
		统计并颁发案例开发、课程开发奖励		
		学员学习反馈建议收集、课件迭代更新		

要想快速地获取项目资源，成功开展项目，必须建立在一个重要前提下，即得到所有人的一致认可，这样才更容易达成目标。因此，项目组要先学会管理领导及其期望值，可以通过用事实数据讲道理等方式提出资源支持需求。如关于学习场地的选择，可用相关数据分析的结果让领导了解在公司内培训将受制于环境，可能造成学员出勤率低等情况。

另外，项目资源也可以来源于各业务部门，因此也需要获得他们的支持。各业务部门是案例开发项目的参与人员，要帮助他们准确地理解项目活动与业务目标之间的关系，使其在学习过程中成为自己命运的主宰者。为此，可以积极号召业务部门介入项目活动中，形成共同体。特别是项目设计、讲师甄选、内容沟通等方面，可以让业务部门参与进来，充分发挥其作用。如果业务部门亲自参与项目的设计，不仅更加贴合其业务需求，还有助于促进项目落地。

2.5.2 构建案例开发激励机制

在心理学中，有一个很有趣的原理，叫作普雷马克原理，即当有一件极其喜欢的事情在后面等待着我们时，对于那些不喜欢的任务，我们会有动力去快速完成。普雷马克原理向我们展示了一道二选一的选择题：先吃光蔬菜，然后才可以吃零食；或者不吃蔬菜，也没有零食可以吃。

这道选择题的答案通常是我们妥协，即先做完不喜欢的事情，再接受喜欢的事情。无形中，奖励使我们快速地完成不喜欢的任务，这就是普雷马克原理的心理效应。

那么，提高执行力则在于奖励机制的运用，对于那些令人厌烦的、不愿意完成的学习任务，一定的奖励往往会令我们产生完成任务的动力。

1959 年，普雷马克做了这样的一个实验：

他让孩子们在游戏机和糖果中选择一种，一些孩子喜欢糖果，一些孩子喜欢游戏机，他们自然而然地分成了两队。普雷马克这时候对选择糖果的孩子说，如果他们打游戏的话，会奖励他们更多的糖果；对那些玩游戏的孩子说，如果他们吃糖果，会奖励他们玩更长时间的游戏。

结果发现，即使不是那么喜欢，这些孩子们为了可以得到更多自己想要的东西，还是会选择自己不喜欢的游戏与糖果。

实验中的孩子们为了可以获得更大的好处，选择了自己不喜欢的东西。这种现象在生活中也非常常见，无论是大人还是孩子，对于自己喜欢的东西总是没有抵抗力的，以其作为动力，往往会令人忘记完成困难任务的不愉快。因此，将喜欢的东西作为奖励，以督促成员完成那些非常不喜欢的学习任务，做出积极的行为改变，是一种不错的选择。

在案例开发工作中，往往会有一些烦琐的、令人烦躁的任务，这时，人们往往会表现出消极抵抗的姿态，那么，作为企业就可以应用普雷马克效应提高案例开发团队成员的积极性。

普雷马克原理的使用方式就是采用奖励机制，这种奖励机制不仅仅限于发放现金、提升职位，任何成员喜欢的事物都可以成为奖励的内容，要尽量避免单一的发放现金奖励方式。一方面，薪酬作为“强化物”的代表之一，一定要合理、合人心。另一方面，也要关注情感的软式激励。

为激励员工积极参与案例开发工作，A 公司制定了相应的激励制度。

（1）物质激励：员工每开发一个符合公司要求的案例，则奖励个人现金 300～500 元。

（2）精神激励：根据案例开发积分规则（如表 2–12 所示），对个人积分排名前 3 的员工授予案例开发金牌个人奖；对团队积分最高的团队授予案例开发最优团队奖；对“组长积分 + 团队积分”最高者，授予案例开发金牌导师奖。

表 2–12　案例开发积分规则

案例入选积分	案例评优积分	延时扣分	质量扣分
案例入选，根据质量积 50～100 分 / 个	对年度所有案例进行评选，按照 3：5：2 的比例分为 ABC 三等：A 等积 100 分 / 个；B 等积 90 分 / 个；C 等积 80 分 / 个	未按时提交案例，则扣 10 分 /（次・个）	未按要求将案例修改到位：扣 5～10 分 /（次・个）

一般来说，常见的激励形式如表 2–13 所示。对于大部分企业来说，员工愿意加入案例开发工作的首要驱动力是将开发案例的数量和质量与任职资格评审及 KPI 挂钩。我们在设置案例开发激励机制时，可以重点考虑这一点。

表 2–13　案例开发激励形式

序号	激励形式	具体操作
1	领导要求	对于篇幅较大、重要性程度较高的组织案例，一般由公司领导向当事人、案例开发者提出明确的时间、质量等要求，相关人员在公司关注的压力下完成案例开发。例如，在华为公司，任正非每年都会指名安排相关部门、相关人员开发 3～5 个大型组织案例
2	竞聘评价	在部分岗位内部竞聘上要求竞聘者使用案例对个人能力进行“举证”，从而激励竞聘者开发高质量的案例。例如，中信银行信用卡中心部分岗位竞聘采用的就是这种方式
3	任职资格评定	在有任职资格评定的岗位人群中，要求员工开发案例“举证”其具备一定的任职资格能力

续表

序号	激励形式	具体操作
4	绩效考核	在部分岗位人群的 KPI 指标项中设置一项为“案例开发”，充分体现组织对案例开发的重视程度。例如，在华为的高级专家和管理者的年度考核中，设置了“组织回馈”这项指标，权重占比为 5%。组织回馈的成果即案例，通过对案例进行质量评价形成该项指标的打分结果。华为公司每年新增的一万多篇个人案例，绝大部分都与此项激励有关
5	设为工作方法	由公司领导或部门领导要求员工使用“案例”作为一种工作方法用于某一种或几种工作场景中。采用这类形式的企业有中国银行、万达等企业，案例已经成为一种工作方法和思维习惯，在企业各部门中广为使用
6	案例评优	在案例大赛、年度案例库中对所有案例进行评选，如“年度十大案例”等。对于获奖者，分别给予物质和精神激励。常见的激励方式有现金、晋升、加薪、KPI 加分、奖杯、奖状等。例如，平安人寿每年会在公司内部各条线评选年度最佳实践案例
7	知识产权	凡进入案例教学库的案例，案例作者受内部知识产权保护，根据具体情况予以相应的物质和精神激励，如使用频率高、好评度高的案例，授予案例作者“优秀案例开发者”荣誉称号，同时予以礼品或案例开发费等形式的奖励

2.5.3 多维度开展案例宣传

将麦肯锡管理咨询公司推向世界之后，马文·鲍尔曾经说：“能干的管理者总是能够站在阳光下，总是善于抓住人们的注意力，让属下注意到他的建议和方案。麦肯锡人之所以能够高效工作，同样是源自每个项目成员对其他成员的高度吸引力。”

法国生物学家乔治·居维叶说过：“天才，首先是注意力。”同样，我们想要让自己的工作变得更顺利，也要学会如何去吸引别人的注意力。

从发展心理学和人格心理学的角度来说，喜欢吸引他人注意力的人，往往对工作和生活充满期待。这类人一旦成功吸引了众人的注意，便会建立起成功心理，并在此基础上充分利用众人的帮助而成就大事。

那么，在推行案例开发的过程中，组织怎样才能充分吸引其他人的注意力，使其主动加入项目中来呢？大家不妨借鉴一下如表 2-14 所示的宣传方式，通过采用各种宣传手段，广泛吸引员工的关注，扩大案例开发工作的影响力。

表 2–14　案例宣传方式

宣传类型	途径	具体内容
媒体宣传	内刊 / 内报	开设“优秀案例学习”专栏，通过文字、图片等形式进行宣传，根据内刊 / 内报的出版周期定期推出优秀案例
	微信公众号 / 内网	通过软文加点赞形式进行案例开发方法论以及优秀案例的推送，优秀案例可每两天推出一篇
阵地宣传	公司大楼 / 公告栏	设置“优秀案例”墙或“优秀案例”区，以图文形式展示优秀案例
活动宣传	案例分享活动	可通过“座谈会”“演讲赛”等形式围绕案例内容进行学习，并产出小视频，成为阶段性成果和经验传播的重要载体；周期可根据具体情况来确定，如周、月、季
	主题学习月	每个月选取一个主题，针对该主题开展案例学习，并进行考试测评
文艺宣传	短视频、小品、话剧	将优秀案例改写成剧本，拍摄成视频进行宣传或排练成情景剧，在重大晚会或活动中表现

企业要利用好各种途径展开案例宣传工作，让员工经常受熏陶、受教育，激发组织成员的参与热情，提高对案例开发与教学的兴趣。

第 3 章
知识地图构建

明确案例开发主题首先要确定岗位知识地图，从梳理业务流程入手，明确业务流程中各岗位的关键任务，进行岗位能力与经验要求分析，从而明确岗位需要掌握的知识和技能，再结合岗位技术等级，编制岗位知识地图。

3.1 以业务为导向梳理流程

业务流程的梳理是我们构建知识地图的第一步，通过拆解业务流程，聚焦核心业务流程。

3.1.1 理解企业的业务战略

要厘清关键业务流程，就要先理解企业的业务战略，回答出以下问题：

企业当前的核心战略是什么？
企业当前有哪些核心业务和核心产品？
针对不同的核心业务和核心产品，企业的业务目标分别是什么？

通过一系列问题，明确企业业务战略的重点，在此基础上，识别和分析达成业务战略目标的中长期关键成功要素。

【管理研究】什么是关键成功要素

关键成功要素（Critical Success Factors，CSF）是指为达成企业的愿景和战略目标，需组织重点管理的、以确保竞争优势的差异化核心要素。

一般来说，关键成功要素是指一些特性、准则或能力，如果能够适当且持续地维持和管理，就能对企业在特定产业中的竞争成功产生显著的影响。

在实际操作中，明确关键成功因素通常也是采取研讨会的方式，召集企业的高管和相关核心人员参与，经过“分组讨论—小组代表分享—现场归纳总结达成共识”的议程，在有限的时间内最大限度地萃取参加会议人员的个体智慧，并获得成果。

那么企业如何提炼并识别它的关键成功要素呢？首先，需要对关键成功要素的主要特征有一定的了解，具体如下：

（1）关键成功要素是对企业成功起决定作用的某些战略要素的定性描述。

（2）关键成功要素能够辨别那些决定组织健康发展和生命力的问题。

（3）关键成功要素是那些管理层必须经常关注的区域，对这些区域的运行情况要经常进行度量，并提供这些度量信息以供决策使用。

（4）不论组织的规模有多大，它的关键成功要素一般在五到八项之间。不过通常在提炼时会提炼不少于 20 项主要成功要素，再进行针对性优化。

企业可以按照平衡计分法，从财务、客户、内部运营和学习与成长四个维度识别并提炼关键成功要素，如图 3-1 所示。选择从财务、客户、内部运营和学习与成长四个层面来提炼，可以保证关键成功要素的平衡性。如果关键成功要素之间存在不平衡，或者缺乏因果关系，可以重新审视关键成功要素。

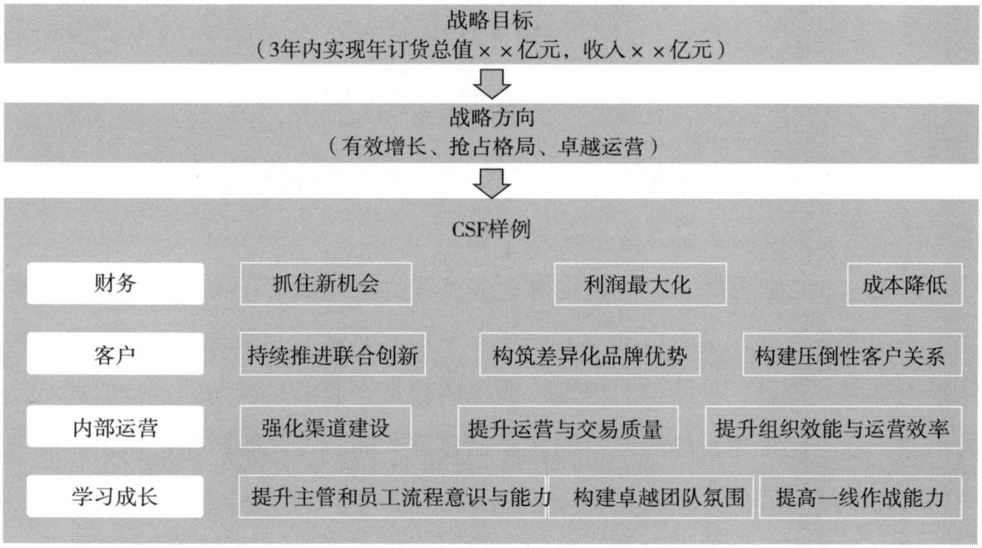

图 3-1　关键成功要素（CSF）示例

不同企业的关键成功要素各不相同。即使是处于同一个行业的企业，由于所处外部环境的差异及内部条件的不同，它们的关键成功因素也是不尽相同的。

3.1.2 梳理关键业务流程

企业的输入和输出是通过一系列生产经营活动来完成的，这些活动可分为基本活动（包括生产作业、市场和销售、后勤服务等）和辅助活动（包括物料采购、技术开发、人力资源管理和企业基础设施等）两类。这两类内容不同但相互关联的活动，最终构成以业务为导向的完整流程。

以业务为导向梳理流程，可以获得符合大部分企业情况的业务流程图，如图 3-2 所示。

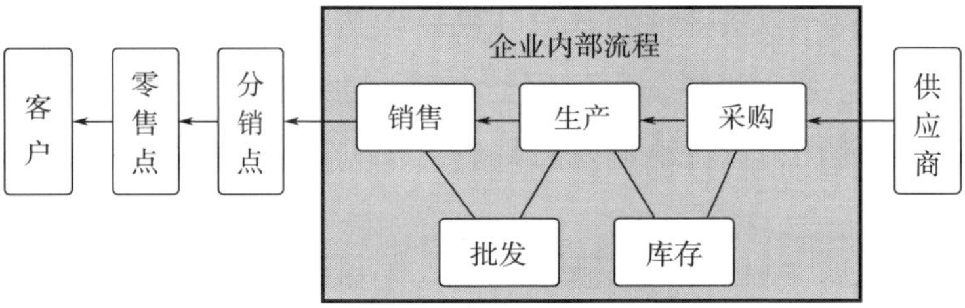

图 3-2 公司整体业务流程图

通过关键成功要素分析，企业可以厘清内部运营流程方面包括哪些目标，进一步确定支撑战略实现的核心业务流程。

迈克尔·哈默与詹姆斯·钱皮对业务流程的定义如下：我们定义某一组活动为一个业务流程，这组活动有一个或多个输入，输出一个或多个结果，这些结果对客户来说是一种增值。因此，业务流程是企业中一系列创造价值的活动的组合。业务流程建设的最终目的在于满足客户需求，为客户创造价值，高效流畅的业务流程是有效执行企业战略的重要保障。

核心业务流程是组织内部关键的流程，它集成了组织的各种核心竞争力，这些流程帮助业务单位提供价值主张，以吸引和留住目标细分市场的客户，并满足股东对卓越财务回报的期望，是对组织的最终输出做出最大贡献的一系列流程。

【管理研究】用平衡记分卡梳理内部核心业务流程的方法

（1）确定财务层面目标及支撑财务目标实现的客户层面目标。

（2）确定能对财务目标实现起决定作用的关键要素。

（3）确定能对客户层面目标实现起决定作用的关键要素。

（4）对筛选出的关键要素进行归类，明确内部核心业务流程。

在借用平衡记分卡确定内部核心业务流程时，我们要明确两个前提：第一，核心业务流程应支撑财务层面和客户层面目标的实现；第二，核心业务流程是支撑财务层面和客户层面目标实现的少数核心管理，而非简单的流程汇总。

梳理业务流程的过程，其实也是对组织流程体系进行完整思考的过程。

一家企业为实现从 OEM（Original Equipment Manufacturer，原始设备制造商，俗称代工厂商）向品牌制造商的战略转型，在财务层面的关键指标是品牌产品销售收入及其在总收入中的占比、品牌产品的盈亏平衡点。为实现该财务目标，企业需要从客户层面落实三大关键措施：制定清晰的品牌策略、明确品牌产品的策略、制定针对直接客户的服务策略。

经过分析，企业最终确定了高效支撑策略执行的四大核心流程体系：客户需求管理流程、产品开发流程、品牌运营流程及问题解决流程。[1]

除此之外，我们进行核心业务流程的识别还可以按照以下步骤进行，如图 3-3 所示。需要注意的是，在确定核心业务流程时，我们主要针对的是公司的一级流程，不对过小的子流程进行评估，以免给流程梳理工作带来负担。

对于关键流程的识别，没有一定的数学评估公式，但是存在一些方法，我们可以根据实际情况进行选择。

核心业务流程其实质是跨越了多个部门的一组为客户创造价值的相互关联的活动进程。在业务的作业范围中明确每个层级流程上的活动任务，以确保每项活动在科学的流程轨道上规范运行。

1 兰涛. 华为智慧：转型与关键时刻的战略决策 [M]. 北京：人民邮电出版社，2020.

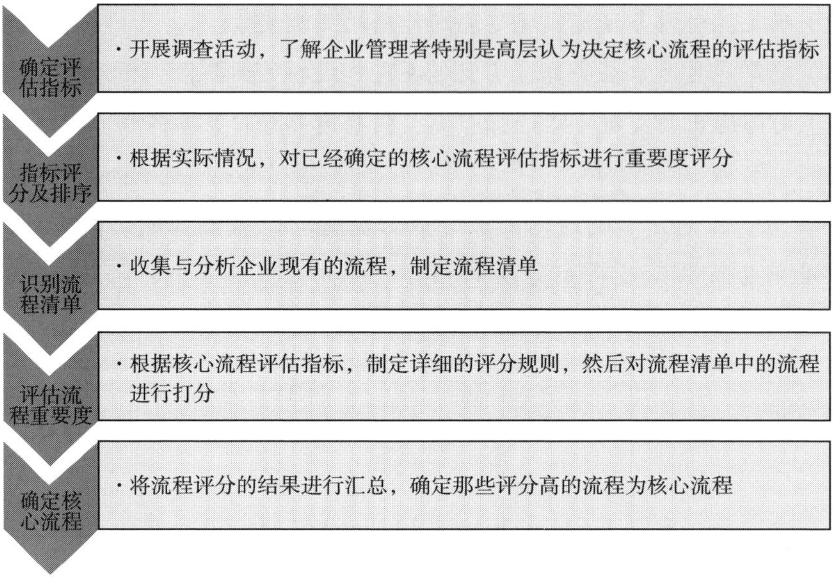

图 3-3 识别核心业务流程的步骤

3.1.3 找到业务流程中的关键点

在华为内部整个业务流程里面，华为人是如何去复制经验的呢？首先，华为人把业务流程进行拆解，然后在每个业务流程的场景下面，主管领导会让员工输出大量的案例。也就是在整个的业务流程当中，每一个环节都有大量内部的案例进行输出。

我们设计学习项目时，要聚焦业务活动的产出成果，从这个结果要求往回倒推，“以终为始”进行设计。基于此，在梳理关键业务流程后，首先需要找到其中影响业绩完成的关键要素，分析与这些关键要素相关的人群，并确认哪些行为会对业绩产生影响，这些行为需要哪些能力支撑。这时，一个个的能力点便被圈出来了。

华为在帮助客户开展的项目管理类场景化培训中，首先会罗列项目管理的全部步骤，并分析其中的关键成功要素。

就项目分析和规划阶段而言，作为一名项目经理，最需要把握的是合同的范围、验收标准、概算和风险管理，否则就会在交付的过程中无法应对客户的超范围要求。这便被视为此阶段最重要的影响要素。同样回到项目分析和规划阶段，作为一名项目管理人员，你要知道怎样去制定交付策略及进行风险识别和概算，这就是一个赋能关键点。

找到业务流程中的关键点，我们应参考企业实际的流程管理状况以及流程图。下面以某地产装饰公司的部分业务流程为例，来阐述如何在业务流程中识别关键点，如表 3-1 所示。

表 3-1 某地产装饰公司部分业务流程中的关键点

业务流程	业务活动关键点 / 痛点
市场管理	进行客户资金、背景调查；注意合同与施工变更；制定市场策略等
投标管理	施工量不准、外地差价、合同签订（付款）及招标答疑等
采购管理	出现材料价格预制、供应商不够了解的问题；质量和交付期问题；全款全付较为被动的问题等
技术品质	不能支撑前期指导；过程技术指导不足；工程管控逻辑不明等
工程管理	人员技术、项目经理带教、成长激励、组织氛围、兼职人员管理等
项目组织	施工计划与过程协调，个人经验与项目实操有偏差等
施工班组	班组考察不到位；合作关系掌控力弱；安全意识缺乏；投机意识等
结算管理	信息资料不全，可追溯期短等

针对业务流程下的痛点问题，我们可以进行经验萃取与案例开发，员工通过学习相关案例可以解决众多实操难题。例如，笔者之前主导的某金融公司学习发展项目——针对全流程的案例群开发与应用，几乎穷尽了公司业务流程下的成功经验和痛点问题，如图 3-4 所示。

项目通过对业务活动中各个动作进行细致、严谨、有序的推演，形成了覆盖各个业务痛点的学习地图，然后将其中的经验案例化、课程化，以真实的业务场景经验用于组织内部的学习活动中，起到了事半功倍的作用。

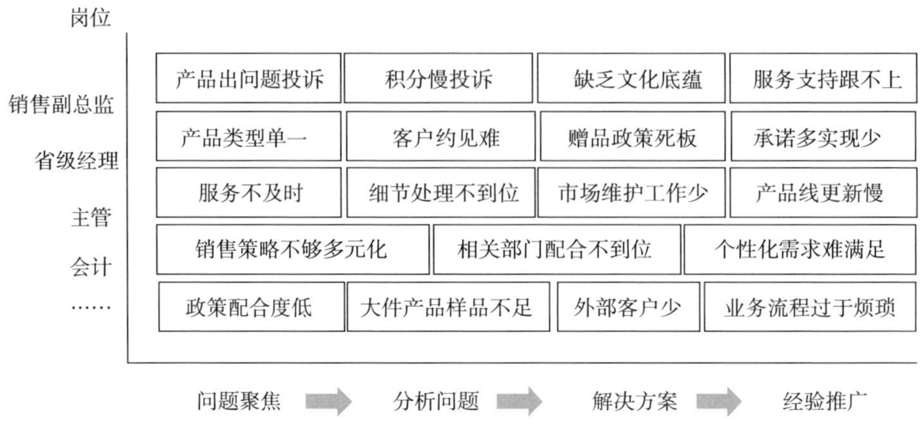

图 3-4　某金融公司业务痛点地图

3.2　提取岗位关键任务

识别岗位关键任务、锁定痛点是构建知识地图的关键环节，要对各岗位需要完成的任务进行分解，掌握其具体的工作内容，并在此基础上深入了解完成各项任务所需要的能力和经验。

3.2.1　了解岗位的角色定位

任何一种角色行为只有在角色认知十分清晰的情况下，才能被成功地扮演。正如管理学家马斯洛所说："要让一个管理者成功地履行管理职责，其前提条件是他必须清楚地意识到这是他的职责。"

企业设置岗位的目的是要完成某一特定任务，不同岗位所要承担的任务和面临的挑战会存在差异，对能力和知识的要求也会有不同。基于岗位角色构建知识地图，首先就要结合企业战略要求，明确角色定位，并结构化描述岗位角色。岗位角色是企业、客户、合作伙伴、下属等对于该岗位上的人员的多角度期望，它是一个综合概念。

华为针对一些核心岗位建立了角色模型，如STROBE模型，就是对“国家代表”等类似经营岗位领导者的角色要求，如图3-5所示。

图3-5 华为对经营岗位领导者的角色要求——STROBE模型

从企业视角来看，“国家代表”是“制定和执行战略的领导者”，他需要将公司层面的战略目标在所在国家落地执行。

从团队视角来看，“国家代表”是“跨文化高绩效团队的开发者”，有能力在所在地区构建一支管理有素的跨文化团队。

从当地项目视角来看，“国家代表”是“资源整合与建设的主导者”，需要统筹协调各种资源以完成各种类型的项目。

从经营视角来看，“国家代表”是“全面运营结果的责任者”，对所在国家和地区的经营结果负责。

从外部视角来看，“国家代表”是所在国家和地区的“和谐商业环境的营造者”，作为“国家代表”，需要建设好华为的品牌形象，关注好商业环境的各相关方。

从不同视角对岗位进行综合分析，可以定义出岗位的角色要求。除了STROBE模型，华为在HR转型过程中，还提炼了HRBP的角色要求——V-CROSS模型。在V-CROSS模型中，华为HRBP有以下六大角色。

战略伙伴（Strategic Partner）——参与战略规划，理解业务战略，将业务战略与 HR 战略连接并组织落地。

HR 解决方案集成者（HR Solution Integrator）——理解业务诉求和痛点，集成 COE 专长，组织制定 HR 解决方案，将业务需求与 HR 解决方案连接，并实施落地。

HR 流程运作者（HR Process Operator）——合理规划 HR 重点工作，有效运作 AT，提升人力资源工作质量与效率。

关系管理者（Relationship Manager）——有效管理员工关系，提升员工敬业程度；合法用工，营造和谐的商业环境。

变革推动者（Change Agent）——理解变革需求，做好风险识别和利益相关人沟通，促使变革的成功实施。

核心价值观传承的驱动者（Core Value）——通过干部管理、绩效管理、激励管理和持续沟通等措施，强化和传承公司价值观。

只有先认识了一个角色，才能扮演好这个角色。我们通过对岗位角色定位的了解，能够弄清楚在当前的岗位上应该做些什么动作。

笔者在为快消品行业 M 公司构建学习发展体系时，首先就明确了办事处经理的角色定位。办事处是该公司业务工作开展的一线管理机构，属于市场的基础执行单位。办事处经理①不只是一个销售管理者，而是一个区域的负责人；②集合市场、销售、培训、发展、计划、管理等诸多的要素，是区域市场的首席代表；③代表公司建立、维护及提升公司在该区域的公众形象。如图 3-6 所示。

只有清楚地知道组织对员工所在层级的期望和他们应该扮演的角色，拥有承担起这些责任所必需的关键核心能力，才能让员工持续展现组织期望的领导行为并真正扮演好各自的角色。

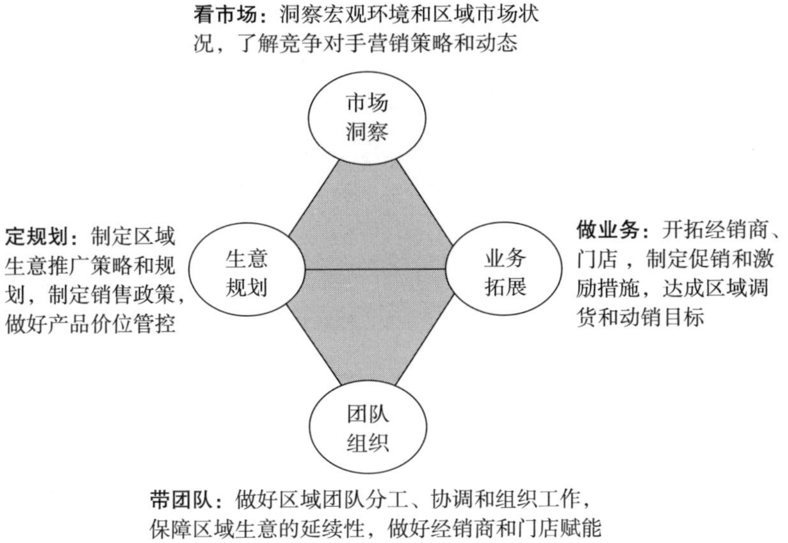

图 3-6　办事处经理的角色定位

3.2.2　明确各岗位在组织中的职责

了解岗位的角色定位后，可以进一步明确岗位的工作职责，即一个岗位所需要去完成的工作内容及应当承担的责任范围。

岗位职责是根据企业的任务和要求，在工作流程的基础上进行细化和分解得出来的。基于流程的职责分析，明确界定了每项职责中岗位上的员工应该扮演什么样的角色及工作所要求的最终结果是什么。

前面提到的 M 公司办事处经理角色定位，我们基于此，明确了办事处经理的工作职责，如表 3-2 所示。

表 3-2　办事处经理的工作职责

角色	工作职责
市场洞察者	承接公司战略，搜集宏观环境信息，确定市场分类，分析主要竞争对手营销策略和动态
	收集和分析区域内经销商、门店信息，掌握经销商、门店情况
	洞察消费者需求，分析客户购买过程与习惯，进行客户画像

续表

角色	工作职责
生意规划者	负责开展区域年度业务规划，制定与分解区域年度业务目标
	负责区域内的促销政策制定，策划、执行促销活动，评估活动效果
	根据客户进销存管理及分析，帮助客户进行生意规划、回顾和纠偏
业务拓展者	负责年度目标的执行和调整，合理执行费用预算
	组织开展经销商、门店、会员的开发、培育及关系维护，支撑区域生意指标的达成
	负责营销过程管理、跟进、纠偏分析，承接项目在区域内的执行落地
团队组织者	负责团队招聘、培育、考核、激励，打造狼性团队
	协同总部各部门作战，确保区域内各项工作的专业化开展
	协同管理客户方团队，促进生意目标的达成

在获取岗位职责时，我们可以采用以下方式：一是查看岗位职责说明书。一般来说，人力资源部对组织内部的各个岗位职责已经进行了梳理，制定了岗位职责说明书。这时，我们可以直接得知各岗位的工作职责。二是对岗位代表员工进行调研。采用问卷调研或一对一访谈的形式，了解员工的主要工作内容，进一步明确岗位的工作职责。

3.2.3 分析盘点各岗位关键任务

员工的每项工作职责可以为具体的工作任务，而每个任务还可能被划分为更具体的子任务。因此，在我们收集了岗位职责的相关信息后，就可以对岗位的关键任务进行盘点。该信息的获取同样可以采用对岗位员工进行调研的方式。

仍然以 M 公司的咨询项目为例，我们通过查看资料、问卷调研、一对一访谈等方式对办事处经理的岗位关键任务进行了全面的梳理，绘制了办事处经理的岗位工作全景图，如图 3-7 所示。

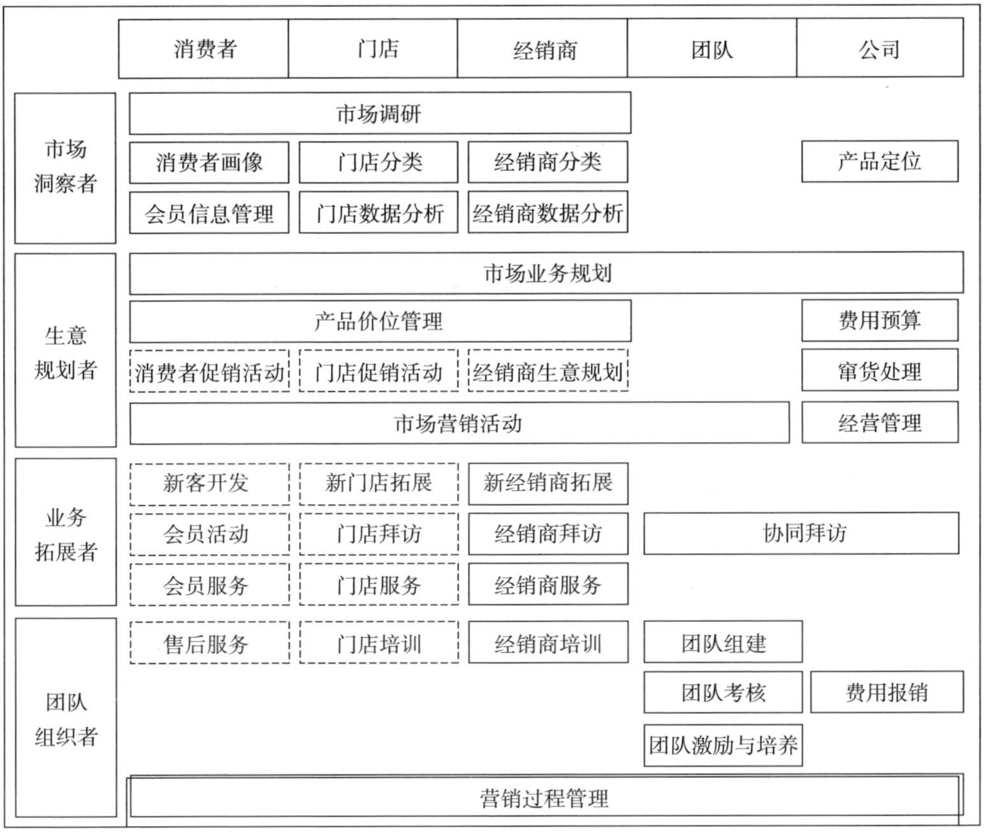

图 3-7　岗位工作全景图

同时，我们还将岗位关键任务以表格清单的形式进行展现，如表 3-3 所示。

表 3-3　岗位关键任务清单

序号	维度	关键任务	
1	市场洞察	1.1	收集与分析商业 / 竞争情报
		1.2	分析区域市场数据，进行区域市场分类
		1.3	分析市场竞品信息，掌握市场竞品情况
		1.4	分析区域内经销商与门店信息，掌握具体情况
		1.5	分析消费者购买过程与行为数据，进行客户画像
2	生意规划	2.1	制定与分解区域业务目标
		2.2	制定不同市场的差异化拓展策略
		2.3	制定渠道规划
		2.4	制定活动规划，策划、执行活动，评估活动效果

续表

序号	维度	关键任务	
		2.5	制定辖区费用投入方案
		2.6	制定 JBP 联合生意计划
3	业务拓展	3.1	执行业务目标，厘清关键任务和行动计划
		3.2	执行费用预算，跟踪费用使用效果，分析费效比
		3.3	区域重点连锁进场谈判 / 空白区域招商
		3.4	经销商管理与关系维护
		3.5	门店的管理与日常维护
		3.6	培养高价值会员
		3.7	处理较大客户诉求
4	团队组织	4.1	组建团队，招募与甄选团队人员
		4.2	开展团建活动，建设团队氛围
		4.3	制定并执行团队管理制度标准
		4.4	制定并执行团队人才培养计划
		4.5	制定并执行团队激励方案
		4.6	协同总部各部门作战
		4.7	协同管理客户方团队

值得注意的是，我们在盘点关键任务时，可以先根据岗位职责把所有的任务全部罗列，然后再进行归类整理。

2021 年，笔者在盘点袁隆平农业高科技股份有限公司（简称“隆平高科”）大区经理的岗位关键任务时，就采用了“面对面访谈 + 问卷调研 + 资料梳理”的方式，一是访谈职能部门相关人员及部分营销总监（大区经理的上级）；二是向营销总监、大区经理发放问卷；三是收集和分析岗位相关资料。通过一系列梳理，最终得出了大区经理岗位的 19 个任务模块，其中包括 71 项关键任务、133 个子项动作。

充分挖掘每个岗位的核心工作任务，有助于我们进一步分析岗位的能力与经验要求。

3.3　解码胜任能力与经验要求

将岗位的潜在能力素质和经验要求显性化、标准化，可以从中提取岗位所需的知识和技能，从而构建出真正能被业务部门所理解和可操作的学习地图。

3.3.1　分析岗位能力标准

事实上，最简单的岗位培养就是基于罗列出的任务，逐一定义清楚每个任务的操作规范和步骤。当我们把任务看清楚了，并将其拆分为具体的行为动作，就可以解码岗位关键任务所需要的能力素质标准，如图 3-8 所示。

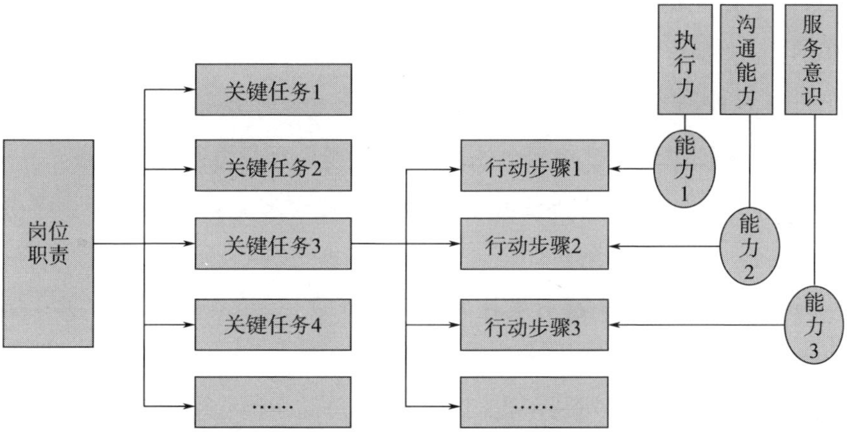

图 3-8　从岗位职责到岗位能力要求

对岗位能力要求进行深入分析的维度有三个：过去、现在、未来。一是基于过去的绩优者访谈，看过去在岗位上取得优秀绩效的员工具备哪些素质和能力；二是基于现在的问题点梳理，看目前工作和业务上存在哪些痛点，需要何种能力来解决；三是基于未来的公司能力要求的考虑，看战略目标对员工能力的要求，需要哪些能力做支撑。综合这三个方面的结果，得出岗位能力要求。

1. 基于过去的绩优者访谈

通过对员工进行访谈，提取员工身上的特质，分别汇总绩优者的特质和绩效普通员工的特质，进行对比分析，企业可以发现，绩优员工身上存在一些共同的特质，这些特质是绩效普通员工所没有的，而这些特质正是胜任目标岗位所需要的核心素质，它们将绩优员工和普通员工区分开来。

这种通过访谈员工来提取岗位胜任力和素质的方法称为“行为事件访谈法（BEI）”。行为事件访谈法是一种开放式的行为回顾式探索技术，通过请受访者回忆过去半年（或一年）在工作上最感到具有成就感（或挫折感）的关键事例，以从这些事件中挖掘出影响目标岗位绩效的行为，然后对收集到的具体事件和行为进行汇总、分析、编码，在不同的被访谈群体（绩效优秀群体和绩效普通群体）之间进行对比，找出胜任目标岗位所需的核心能力要求。

2021年，笔者在盘点隆平高科大区经理的岗位能力要求时，邀请一些优秀的营销总监（大区经理的上级）回答了以下问题。

（1）大区经理的服务行为有哪些是经销商或大户所看重的？列举五点。

（2）大区经理的管理工作或服务工作有哪些可能导致客户流失？列举五点。

（3）从区域经理到大区经理，主要要提升哪几项能力？列举五条。

（4）请介绍三位比较有办法拓展市场或搞定大客户的大区经理，并分别阐述他们的优点、特质和事例。

（5）您心目中，最符合公司发展的大区经理应该具备哪些优秀品质和能力？

通过梳理这些开放式问题，我们可以从中总结出岗位胜任能力和素质要求。

2. 基于现在的问题点梳理

构建学习地图的目的之一是把员工的能力素质往公司需要的方向进行牵引，解决公司的实际问题并创造价值。因此，综合考虑目前的业务难点，分析其背后缺失或者薄弱的能力，从而注重这些能力的培养，对公司来说更具有现实意义。

现有问题点和业务难点可通过绩效数据分析的方法得出，也可以通过访谈调研、问卷调研来获取。

绩效数据分析的方法相对简单，如果企业建立了较为完善的绩效考核制度，那么通过对同一岗位任职员工绩效考核数据进行分析，我们就可以发现员工普遍表现欠佳的绩效点，并由此推导出目前任职人员普遍缺失或者薄弱的能力。

而访谈调研和问卷调研的方法则相对复杂，需要先对岗位的关键任务进行梳理确认，之后再设置访谈提纲或调研问卷来展开调研。

继续以隆平高科的组织经验萃取项目为例，在完成大区经理的关键任务梳理并与业务部门和人力资源部确认共识后，我们设置了业务场景调研问卷（见表 3-4），选定了岗位任职人员及上级作为调研对象，从角色责任（主导 / 带教 / 配合）、工作难度（高 / 中 / 低）、对业绩提升的影响（高 / 中 / 低）三个维度对各项关键任务进行评价。

表 3-4 大区经理岗位业务场景调研问卷（部分）

维度	关键任务		角色责任			工作难度			对业绩影响		
			主导	带教	配合	高	中	低	高	中	低
市场调研	1	市场调研的设计（规划、模板、工具）									
	2	搜集市场环境信息（种业政策环境、地方政策）									
	3	市场容量调研									
	4	对种植农户的调研									
	5	对区域市场产品需求趋势的调研									
	6	产业链下游对产品的需求特性(加工企业、居民饮食特性）									
	7	竞争对手基本档案（背景、团队、服务水平、管理水平）									
	8	竞品的表现、主推产品竞争力及未来产品投放趋势									
	9	竞争对手商业模式（产品定价和返利、盈利率、单品市场占有率、市场运作能力、用户的口碑反馈）									
	…	……									

最终基于对调研结果数据的分析，我们得出了该岗位的工作难点。（哪些角色为主导，工作难度大且对业绩提升影响也大的关键任务，就是该岗位的工作难点。）

工作难点的调研结果为任职人员的培训及能力提升指明了方向。

3. 基于未来的公司能力要求的考虑

除了要考虑当前的能力需求，还要考虑未来的能力需求，即与战略相关、指向未来的能力，这些能力目前在岗的绩优员工也未必具备，与通过现在的问题点梳理导出的能力也不相同。

基于未来的公司能力要求可以通过公司能力演绎法得出。公司能力演绎法就是对公司战略、所面临的外部环境与内部关键挑战进行分析，从而明确对公司能力的要求，以及演绎出这些能力对具体职类人员的能力要求。如图 3-9 所示。

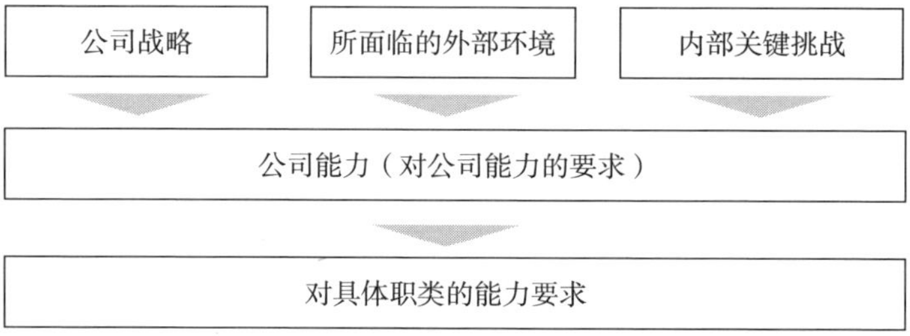

图 3-9　公司能力推导模型

在隆平高科的组织经验萃取项目中，除了前面讲到的开放式问题访谈和业务场景问卷调研，笔者及其团队还对公司的各类资料进行了分析，包括领导（公司董事长、轮值总裁、分管业务的副总裁等）讲话稿、大区经理年度总结报告、营销人员能力要素及课程体系等。这些资料中体现了公司战略方向、业务发展挑战及规划等信息，通过对相关内容的推导演绎，我们梳理出了一些胜任大区经理岗位的能力和素质要求。

综合以上三类分析结果，我们就可以得出岗位能力要项清单。在此基础上，做进一步的权重分析和筛选，进而得到各岗位的关键能力要求。

在隆平高科的组织经验萃取项目中，我们综合访谈、调查问卷、资料分析的结果，得出大区经理岗位能力要项清单，如表 3-5 所示。

表 3-5　大区经理岗位能力要项清单

序号	专业能力	通用能力	素质
1	团队建设与管理能力	沟通能力	创新意识
2	市场规划能力	目标管理能力	系统思维
3	客户管理能力	执行力	有事业心
4	市场管控能力	问题解决能力	自信心
5	市场洞察能力	学习能力	目标意识
6	营销策划能力	计划制订与执行能力	团队协作
7	产品运营能力	战略理解力	公私分明
8	市场拓展能力	危机处理能力	积极进取

通过对这些能力要项进行排序，我们得出了大区经理的岗位胜任能力要求，如图 3-10 所示。

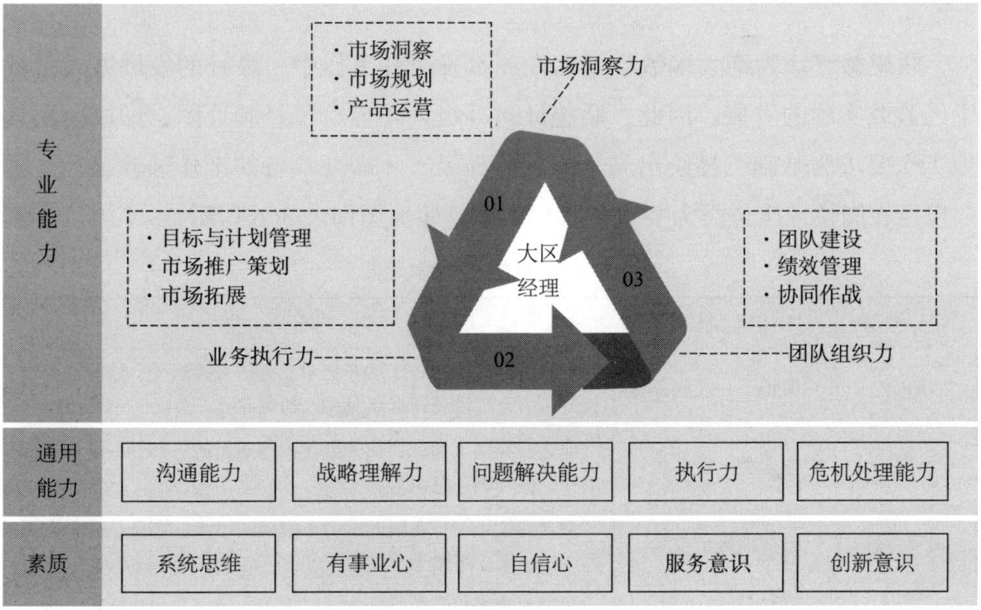

图 3-10　大区经理岗位胜任能力要求

得到各岗位能力要求后，我们通过对词条编码，可以构建岗位胜任力模型，用于任职资格评定；另外，还能基于能力要求对员工能力进行盘点，从而针对性地开发人才培养项目，提升员工的综合素质，以满足企业发展需求。

3.3.2 提取岗位经验要求

基于岗位角色定位，结合当前的业务现状基础，分析特定岗位需要完成哪些核心任务，有哪些成功要素、资源支持等，可以提炼出一些经验与特质要求。这些要求没有岗位说明书描述得那么详细，只是一种快照形式的岗位画像，即为应对当下的业务挑战，岗位上的人所要具备的几条关键经验与特质说明。

华为曾经对拉美地区部总裁的岗位经验要求有业务经营的成功经验、扭亏为盈的管理经验、扭转劣势的业务经验等。这是由于当时的拉美地区部很多年都处于不赚钱的状态，需要一个能带领团队打胜仗的领导者。

联想始终认为绝大多数学习和发展都发生在工作中，最好的发展方式是基于经验或实践的发展。因此，联想针对高级人才描绘了经验地图，即以公司某项工作要求为基础，描绘出与其匹配的高级人才需要具备的工作经验路径，主要以所在岗位或岗位类为要求。联想人才经验地图如表 3-6 所示。

表 3-6 联想人才经验地图

经验类型	典型岗位	解释
前端	销售、一线服务	客户界面类岗位，了解客户对业务的直接感受，体验业务增长的压力，了解公司战略对一线的意义
后端	职能类、研发类	非客户界面类岗位，作为公司内部运营的一部分，了解业务协作，提升服务意识等
扭亏为盈	亏损地区负责人	面对业绩下滑，在时间压力下完成对组织、团队、个人方面的困难决策，考验个人能力
市场开拓	地区营销中心负责人	根据对市场机会的判断，通过多种途径，与当地政府、企业打交道，获取或储备关键资源，发展客户
全球项目	项目负责人	完成跨区域、跨职能的项目，持续时间超过一年，如主持或作为主要成员参与重大项目的谈判等

在华为干部的任职标准中，也有对经验的要求，如表 3-7 所示。

表 3-7　华为干部经验要求

序号	经验类型	经验要项
1	业务型经验	跨业务领域经验
		具体业务经验 / 基层经验
		培育客户关系经验
2	管理型经验	人员管理经验
		项目经营与管理经验
		担当盈亏责任
3	业务周期性经验	开创性经验
		扭转劣势经验
		业务变革经验
4	区域经验	具体区域经验

当组织业务处于相对稳定的状态时，不论是 HR 还是业务负责人，对每个岗位的能力要求基本会理解一致。但是当组织业务处于高速发展或者变革转型期时，企业可能会产生一些全新的岗位，可能有的岗位的职责和工作方式都发生了很大的变化，这时就更加需要结合业务变化和挑战来进行岗位画像，形成明确清晰的岗位经验要求。其中，需要特别注意的部分是那些在原来业务环境中没有关注到的经验要求。所以，岗位经验要求一定是基于当下的业务特征提炼出来的。

3.3.3　明确岗位所需知识和技能

通过分析岗位能力素质标准和经验要求，可以获得员工胜任某岗位所应具备的知识、技能。

【管理研究】什么是知识和技能

知识是个人在某一特定领域拥有的事实型与经验型信息，通常指原理、规则、概念、规律等。

技能是个人结构化地运用知识完成某项工作的能力，通常指掌握某种技术、操作步骤、方法与工具等。

梳理岗位所需要的知识就是弄清楚围绕各工作步骤需要了解的相关概念、原理、方法等；梳理岗位所需要的技能可以从三个维度来考虑：人际关系处理、情感和情绪管理、思维能力。在梳理知识和技能时，可以尽量划分得细一点。

对于前面提到的办事处经理岗位，我们通过与业务场景匹配、问题点梳理等一系列方法明确了办事处经理所需要的知识和技能要求，如表 3-8 所示。

表 3-8 办事处经理的知识和技能要求（部分）

序号	知识和技能要求
1	经销商合作意愿与经营能力评估
2	区域重点连锁进场谈判
3	窜货处理
4	团队成员思想、心态辅导
5	团队成员业务技能培训
6	团队人员招聘
7	制定经销商年度发展策略规划
8	公司业务战略及业务目标的理解
9	关键任务和行动计划厘清
10	团队成员日常工作指导
11	活动方案制定

明确岗位所需的知识和技能，组织就可以设计不同的赋能活动，让员工能够针对性地提升自己的综合能力。

安踏企业大学在梳理 A 岗位的关键任务时，得出“竞品趋势信息收集汇总”是该岗位某层级员工的关键任务之一。完成这项关键任务需要做到收集有效的竞品信息、清楚说明公司产品与竞品之间的区别等。这些行为要求该层级员工具备“逻辑能力”。基于此，安踏企业大学为他们匹配了“精准企划”等相应课程，并罗列出了相关可参考书籍。

将岗位所需的知识和能力明确下来，不仅为组织培养人才提供了依据，当员工需要晋升或横向流动时，还可以对自己进行能力盘点，及时补充不足。

3.4　输出系统化的知识地图

针对岗位的主要工作进行分析，对岗位工作中所需知识的输入、支撑、输出进行梳理，可以形成岗位知识地图。

3.4.1　根据岗位类型进行知识分类

在明确岗位所需的知识和技能后，就需要形成岗位知识结构，即根据岗位对相应的知识进行分类，并确定各类知识点的数量。一般来说，我们对岗位知识进行分类的规则如下：

（1）专业类。解决专业问题需要的知识和技能，如市场活动策划等。

（2）通用类。解决普遍通用问题需要的知识和技能，如 Word、Excel、PPT 的操作等。

（3）管理类。解决管理问题需要的知识和技能，如团队人员管理、组织管理、项目管理等。

按照上述规则，我们可以将岗位知识结构的分析结果汇总成知识清单。某公司销售岗位的知识清单如表 3-9 所示。

表 3-9　销售岗位的知识清单（部分）

类型	序号	具体知识	知识项数
专业类	1	大客户销售	10
	2	目标市场定位	5
	3	营销活动策划与实施	20

续表

类型	序号	具体知识	知识项数
管理类	1	人员招聘	15
	2	绩效管理	20
	3	团队成员辅导	5
通用类	1	企业文化	5
	2	人际关系处理	10
	3	谈判技巧	10

3.4.2 按照技术等级匹配知识点

在组织中，员工的成长一般会经历初做者、有经验者、核心骨干、专家、资深专家五个阶段，每个阶段所需的核心能力及承担的工作职责是不同的，如表 3-10 所示。

表 3-10 员工成长阶段及核心能力要求

成长阶段	核心能力及职责
初做者	能够在指导下做好被安排的专业性工作
有经验者	能够利用专业知识独立解决常见问题
核心骨干	能够独立承担某方面工作的策划与推动执行，发现流程中出现的重大问题并提出合理有效的解决方案
专家	作为公司某一领域内的专家，能够解决较复杂的问题，领导中型项目，能够推动和实施本专业领域内的重大变革
资深专家	作为公司内公认的专家，可以参与战略制定，并能够领导大型项目，可以在业内传播与分享相关经验，体现公司水准

为了让任职资格等级更具有可操作性，有效激发员工的成就感和成长意识，推动员工能力的小步快跑，很多企业针对每个阶段进行了更细一级的划分。如华为就将专业技术任职资格分为 1～6 级，管理任职资格分为 3～5 级，每一个级别又可划分为预备等、基础等、普通等和职业等四个等级，如图 3-11 所示。

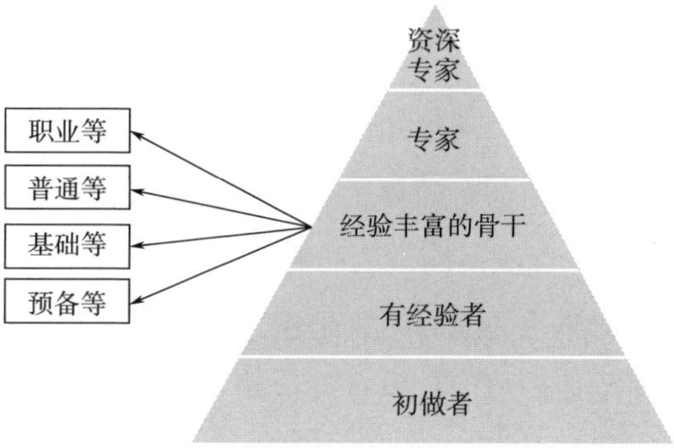

图 3-11 华为任职资格等级

在我们把岗位知识分好类后，就可以将岗位所有的知识点对应到各个技术等级（即任职资格等级）。以销售岗位为例，不同任职资格等级的岗位需要具备的知识点，如图 3-12 所示。

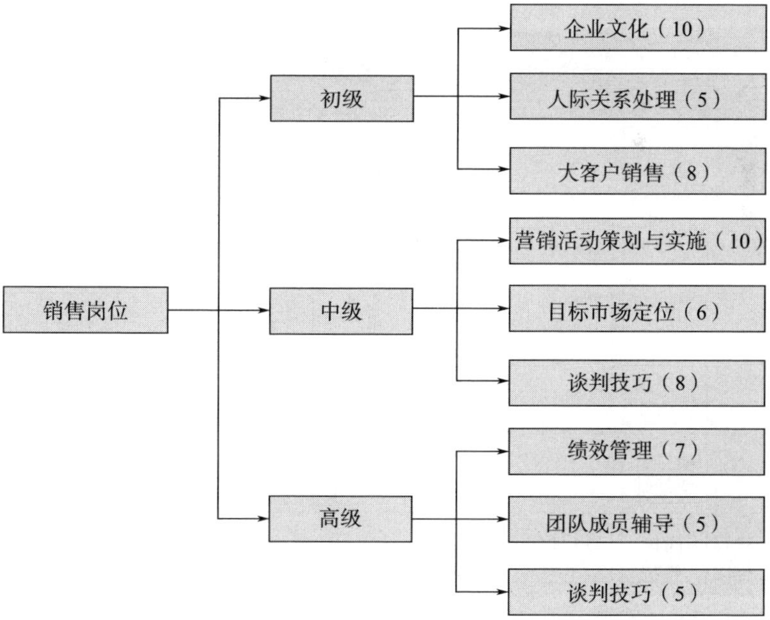

图 3-12 岗位技术等级与知识点的匹配

3.4.3 形成基本的岗位知识地图

完成上述一系列动作后，岗位知识地图就形成了。岗位知识地图的作用是将员工在完成每一项工作任务时需要的知识和技能进行标准化，明确岗位员工成长路径中的知识路线，以满足岗位的履职要求。

当人们到了一个不熟悉的地方时，地图可以提供方向指引，帮助人们快速找到想去的地方。岗位知识地图也是这样一个工具，当我们在工作中遇到瓶颈时，透过知识地图，就能够知道岗位工作需要的知识及技能。

华为在快速扩张时期，营销岗位是公司的关键岗位之一，因此，公司以营销岗位所需的能力为基础，为营销岗位员工规划了系统化的知识地图。华为营销岗位知识地图如图 3-13 所示。

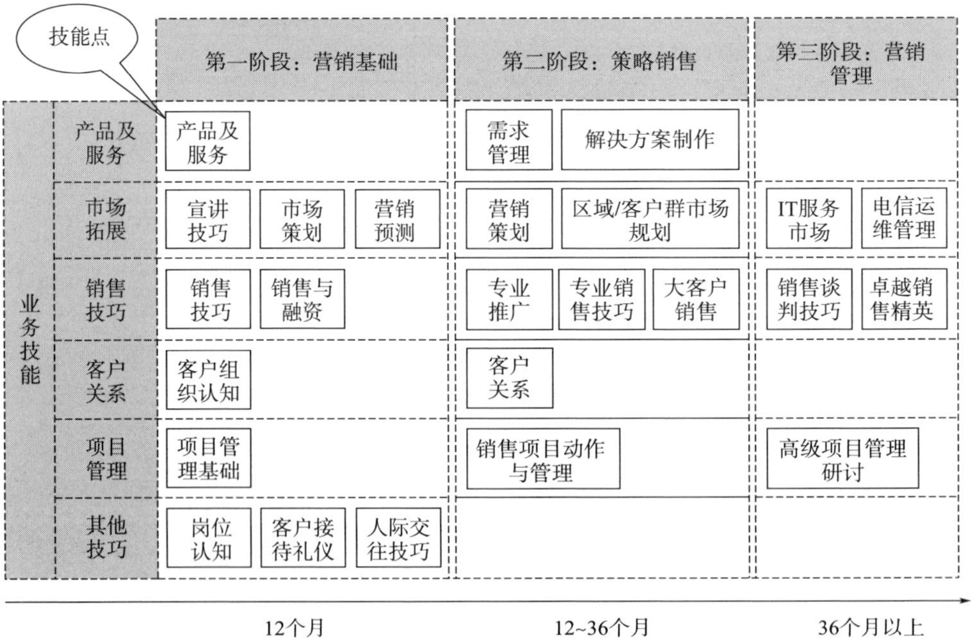

图 3-13 华为营销岗位知识地图

在实际应用中，岗位知识地图相对于岗位工作手册等具有明显的优越性，它明确定义了业务流程各环节工作的负责岗位及其完成该项工作所需的知识。

岗位知识地图主要应用于岗位人员的学习和培训，盘点岗位人员的知识储备情况，就可以制定针对个人的定制化学习和培训方案。

3.5 输出岗位学习地图

岗位知识地图中的知识点，有些是可以通过自我学习获取的，有些则需要通过组织培训来获取。由此，我们可以延伸出岗位学习地图。

3.5.1 匹配不同的学习形式

所谓学习地图，就是指以员工能力发展路径和职业规划为导向而设计的一系列学习活动，体现了员工在组织内学习发展的路径。通过学习地图，员工可清晰了解自己从一名最底层的新员工成长为公司高级专家或者管理者所需具备的能力及可以获得的学习资源。

腾讯学院 Q-Learning 平台为每个员工都配置了“个人学习地图”。“个人学习地图”将员工的发展通道、个人职级、素质模型与课程匹配，员工进入系统就可以知道自己该学习什么课程。“公司学习地图”则将整个公司的职级、通道、素质模型与课程匹配。这样员工可以根据“公司学习地图”，确定自身的发展方向和目标。而借助于平台，培训部门也知道应该开设什么样的课程。

企业在开展赋能活动时经常会面临一个问题：员工分散在各个区域，如果采用线下的方式开展学习活动，则需要把分散在各地的员工召集到一个统一的地点开展学习，往往需要耗费大量的成本。随着网络技术的发展，今天，企业完全可以根据人才培养目的不同及培养对象的特点，灵活选取培养方法，采取线上或线下的学习形式，以获得更好的学习效果。

线上与线下培养方式各有其优缺点，如表 3-11 所示。优秀企业在开展人才培养时，往往会采取线上线下的混合培养模式。

表 3-11 线上培养模式与线下培养模式的对比

模式	培养方法	优点	缺点
线上培养	线上学习（课程、案例）、线上论坛、线上研讨与交流、	灵活、方便、高效、覆盖人群广、成本低	难以监控过程、参与感低
线下培养	线下授课、线下研讨与交流、实践锻炼、带教辅导	参与度高、体验感好、针对性强、方便管理	耗费人力物力、成本高

GE 的培训分为两部分：一类是线上培训，GE 建立了各岗位的素质模型，将岗位素质模型相关的组织多年沉淀下来的知识开发成了线上课程，放到了 E-Learning 平台，然后给学员制定学习要求和分配学习账号，让学员登录平台进行自主学习，一类是线下课程，线下课程是紧贴业务的，是以当前企业存在的突出问题为输入开展的培训。这类课程是由 GE 的课程需求人员深入到业务中去了解企业转型或业务开展比较典型的、共性的和意义重大的问题，之后再针对性开发的课程，课程的针对性和实用性都非常高，课程开发完成后，讲师会到各个业务单元去开展课程讲授。

许多优秀企业都建立了线上学习平台，对于组织已经沉淀下来的知识，会交给线上来普及，而线下的培养则密连业务，投入更大的精力去支撑业务发展和战略实现。

在设计学习地图时，除了考虑线上线下的混合学习模式，还要为员工的自学阅读提供内容指引。某公司市场经理学习方案设计如表 3-12 所示。

表 3-12 市场经理学习方案

<table>
<tr><th rowspan="2">关键任务</th><th rowspan="2" colspan="2">知识 / 技能</th><th colspan="3">自学阅读</th><th rowspan="2">线上微课</th></tr>
<tr><th>课件</th><th>制度</th><th>案例集</th></tr>
<tr><td rowspan="3">市场洞察</td><td>1</td><td>收集与分析竞争情报</td><td rowspan="3">实战生意数据分析与应用</td><td rowspan="3">市场洞察工作指引</td><td rowspan="3">市场洞察案例集</td><td>商业情报收集与分析</td></tr>
<tr><td>2</td><td>进行区域市场分类</td><td>市场分类</td></tr>
<tr><td>3</td><td>掌握市场竞品情况</td><td>竞品洞察</td></tr>
<tr><td></td><td>4</td><td>进行客户画像</td><td></td><td></td><td></td><td>客户洞察</td></tr>
</table>

3.5.2 设计多样化的学习项目

学习项目是学习地图中的核心资源，而学习项目以课程为主要学习内容。过去，很多企业构建课程体系就是对已有的课程进行整理或归类，看起来像是搭建了一个课程体系，但是实际上这些课程之间并没有强联系，无法为员工的职业生涯发展提供全方位的帮助。因此，越来越多的企业开始关注学习地图。

学习地图的特点主要包括三个方面：第一，实现从战略到学习的传递。紧密结合组织战略、员工个人发展以及培训学习管理，以此作为绘制学习地图的依据。第二，考虑员工的长远职业规划。学习地图不仅让员工学习某个岗位上的知识和技能，也将其职业生涯纵向和横向发展纳入学习框架。第三，更加全面的学习形式。过去的培训课程比较僵化，倾向于单向灌输，而学习地图则涉及需求分析、培训实施、效果评估和绩效提升的全过程。

学习地图对于员工来说，不仅仅是课程体系，课程只是学习内容的载体之一，是学习项目中的一个环节。学习地图为员工能力提升制定了针对性和多样化的学习项目，精准匹配员工的能力需求，能够从更高的层次来实现对员工学习的支持。

“西门子卓越领导”管理培训（Siemens Leadership Excellence）是西门子人才培养体系中最有特色的一部分。该项目是在学习地图方法的指引下，以领导力模型为基础，以职业生涯发展规划为主轴，为管理人员设计开发与发展节点相对应的学习活动。该项目由五个级别组成（S1～S5），各个级别的管理培训课程与受训员工的职能级别一一对应，如接受管理课程的员工，其职能级别也在S5。

S5 面向具潜在管理才能的员工，培训目的是提高被培训者的自我管理和团队建设能力。课程内容包括西门子公司及其愿景、价值观和目标，项目管理技巧和自我组织，团队建设和人际沟通，领导风格等。

S4 面向高潜力的初级管理人员，培训目的是使被培训者具备初级管理的能力。课程内容包括平衡利益相关方、业务战略实施和团队授权等。

S3 在亚太地区进行，用英文教学，面向负责核心流程或多项职能任务的管理人员，培训目的在于开发他们的企业家职能。课程内容包括有效的企业家管理、行为管理、创新和变革管理、经营战略、领先的财务和股东价值等。

S2、S1均在设在德国的西门子大学，用英文教学，面向担任重要职位的管理人员、负责全球性/地区性产品或服务的管理人员、负责两个以上职能部门的管理人员，培训目的在于提高他们的领导能力。课程内容包括全球化、电子商务和新经济、领导力和回馈、企业文化和管理、组织战略和变革、地方化经营和文化差异管理等。

学习项目的目的就是将知识和技能通过培训的方式传输给受培训者。作为面向职场人士的培训，项目设计要符合企业和成人学习的规律。

3.5.3 绘制岗位学习地图

在明确了学习形式、设计多样化的学习项目后，我们就可以绘制岗位学习地图了。某公司区域经理岗位学习地图（部分）如表3-13所示。

表3-13 区域经理岗位学习地图（部分）

序号	任务模块	知识点/技能	面授项目		自学项目		在岗实践	
			项目名称	时长	项目名称	时长	项目名称	频次
1	制定市场规划	制定并分解年度目标	区域年度生意计划规划	120分钟	典型区域生意计划	30分钟	制订某区域年度分解目标；回顾上季度业务达成并分析	3
2		制定年度费用规划	年度费用预算规划	120分钟	公司费用管理制度	30分钟	针对某客户模拟制订月度费用使用计划及说明；回顾上季度费用使用情况并分析	3
3		制定动销方案	动销方案疑难应对	120分钟	销售与市场、连锁门店公众号及App	30分钟	评估并反馈下属制定适合本区域的动销方案的效果	3
4		制定渠道规划	区域终端渠道规划	120分钟	书籍《渠道为王》	30分钟	区域渠道梳理，包括升级或淘汰	3

续表

序号	任务模块	知识点 / 技能	面授项目		自学项目		在岗实践	
			项目名称	时长	项目名称	时长	项目名称	频次
5	制定客户年度方案	制定客户分类管理方案	各类型渠道客户的深度分析	120 分钟	客户信息分析表	30 分钟	对已有客户做收集、整理、分析	3
6		制订联合生意计划	区域重点联合生意计划的制订与执行	120 分钟	联合生意计划手册；战略产品的合作计划	30 分钟	制订并执行联合生意计划，跟进过程，回顾结果	3
7		制订终端培训计划	区域终端培训计划制订	120 分钟	公司培训管理手册	30 分钟	会议现场模拟培训以及参与课程开发	3
8		制订年度大型活动计划	区域年度大型活动规划与执行	120 分钟	—	—	—	—

在企业中，学习地图针对不同对象有不同的应用，如表 3-14 所示。对管理者来说，学习地图是连接企业战略与学习的桥梁；对于人力资源管理工作者来说，学习地图是衡量企业人才的标尺；对于学习管理工作者来说，学习地图是规划员工学习的有效指南；对于员工来说，学习地图是学习的导航系统。

表 3-14 学习地图对不同对象的作用

对象	作用
管理者	明晰企业学习重点；确定培训资源投入的重点和力度
人力资源管理工作者	帮助人力资源部门完善人才发展体系；成为人才选用预留的参考依据
学习管理工作者	帮助培训管理部门建立科学系统的培训体系；为年度培训计划制订提供连续性的依据
员工	为每个员工指明在企业中的学习发展路径

不同于传统的培训课程体系，学习地图根据员工的职业生涯发展通道设计了系统化的路径，且随时可根据员工的发展进行调整。

腾讯建立了产品经理成长的全景图，如图 3-14 所示。在产品培训生成长为优秀的产品经理后，在晋级的过程中，还可以接着参与“飞跃计划”和“腾飞计划”的人才培养项目，完成相应的课程学习，直至成为核心产品经理。

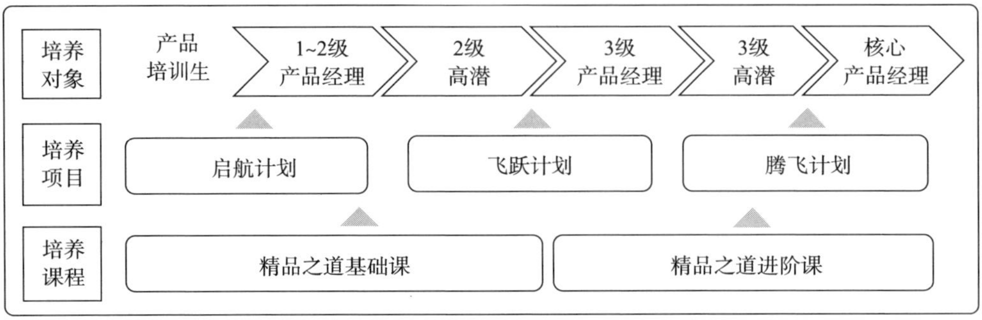

图 3-14　腾讯产品经理成长全景图

在互联网坊间一直有这样一种说法：“腾讯靠产品，百度靠技术，阿里靠运营。”腾讯的产品方法总是被业界所称道，有腾讯工作背景的产品经理非常受欢迎，是各大互联网公司“挖角”的对象，这在很大程度上得益于腾讯对产品经理的持续培养，而腾讯也正是因为有一批优秀的产品经理，才能够持续靠产品在市场上保持竞争优势。

通过学习地图，员工可以清楚地知道自己在职业发展的每个阶段中所应具备的能力、应该学习的内容，从而构建自己的“个人学习发展计划”，提升自己的能力，快速成长为组织所需的关键人才。

第 4 章
案例主题规划

案例开发的首要任务是确定案例主题，这也是影响案例成果能否匹配组织经验萃取目的的关键一步。在这一环节中，应始终秉持“以终为始”的设计原则，从案例应用目的着手确定主题，以案例成果的需求为依据完成案例主题规划工作。

4.1 案例主题的来源

案例主题是案例所聚焦的内容范畴，也是案例开发的方向指引。企业在进行组织经验萃取与案例开发时，需要弄清楚案例主题的来源，并根据相关要求进行主题筛选，以满足后续员工培训等方面的需求。

4.1.1 在知识地图中深度挖掘

企业是一个功利性的商业组织，其组织培训的目的肯定是希望通过培训能够实现更多的价值创造，当然，有的企业希望培训能够尽快地输出价值，也有的企业并不会过多地考虑当前的价值输出，而更着眼于未来的价值创造。那么在进行案例开发时，就必须考虑企业开展培训的目的，这样开发出的案例就更有针对性。

因此，岗位知识地图是挖掘案例主题的主要来源。案例主题由知识地图中的知识点提炼而来，案例内容应具备相应的学习价值。从知识地图中挖掘案例主题如图 4-1 所示。

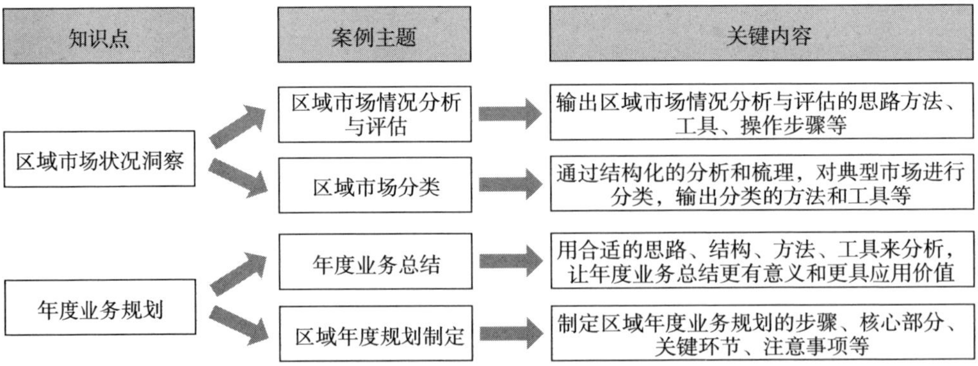

图 4-1　从知识地图中挖掘案例主题

案例主题可以相对抽象或是若干领域内容的综合，如企业营销战略或组织变革管理，也可以聚焦某一细化的内容领域，如企业营销战略中的品牌营销策略或组织变革中的人员优化与调整。

4.1.2　识别优质的案例主题

将知识点进行提炼和转化后，可以形成众多的案例主题，我们需要从中识别出优质的案例主题，确保组织能够萃取出值得学习和推广的经验。那么如何识别优质的案例主题呢？我们主要从四个方面来考虑：价值度、难易度、使用频率以及覆盖面。

第一，案例主题是高价值的，即案例主题要能够帮助企业强化学习活动的效果，提升组织绩效水平。

第二，案例主题是有难度的，即案例主题对员工来说，具有一定的挑战性，是需要经过一定的努力才能完成的任务。心理学研究表明，员工的学习热情与任务的难易度是成正比关系的，越难完成的任务，越容易激发员工的学习热情。

第三，案例主题是经常使用的，即萃取出来的经验是员工可以经常用到和必须掌握的。如果萃取出来的经验，员工可使用的机会很少，即便掌握了，也会很容易忘记。另外，经验萃取是为了提升员工能力的，不常用的经验萃取出来也只会束之高阁，成为摆设，这就失去了项目原本的意义。

第四，案例主题的覆盖范围要广，即萃取出来的经验可供很多人使用。如果萃取出来的经验只有很少的人能够使用，那么这个案例也没有萃取的必要性。组织进行经验萃取是讲究效率的，尤其是组织刚接触经验萃取项目时，本来流程方法论各方面都不成熟，不可能为了小部分人花费很大成本去进行案例开发。

因此，综合来看，在识别案例主题的价值度时，我们需要回答以下问题：

案例主题是否能够帮助员工提升个人能力？

案例主题是否能够帮助组织提升绩效水平？

案例主题对员工而言，学习和应用时是否有难度？

案例主题对员工而言，工作中是否会经常用到？

案例主题可适用的学习对象和场景是否广泛？

通过对结果的梳理，我们就能够从知识地图的转化结果中识别出优质的案例主题。

4.1.3 输出案例主题清单

将优质的案例主题进行汇总，就可以输出案例主题清单。某公司根据市场人员岗位知识地图输出的案例主题清单（部分）如表 4-1 所示。

表 4-1 案例主题清单（部分）

知识点	序号	案例主题	关键内容
客户洞察	1	区域客户的洞察	分析所在区域经销商、渠道客户信息的方法、工具、操作步骤、注意事项
	2	已合作经销商的盘点与分析	已合作经销商盘点的切入点、步骤、工具、方法
	3	已合作门店的盘点与分析	已合作门店（战略门店及核心门店）的盘点及分析方法、工具
活动规划	4	上一年度活动执行总结	回顾及分析上一年度活动执行情况的思路、结构、方法、工具
	5	区域促销活动政策制定	制定区域促销活动政策时需要考虑的关键因素、主要思路与方法
	6	制定年度活动规划的整体策略	年度活动规划整体策略制定的思路、方法、步骤、核心部分、关键要点等
活动方案制定	7	制定一份典型的活动方案	活动方案写作的思路、方法
目标与计划管理	8	对公司业务目标的承接	承接公司业务战略及业务目标的思路、方法、工具等
	9	目标分解	分解目标，并形成季度 / 月度 / 周计划以确保目标的达成
	10	关键任务厘清和行动计划制订	制定关键任务专项计划细化执行方案，选出一两项关键任务，分析如何制定细化执行方案以确保任务落实
带教指导	11	团队成员业务技能培训	团队业务技能辅导上的典型事例和做法
	12	团队成员思想、心态辅导	总结与分析辅导的思路、方法、工具、注意事项等

4.2　对标战略和业务难题，选定开发重点

一般来说，案例主题清单中有非常多的案例主题，那是否都需要将它们开发成案例呢？对此，我们的答案是对标战略和业务难题，选定案例开发的重点。

4.2.1　关注企业战略和年度规划

案例开发是组织为了提高员工的工作技能，进而适应企业战略发展需要和业务需要的一种培训方式。因此，在确定案例开发重点时，我们要对标公司战略和年度规划。

平安集团各专业公司每年都会根据公司的重点战略和业务开展各类案例开发项目。例如“经营管理典范案例项目”是某专业公司为助力公司实施新的五年规划而设立的；“双圈双户”案例开发与学习推广活动是某专业公司为助力公司落地“双圈双户”战略经营模式而开展的。

战略规划决定了企业的发展方向、经营范围、业务设计、价值链选择、竞争手段等一系列决策性的问题，保证了企业做正确的事。年度经营计划则明确了来年公司执行战略要实现的目标，以及为实现这些目标需要开展的相关工作，它是企业战略落地和实现的重要手段，对于企业战略的实现至关重要。

通常来讲，年度经营计划由以下六个部分组成。

（1）企业战略规划及第一年目标概述：包括企业愿景、战略意图、战略规划的第一年目标。

（2）核心经营业绩指标及计划：如年度及季度销售计划等，需要体现出企业在收入、利润、回款、现金流、成本、费用、效率、质量等方面对年度业绩的详细要求和目标。

（3）具体措施：未来 3～5 年企业战略中的关键举措，往往是高度概括和笼统的，经营计划最重要的就是将战略规划中的关键举措细化为具体的行动计划。

（4）审视计划进展和公司目标要求之间的差异及对应措施：企业一般会季度性或月度性地对年度经营计划进行审视，当计划进展和企业原定目标有较大差异时，要进行根本原因分析并形成对应措施。例如，当产品销售大幅超过原定目标时，需要对目标、奖金分发、产能计划、销售任务等方面进行调整。

（5）重大机会和风险管理：预测重大机会或影响经营计划目标完成的主要风险发生的可能性、影响程度，并制定对应举措。例如，国家发布重大利好政策，或企业出现重大危机公关事件或质量事故等，都需要提前预警，并在BP（商业计划书）中及时提出应对措施。

（6）详细的财务和资源预算计划：主要财务预算（损益表、资产负债表、费用预算表）、人力资源年度预算、战略资金年度需求、产能、固定资产年度预算等。

除了上述战略规划和年度经营计划的相关资料，我们在推动案例计划时，还要收集各部门的年度工作规划资料，了解它们的重点工作。这为我们选定案例开发主题提供了初步框架。

接着，就要和相关部门进行沟通，在框架的基础上进一步细化工作内容，确定案例工作的重点推动方向。

快消品行业M公司2020年的三大关键任务分别是：打造重点市场、门店升级、挖掘高价值会员。基于公司战略，各部门确定了相应的重点工作。例如，提升会员续吃率是会员互动中心的重点工作之一，在确定案例主题时，就将这项重点工作细化为更具体的工作内容：重点客户拜访、会员电话服务等。这些就成了案例开发主题计划中的重点内容。

围绕公司战略和年度规划进行案例开发，可以确保案例工作不跑偏，一方面能够最大限度地得到公司的进一步支持，同时案例工作又有利于解决各部门工作遇到的问题，获得较好评价。

4.2.2 把握热点问题和突发事件

有些热点问题或者突发事件具有临时性，但有些热点问题或者突发事件也可能演变为组织未来的一种趋势，成为普遍性问题。因此，我们也可以将这些事件开发成案例，指导后续工作的展开。

1. 热点问题

国家出台的相关政策或是社会发展趋势可能对组织发展造成影响，为应对这一情况，组织会采取各种措施，相关工作会逐步展开。在这一过程中，案例工作者可以提前做好案例开发的准备。

随着互联网技术的发展，传统商业受到了巨大的挑战，许多大公司“被收购”“退市”。从 2016 年开始，传统商业纷纷谋求“数字化转型”。数字化转型是建立在数字化转换、数字化升级基础上，又进一步触及公司核心业务，以新建一种商业模式为目标的高层次转型。

A 公司是一家从事服装设计及销售的企业，它一方面感受到国家的大力推动，另一方面也看到了成功的商业实践，在经过持续两年的业绩低迷后，也决心推动数字化转型。经过几家门店的试点，数字化转型取得了一定的效果。为此，公司将整个项目过程进行了复盘与梳理，并开发成案例，为后续其他门店进行数字化转型提供学习路径。

2. 突发事件

突发事件暴露出的业务或管理的痛点、难点、挑战是典型案例的主要来源，其场景化教学的效果肯定是比其他案例教学效果更突出的。

Z 公司业务下滑严重，经过外部咨询公司的诊断以及培训部门的介入，它找到了解决这类问题的方法，同时认为这类问题具有普遍性，因此 Z 公司将该事件过程制作成案例，并在公司内部进行推广。

不论是热点问题还是突发事件，它们往往都具有突发性，案例工作者必须时刻关注这些方面的内容，提前做好预估和准备。

4.2.3 紧盯标杆员工的特色工作

将标杆员工真实的典型事件开发为案例，更容易获得员工的普遍认同。英国管理学家约翰·爱德欧曾在著作中指出：“一个团队内部无论哪个层面出现滥竽充数的人，他们都会像蛀虫一样腐蚀企业，影响其他员工，并最终使得原本能力出众的人也渐渐趋于平庸。反之，如果一个团队中有那么几个值得人学习的好榜样，那么，整个团队就会在潜移默化中受到他们的积极引导。”

榜样行为也是一种非常值得重视的非权力影响力。什么是榜样行为的影响力呢？它指的是某人在与他人集体工作时，通过自己的优秀行为给他人提供一种值得学习和效仿的模式，这种行为力量在行为发出者身上同样会产生心理和行为的影响力。社会心理学家认为，人们可以通过耳闻目睹，了解和收集有关他人优秀行为的信息，通过内心感受和体验，内化为自己的主观意识、态度，引起思想感情上的变化，再由个体的主观意识、态度、情感等加工而产生的实践行为活动。这种榜样行为不仅会对自身的工作产生巨大的心理感染力量，还能够让我们的工作深入人心。

余承东一开始在华为从事运营商业务工作时就展示出了与众不同的个性与做事方法，并且取得了出色的业绩。这让任正非对他非常地看好，所以当华为决定大力发展终端业务时，任正非决定将此重任委托给余承东。

华为刚开始做手机业务的时候，手机业务发展并不顺利。手机业务与运营商业务有很大区别，一个是“TOB”（面向企业），一个是“TOC”（面向个人），两者的业务模式，以及目标人群都截然不同，运营商业务更多的是讲究技术能力的实用性，而终端产品更带有品牌个性化的因素影响。任正非正是看中了余承东与众不同的一面，希望他能够作为华为终端业务的标杆人才，把他的这种气质注入华为终端业务之中。事实证明，余承东做得非常出色，在他的影响下，华为终端的业务发展思维有了很大的改变，取得了骄人的成绩。

这种方法也就是我们常说的以点带面的方法，学习管理者通过标杆人物的典型示范作用带动普遍层面的工作改进。日常生活中，这种方法用得非常多，无论是各个单位评选优秀人物分享他们的优秀事迹，还是单位对典型案例进行通报批评。企业与组织都会利用身边发生的典型进行宣传与教育。

A 公司积极引导各部门成员展开各种学习榜样的活动，以此来督促员工自主学习，创造绩效贡献。

第一，让榜样员工和大家分享自己的工作经验。演讲的题目，可以从具体的事情入手，不谈大而空的话题，只讲他在学习过程中的经验以及取得的成果。

第二，请榜样员工做培训。在新员工培训时，除了让培训专员对公司的历史、现状、未来发展做介绍，还会请优秀的员工，就某一个方面、某一个项目向新员工介绍经验。

第三，恰当对榜样员工进行宣传。学习讨论榜样事迹，通过讨论和互相学习，以平等的身份交流心得，企业内部和部门之间会形成良好的学习氛围。为了真正起到榜样激励的作用，宣传榜样的事迹一定要真实，这样才能让人信服。

标杆人物是企业工作能力突出、优秀的员工代表，是他人学习的榜样，在处理工作中的典型问题时一般有其独特之处。所以，通过对标杆人物的访谈，可以收集到很多典型的案例和事件，他们在工作中印象深刻的事情，如一些成绩、经验、教训等，我们可以将其开发为典型的教学案例。

为激励全体员工在建设具有中国特色国际领先的能源互联网企业进程中当先锋、做表率，国网吉林省电力有限公司倡导广大员工学习弘扬“老变精神”。

位于吉林省长春市区东南部的 220 千伏长春变电站，有着近 80 年历史，大家都亲切地称其为“老变”。几十年来，一代代吉林电力人为“老变”的发展付出了不懈努力，数十年如一日，他们默默坚守在电网发展的第一线，一路引领了吉林省电力事业的发展，孕育出了坚韧、精益、争先、奉献的“老变精神”。“老变”在变，变的是电压等级、装备状况、管理水平与时俱进的提升；“老变”又没有变，不变的是“老变精神”代代传承。

国网吉林省电力有限公司围绕学习弘扬“老变精神”，培育、树立一批传承“老变精神”的典型人物和集体，输出一批具有“老变精神”的经验案例，大力营造了崇尚先进、学习先进、争当先进的浓厚氛围。

公司内部其他员工的成功案例通常都是学员们最合适的学习资料。不但因为学员与这些员工所处的背景情况、工作状况十分接近，而且这些员工作为学员身边的一员，将会让学员觉得这种经验是“触手可及”并且具有更加贴近自己的“真实感”。学习管理者在学习培训的过程中，应该注意充分利用公司优秀标杆的影响力，带动整个团队向更优秀的方向前进。

要对标公司战略和业务难题，做好案例开发计划，确保案例工作能够更好地服务于公司经营，提升组织绩效水平。

4.3 明确目标，锁定案例开发内容

确定案例开发重点后，通过明确推动部门的需求、搜索符合案例主题的关键事件、考虑案例的学习价值等逐步锁定案例开发目标和内容。

4.3.1 确认业务部门的需求

组织经验萃取的最终目的是为企业培养人才，使之为企业业务发展做出贡献。只有当学习能为组织绩效做出更多贡献时，企业领导者才认为它是必不可少的。在企业里，业绩和生存才是第一要务，因此学习不能为了学习而学习，学习应与企业业务相联系，才有助于企业在市场竞争中获胜。

因此，学习项目必须对准业务目标来设计和开发，使学习价值转化成企业绩效成果。

德勤公司是全球最大的专业服务企业，“坚持员工终身学习”是德勤公司构建人力资源战略的基础。

德勤公司为每个员工都制订了学习计划，它的“雄冠全球”模型清晰地显示了组织绩效期望与员工个人专业发展路径之间的强关系，并以此为基础，推演出了员工的行为测量指标。德勤公司电子化学习总监凯瑟琳·哈伦斯坦指出：“现在我们员工的学习更加契合业务目标，与业务密不可分，我们聚焦于有用的培训。”

在为员工制订学习计划时，德勤公司都会首先咨询业务部门的意见，以支持完成公司业务目标为原则，共同为员工设定学习方向，制定学习课程。这样一来，学习与实践就紧密地联系在一起了。

任何一个案例开发项目都必须明确通过案例学习能够解决的问题，它为学习管理者确定案例内容和学习方式提供了方向，同时也是其说服上级为项目投入资源的理由。

一般来说，学习项目的目标可以分为三大类，包括认知自我角色、获取知识和技能以及转变工作态度，具体如表 4-2 所示。

表 4-2　学习项目的目标分类

序号	目标类型	具体内容
1	认知自我角色	帮助新员工和新进入某一岗位的员工熟悉企业对他们的要求、消除陌生感
2	获取知识和技能	提高员工实现工作所需的知识和技能水平，包括基本知识、人际关系技能、专业知识和技能、领导与管理技能等
3	转变工作态度	提高员工对企业与工作的认知，使员工充分地理解更高效地工作对自身的意义，从而改变工作心态，形成良性的工作动机

案例开发项目往往也遵循此原则。通过与业务部门的多次沟通，不断探询其需求，明确和细化案例开发目标。在案例开发过程中，如果有不符合业务部门要求的案例，则需要返回这一步，重新确认需求。

4.3.2　搜索符合主题的关键事件

接下来，就需要在公司内部搜索符合案例主题的关键事件。在组织经验萃取项目开展过程中，我们通常在前期梳理岗位关键任务时就会采用开放式问答的形式向参与者征集案例的初步内容。

可能采用的问题参考示例如下：

请描述2～3个您认为比较成功的业务拓展与业务管理案例（具体是件什么事、您是如何做的、最终取得的结果是什么）。

请描述2～3个您认为比较成功的销售案例（尽可能描述客户背景、需求特点、您采取的行动、最后的结果以及客户的评价）。

作为直接上级，请介绍2～3位您认为比较优秀的营销经理（描述其优点、特质和具体事例）。

大多情况下，开放式问答可以让我们收集到各种各样的案例线索。这些案例线索整理归类后，可以适配到之前确定好的案例主题下。某公司案例线索匹配表如表4-3所示。

表4-3 案例线索匹配表（部分）

任务模块	序号	案例主题	案例线索1	案例线索2
区域市场推广	1	空白区域的招商	案主1：某市场招商，办事处人员约见了20多个客户，仍没有愿意合作的，团队人员已严重失去信心。后经过大区的微信引见，约了该市场上最大的经销商，在与客户见面之前做好了充分的准备，最终达成合作协议	案主2：意向客户约谈三次后放弃了我司的产品。我司通过扫街寻找门店了解配送商资料，拜访当地10余家门店后，再次确定了合作对象
经销商管理	2	经销商拜访	案主1：经过两次拜访，某门店成功与我司合作并上货我司产品。合作后，我司主要精力放在客情维护上。原来门店主卖其他公司产品，与我司合作后，逐步将注意力放在我司产品上，销量持续提升	线索不足
	3	经销商内部生意回顾	案主1：2019年某经销商产品销售额连月下滑，制定激励方案，约经销商和门店店长一起召开会议确保方案落地执行。两个月的活动圆满结束，产品销量提升三倍	线索不足
	4	窜货处理	缺线索	缺线索

续表

任务模块	序号	案例主题	案例线索 1	案例线索 2
	5	经销商激励	缺线索	缺线索
	6	经销商调整与优化	案主 1：宁波 2020 年合并经销商，淘汰动销不好的经销商，重启市场	线索不足

进行案例线索匹配后，会发现有的案例主题下有多个案例线索，有些案例主题下则没有案例线索。那么，我们可以将暂时缺案例线索的案例主题进行汇总，下发给案例项目参与者，再次进行案例线索的征集。如果还是没有合适的案例线索，则该案例主题暂时可考虑不进行案例开发。

但是收集到的这些案例线索并不全都能用做案例开发，我们首先要判断素材的典型性，如表 4-4 所示。

表 4-4 判断案例素材典型性的根据

序号	判断根据
1	某个人物有正能量（示范、价值观）
2	某个难题被解决（方法有效、新颖）
3	某个活动成功（影响大、收益大、贴近战略目标）

甄别出案例素材的典型性后，我们还要聚焦关键性场景，选择有价值的案例进行开发。

关键性场景一般是对企业业绩影响大、发生频率高、学习难度大的工作场景。只有选择关键性场景，课程开发和案例主题才具有针对性，才能提炼出有价值的知识或经验，激发学员的学习兴趣。界定关键性场景的标准，如表 4-5 所示。

表 4-5 关键性场景标准

类别	评价标准
场景资源的内容	具有专业性、科学性，与工作岗位要求高度契合
	具有真实性、典型性，具有实践指导作用或启迪作用
	提供的内容简练、准确、新颖，具有针对性和趣味性
素材反映的问题	问题联系了当前的工作现状和公司发展方向
	问题指出了先前所持的某种观点或做法的缺陷或局限性

关键性场景的界定虽然有一定的参考标准，但是不同的人执行标准时有一定的差异性，因此，组织要确定一套筛选关键性场景的完整流程，让大家按照标准进行筛选，以最后确定关键性案例。某公司案例开发清单如表 4-6 所示。

表 4-6 案例开发清单

模块	案例提供人	案例信息	案例主题
新人带教	作者 1	本区域较广，人员分散，团队现场聚集及指导机会较少。通过微信互动，及微信月度会议，每天保持与业务员沟通指导，及时了解团队人员动态及工作情况，进行指导与鼓励，现团队业务能力有较大提升	团队成员业务技能培训
经销商利益链设计	作者 2	设计 KA（关键客户）经销商的利益链，保证经销商合作积极性，并保持公司利润	经销商利益链设计
	作者 3	在经销商可以完成的任务基础上增加额外返利，最终经销商同比上年销售业绩达 300%，并一直保持此水平至今	
	作者 4	某经销商的全员激励方案的谈判和实施，在进场前期快速扩大了影响力和提高了新客开发数量	
经销商调整与优化	作者 5	2020 年，某市场合并经销商，淘汰动销不好的经销商，重启市场	经销商调整与优化
	作者 6	2020 年，某市场经销商调整，经过对四个客户反复沟通拜访，目标对象缩减为两个客户，针对这两个客户做市场口碑及渠道服务能力调研，最终选择与一个客户合作	
门店新客开发	作者 7	新门店对我们产品的新客开发数量提升太少，4 月执行公司新客政策，增加了店员新客开发激励，当月新客开发数量提升 300%	制定和执行门店激励措施

4.4 确定案例类型，编制开发计划

在确定要开发的案例后，企业需要对案例开发这一系统工作进行合理规划，包括明确案例篇幅与写作方式、让案例提供者填写案例主题规划表、制订案例采编项目计划等。

4.4.1　明确案例篇幅与写作方式

在确定案例篇幅与写作方式之前，我们可以先了解一下案例的具体类型。案例的分类方法多种多样，从不同的角度可以将案例划分成不同的类型。但值得注意的是，划分案例类型的界限不是泾渭分明的，而是存在一些模糊的情况。

根据企业开发案例的用途，可以将案例划分为阅读型案例和教学型案例，具体如表 4-7 所示。

表 4-7　按用途对案例进行分类

类型	特征
阅读型案例	适用于员工自主学习等场景；要求案例内容有较强的实用性；通常案例内容以描述为主；搭配业务专家的点评，提升案例的学习价值；呈现方式通常以 Word 文档为主，通过微信来传播
教学型案例	适用于培训授课、集中研讨、会议等场景；要求案例内容非常贴近员工的工作场景；除了内容描述，还有引导式的提问，以促进案例经验的学习转化

一般来说，案例通常只涉及一个管理主题，但有些综合型案例也可能涉及多个管理主题，其中重点突出某一主题。因此，除了员工个人提供的呈现工作中具体管理问题的案例，有些公司也会从组织层面开发一些反映公司综合管理问题的大案例。

案例根据字数可以划分为短篇案例（2500 字以下）、中篇案例（2500～8000 字）、长篇案例（8000 字以上）。短篇案例适用于学员自主阅读，而中篇案例和长篇案例适用于案例教学。

另外，案例还可以按照写作方式将教学型案例划分为描述型案例和决策型案例，如表 4-8 所示。

表 4-8　按写作方式对案例进行分类

类型	特征
描述型案例	描述某一事件的全过程，客观呈现事件中的方案、计划、所遇困难和解决方法及最终解决结果等。在教学过程中要求案例使用者对整个事件进行评审，指出长处和点明不足，并且两者都要陈述理由。这类案例主要通过描述全过程让学习者加深理解某些理论、该事件问题或困难的解决思路，实现提炼、萃取，重新对原型事件反思和建构

续表

类型	特征
决策型案例	在该情景的描述中隐含一定的问题，案例学习者需将这些问题挖掘出来，探究原因，拟定对策，最后做出决策。案例本身实际的做法并不重要，往往也没有唯一正确的答案。这类案例是管理及业务教学案例中的主流案例，旨在帮助学习者举一反三，触类旁通

组织可以根据案例开发工作的目标，确定待开发案例的篇幅与写作方式，在此基础上，案例提供者可根据实际情况填写案例主题规划表。

4.4.2 填写案例主题规划表

每个关键事件可以反映出很多维度的问题，从不同的角度去描述可以实现不同的目的。因此，我们要选择一个最有价值的点去描述案例，如从事件挑战和难度最大的环节或发生矛盾密集的环节着手，由此进一步规划案例主题，明确案例的学习对象、学习目标、案例内容等。案例主题规划表如表 4-9 所示。

表 4-9 案例主题规划表

案例暂定名	
案例主人公	
案例内容概要	
学习（阅读）对象	
学习（阅读）目标	
案例教学方式	案例适合的教学方式 □研讨式 □角色扮演 □行动学习 □阅读分享式
案例类型	□描述型案例 □阅读型案例 □决策型案例
案例篇幅	□ 2500 字以内 □ 2500～8000 字 □ 8000 字以上
写作小组 责任人	

一般来说，案例内容概要的字数在 200～300 字左右，其写作要求如下。

1. 背景信息要交代清楚

（1）主要人物名字及所在单位、部门、岗位。

（2）案例事件发生的时间和具体的地点或环境。

2. 案例挑战、过程及结果

（1）介绍事件、当时面临的问题、挑战或期望达成的目的。

（2）简要介绍决策人和协同人的处理措施、解决方案。

（3）叙述该事件发展的最终结果。

以下为快消品行业 M 公司在进行案例开发时，某案例提供者填写的案例内容概要。

2016 年 5 月 10 日，黄文辉（化名）作为办事处经理进入 M 公司这个大家庭，经过一个月的培训后，迅速投入市场开发当中。他拜访了 ×× 经销商，与其进行谈判合作。此门店奶粉总容量不足，奶粉销量占比不足 20%。经过 3 轮拜访，该门店确定与公司合作，上货、主推公司奶粉。黄文辉每周拜访一次门店，并对门店进行三个月的培训，使其月销量达到 25 万元。一年后，门店年进货量达到 23 万元，且带动了门店整体奶粉销量，门店奶粉销量占比达到 40%，拉动了门店整体销售。公司与门店保持良好合作关系至今。

简单来说，案例主题规划就是围绕选定的主题，初步确定构成案例内容核心的主要问题，并根据案例需求和主要问题进一步确定案例的类型和篇幅，实现对案例成果的初步描述。

4.4.3　编制案例采编项目计划

案例主题规划完成后，接着就要收集与整理案例素材，完成案例写作。因此，案例开发工作组织者需要对后续工作进行系统化分解，并编制案例采编项目计划。

诸葛亮能运筹帷幄，决胜于千里之外，关键就在于他有着缜密的计划，帮助刘备用三千兵马战胜了十万曹军，获得了极高的效率。行动快的人不一定是第一个完成任务的人，准备工作做得最充分的人才是工作效率最高的人。

制订项目计划，并不是让案例工作者夸夸其谈，设计不切实际的目标计划，而是要优化企业资源，进行合理的工作安排。

著名的数学家华罗庚在其所著的《统筹方法》一书中举过一个小例子：许多中国人习惯喝茶，起床后通常也会泡上一杯茶水。人们通常的习惯是：先洗漱，再取出杯子盛放茶叶，最后才烧水泡茶喝。这样看起来是符合常理的，但其实却浪费了很多时间。倘若将这些步骤做一定的重组，在起床以后直接烧水，然后再依次洗漱、放茶叶，工作量并没有增加，但所需要的总时间却极大地缩短了。

这就是科学统筹的意义所在，由此可见预先计划的重要性。有了计划，工作自然就有了明确的依循目标，才能合理地运用人力物力，使工作有条不紊地进行。反之如果没有计划，工作起来可能是一团乱麻。

案例采编工作也是如此，提早做好一份计划书或详细的方案，可以让自己和团队的工作事半功倍。在案例采编项目计划阶段，需要完成任务分解、制订进度计划等工作。

在进行任务分解时，我们可以遵循“大事化小”原则：将项目的任务按照一定的逻辑逐渐进行分解，分解到可预测、可管理的单个活动为止。案例开发任务分解要完全穷尽，各活动要相互独立。

完成项目任务分解后，需要将这些活动按照一定逻辑关系（如工作的客观规律、项目目标的要求、事情轻重缓急等）来进行排序，即弄清楚任务间的先后顺序和相互依赖关系，再制订项目计划。项目计划主要包括项目时间、责任人和成果输出清单，如表 4-10 所示。

表 4-10　案例采编项目计划

项目阶段	工作任务	7 月				8 月				……		责任人
		第一周	第二周	第三周	第四周	第一周	第二周	第三周	第四周	……		
阶段一												
阶段二												
……												

在制订案例采编项目计划的过程中，应将可能的风险因素和应对措施考虑在内，并在时间安排上留出一些空间，以保障计划的可执行性和采编过程的可控性。

第 5 章
业务场景还原

在确定案例主题后，就要展开具体的素材收集工作，还原案例场景。通过收集场景资源，挖掘案例的背景逻辑，将整个案例事件还原，并抓住其中的关键性场景提取真实有效的素材，进行场景重构。在案例开发中，业务场景还原是一个关键步骤，从哪里收集素材、怎样去收集素材、如何处理收集到的素材是本章主要阐述的内容。

5.1 内容专家进行自我复盘

素材收集是对经验发生的具体情境、重要人物、关键事件等核心要素相关资料的有效获取。素材收集的方式主要包括两种：一是内容专家自我复盘事件经历；二是通过调研访谈案例主人公，获取案例完整信息。为了保证内容的真实可信，在素材收集阶段，需要遵循“全面性”“真实性”原则，不随意删减或添加内容，避免让事实去迎合预先设定的结论。

5.1.1 复盘案例内容，寻找关键要点

内容专家在工作实践中获得了处理问题和挑战的方法，其工作效率和质量都远远高于一般员工。他们作为案例亲历者，对案例中的难点和痛点更加熟知，可以直接复盘案例内容。

“复盘”原本是围棋术语，是指下完一盘棋后，棋手将上一盘棋的对弈过程重新推演一遍，总结成功的地方，找出不足的地方，并探索可以改进的地方。这是一个研讨、分析的过程，通过复盘，棋手可以有针对性地提升自己的棋力。国内首先将复盘这一概念应用于企业管理的是联想公司。目前，已经有越来越多的公司将复盘作为它们的企业文化，在员工中进行大力推广。

一般来说，案例复盘包括四个操作步骤：回顾目标、评估结果、分析原因、总结经验，如图 5-1 所示。

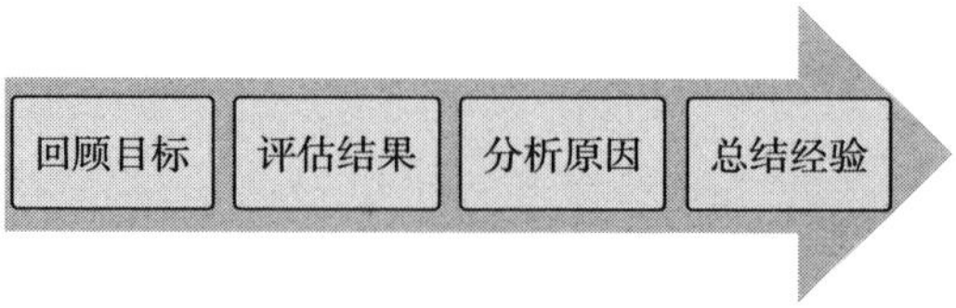

图 5-1 案例复盘的四个步骤

第一，回顾目标。回顾目标是指对案例的背景、当初行动预期要达成的目标或计划、达成目标的挑战和难度进行回顾和梳理。

第二，评估结果。评估结果也就是还原事实，回顾实际发生了什么事情、采取的行动步骤和行动细节，以及行动步骤背后的理由（还原思维过程）。

第三，分析原因。当事实还原后，我们就可以找出导致事情成功或失败的根本原因，包括主观原因和客观原因。

在这一阶段，我们需要回答以下几个问题。

（1）哪些因素导致了成功 / 失败？

（2）什么是根本原因（要找到表层原因之下的原因）？

（3）内外部因素如何影响了结果？

（4）哪些因素是可控的？哪些因素是不可控的？

（5）什么因素是最重要的？

（6）针对以上因素分别如何解决？

通过对相关事实因果逻辑的分析，找到根本原因，可以得出真正有效的相应解决方案。

第四，总结经验。复盘的关键在于从过去的行动中找到可以学习的经验或教训，从而实现改进。这一阶段我们需要回答以下几个问题。

（1）我们学到了什么？下次可以改进的地方有哪些？

（2）我们要如何利用总结的规律？是否可以分享？

（3）在后续的工作中，哪些经验是可以应用的？

在复盘过程中，我们可以参考使用以下模板，如表 5-1 所示。

表 5-1　复盘模板

1. 回顾目标	
初衷	
目标 / 关键结果	

续表

2. 评估结果	
亮点	
不足	
3. 原因分析	
成功原因	
失败原因	
4. 总结经验	
经验和规律	
行动计划	

以下是某公司内容专家复盘的案例内容。

案例主题：

五次拜访化开冰封关系——某经销商信任度重建

案例内容：

2017年，某经销商曾经代理我公司产品，由于当时任务完成得较差，因此，我公司取消了其代理权。2020年，根据集团业务调整，我公司接手管理另一子公司的产品，而该产品的经销商正是之前代理我公司产品的经销商。该经销商负责人鉴于之前的关系，明确表示不再代理该产品。经过市场调研，办事处经理高明轩（化名）发现该经销商各方面都表现不错，认为有必要与其继续合作，但关键就在于如何重建经销商对我公司的信任。

最终采取的措施是：第一，持续三次拜访，表明我方优先与其合作的诚意，未具体谈合作事宜，只是谈市场业态或者拉家长里短等，经过拜访，经销商负责人的态度从最初的排斥逐步有了转变。第二，在第四次拜访时，聊到我公司接手新产品的整体操作情况，重点强调本区域内，除一个门店型经销商因销量差主动退出外，其他经销商均已签订合同继续合作。通过几次的接触，经销商与我方继续合作的意愿也随之增强。第三，在最后第五次拜访时，省区经理亲自参加，突出我方对经销商的重视，另外给予了经销商更多的保证，最终双方达成了合作。

总结与经验分享如下：第一，透过现象看本质，抓住问题关键。经销商虽然有很好的销售基础，却不愿意继续合作，本质的原因是对我公司失去了信任。因此，最关键的任务就是要想办法重新建立客户的信任度。第二，从客户利益出发，用价值打动客户。通过市场信息收集及分析，明确经销商的经营现状及其公司管理风格，帮助经销商提升其公司未来发展的愿景，提升其公司实力。第三，坚持不懈，敢于打持久战。人的信任是逐步建立并逐步发展的，多次拜访成功地让经销商重新建立起对我们的信任和认可，最终达成了继续合作。

对案例内容进行复盘，寻找其中的关键要点或关键信息点，即里程碑或里程碑时刻，可以完整重现案例事件及其细节。

5.1.2　完整重现案例事件及其细节

值得注意的是，由于专家很多行动和思维过程是下意识的，并且他们认为这些行动是理所当然的，所以在还原业务场景时，他们非常容易忽略掉一些关键细节，常见的现象如下。

（1）不讲事件发生的具体经过，只讲结果。

（2）只阐述采取的行动步骤，不讲自己这样做的理由或原因。

（3）只讲采取行动导致的直接结果，不讲带来的后续影响是什么。

因此，内容专家在进行案例场景还原时，需要把行动步骤、思考方法、直接结果和后续影响等完整地回忆出来，实现情境重现。情境重现包括三个方面的细节信息：环境信息、思维信息、情绪信息。

第一，环境信息反映了事件发生时的天气情况、参与人员、周边设施以及环境布置等情况，这有助于我们理解案例内容。

第二，思维信息反映了采取每个行动步骤的原因是什么，以帮助我们理解案例主人公是如何思考的。

第三，情绪信息反映了案例涉及的人员之间的关系，他们之间是否有情绪的碰撞，具体的情绪表现如何，以更加生动地呈现案例冲突。

下面我们看一个案例片段。

2017 年的冬天格外冷，天空飘起了久违的雪花，刚刚落到地上就和雨水融为一体。在这样寒冷的天气里，由于项目没有开盘，刘瑶（化名）和其他几个置业顾问只得出去发单。

“上面的领导又换了吧？”李琦（化名）一边发单，一边不断哈着气，希望借助呼出的热气来取暖。

“是啊，我都快数不清这是换的第几个领导了。”刘瑶看着来来往往的人群，不知道哪些才是自己的目标客户，“不知道什么时候能开盘，看样子这个年是过不好了。”他们又发了几张传单出去，路过的行人要么不接，要么走了几步路后就把单子丢在了垃圾桶里。

李琦叹了口气，说：“我家里人喊我去其他地方上班了。真是不甘心啊，以前每个月怎么也能拿个几万块的，到了这边都快养不活自己了。身边的人也在不停地说，就像在看笑话一样。”

刘瑶看着李琦有些发红的脸，就像照镜子一样，看到了自己的不甘心。自己又何尝不是如此，顶着家里的压力，咬牙坚持着。

“再好好想想吧，我们都来这儿快半年了，什么都没赚到，这个时候走算什么？难不成真给别人看笑话吗？公司怎么说也是个大品牌，我觉得还是可以的。”刘瑶心里也左右摇摆着，但是不甘心让她选择留在这里。

“说的也是，怎么能空着手来空着手走？”李琦咬了咬牙，暗暗发誓一定要在这里干出一番名堂来。

这段情境描写详细地呈现了环境信息、思维信息和情绪信息。当然，在业务场景还原阶段，我们不需要描写得这么详细，这里只是帮助大家更好地理解为什么要还原那些细节。前期完整重现了细节，后续在案例写作时，才可以根据主题需要突出价值点。

5.1.3　借助案例素材表还原案例场景

笔者在开展咨询项目过程中，通常会让案例编写者，即事件的主人公，参照“案例素材表”（如表 5-2 所示）还原案例场景。

表 5-2　案例素材表

<table>
<tr><td>案例名称</td><td colspan="2"></td></tr>
<tr><td>案例作者</td><td colspan="2"></td></tr>
<tr><td>模块</td><td>释义</td><td>示例</td></tr>
<tr><td rowspan="2">事件主题
（概述）
200 字以上</td><td>主题是你概括出来的，说明该事件反映出什么问题，以及由此引发的编写此案例的意义</td><td>某项目 / 任务 / 现场 / 人物……，经过……，反映出……</td></tr>
<tr><td colspan="2">内容：</td></tr>
<tr><td rowspan="2">事件背景
（信息）
300～500 字</td><td>为阅读者提供更宏观的视野，帮助其了解你要叙述的事件为什么发生</td><td>行业背景、经济环境背景、公司变革背景、发展战略影响、领导人要求等</td></tr>
<tr><td colspan="2">内容：</td></tr>
<tr><td rowspan="2">任务 / 挑战
300～500 字</td><td colspan="2">明确在该背景下你的任务，或者你面临的主要挑战，例如：我的任务是……我面临的问题 / 挑战是……</td></tr>
<tr><td colspan="2">内容：</td></tr>
<tr><td rowspan="2">事件经历
（完整）
2000～5000 字</td><td>详略得当地叙述该事件发展的来龙去脉及最终结果</td><td>1. 按时间发展顺序
2. 叙述事件经过
3. “我”的应对处置</td></tr>
<tr><td colspan="2">内容：</td></tr>
</table>

续表

模块	释义	示例
心得（分析总结）500～1000 字	阐明你对这件事情的分析以及你取得的经验教训，为读者揭示该事件的管理价值和理论意义	1. 就事论事做分析 2. 提炼经验做总结 3. 结合战略谈意义
	内容：	
该事件适用的主题（应用）	你认为这个案例可以用在什么领域	1. 用在教学培训中 2. 用在最佳实践传播中
	教学培训中，适用于什么主题： 最佳实践传播的方式是什么：	

案例素材写作说明：

案例是发生在工作环境中与所学知识相关的事件，这些事件是员工亲身经历的。它通常包含案例背景（时间、地点、涉及人物、事件、起因）、任务和挑战（案例主人公面对的任务或目标，完成任务 / 目标的挑战与难度）、行动和思考（采取的行动步骤和这样做的理由）、结果和影响（直接结果和后续影响）。

其中，要注意的是：第一，语言简洁，表达清晰即可。第二，重点的内容，尽量提供细节，包括翔实的数据。第三，还原解决问题 / 冲突过程中人的行为和语言。第四，在业务场景还原过程中我们建议以第三人称梳理各项案例要素，方便后期撰写案例正文。

总的来说，内容专家采用自我复盘的经验萃取方式对其自身的能力要求比较高，需要专家有丰富的实战经验并熟知经验萃取的方法，同时能够灵活应用这些方法来萃取自己的经验。具体来说，内容专家进行自我复盘需要具备的能力如表 5-3 所示。

表 5-3　内容专家进行自我复盘需要的能力

序号	能力要求	具体内容
1	判断能力	能从大量的信息中抓取关键点，并能辨别各信息间的相关性和差异性
2	分析总结能力	对经历的事情进行思考，找出各信息点之间的联系和区别，并从中提炼、总结出规律性的东西
3	客观思维	能如实阐述自己的经历，并客观分析其中的价值点，对不足的地方能展开反思

5.2　深入开展访谈，搜集案例信息

当业务专家没有足够的时间去复盘案例内容或者复盘能力不够时，企业可以利用访谈的方式，全面搜集案例信息。

5.2.1　准备访谈提纲和相关工具

访谈是一种常用的研究手段，目的在于尽可能有效地发现并收集与案例相关的事实和看法。通过整理访谈信息，我们从中可以获得案例情节线索、决策框架以及相关行动的触发因素和背景信息。

在每次访谈开始前，为访谈做好准备是一个好习惯，其目的就是用最少的时间从访谈中得到最大的收获。为了聚焦对关键人物和主题的访谈，案例开发人员需要准备一份详细而具体的访谈提纲，用构思巧妙的问题来引导谈话，确保访谈过程紧扣主题，不浪费时间。

访谈提纲是一份用于指导访谈过程的框架性文件，在访谈调研过程中，访谈者需要以访谈提纲为基础，尽可能多地收集一些细节资料，深入挖掘情境信息，并对信息准备阶段所收集的资料进行确认和验证。

我们在设计访谈提纲时，应遵循全面性、贴近性和逻辑性原则，具体如表 5-4 所示。

表 5-4 设计调研访谈提纲需遵循的原则

原则	具体内容
全面性	为了避免信息收集者在调研访谈时忽略一些细节或者重要信息，需要从不同角度、不同侧面来拟定提纲
贴近性	为了保证调研访谈的高效率和高质量，需要最大限度地贴近调研活动的目的和主题来设计访谈提纲内容
逻辑性	提纲中的问题设置等应遵循一定的逻辑顺序，使信息收集者能够依据提纲有效引导访谈，获取有效的信息

笔者在案例开发项目开展过程中，通常会问案例主人公以下问题。

（1）这次事件的背景是怎样的？起因是什么？是由谁发起的？有哪些主要参与者？相关的影响因素还有哪些？团队、部门以及公司的情况当时是怎样的？

（2）这个事件中，您主要扮演了怎样的角色？主要发挥了怎样的作用？

（3）具体是怎样的一件事情？开头是怎样的？期望的目标是怎样的？最终结果是怎样的（如果对方一下子将事情全部描述完了，那再次一一确认事情的开头、目标、结果）？

（4）为了更全面、细致地对这个事情进行复盘，能否请您将这个事情分模块或者分阶段来描述？可以谈谈这个事情有哪几个阶段吗？每个阶段主要采取了哪些行动？

（5）在这个事件的过程中，您主要遭遇了哪些关键挑战和困难？为什么会发生这样的问题？

（6）您是如何带领您的团队克服这些困难的？您都采取了什么具体的行动步骤？团队成员都是怎样做的？是出于什么样的考虑采取这些行动的？

（7）您觉得这个事件为企业带来的最大的收获是什么？是否实现了初始目标？主要的差异点在哪里？

（8）您觉得这其中有哪些经验或者教训是值得分享的？可以简单概括几点吗？

拟定调研提纲后，还需要与案例主人公沟通确认时间，制订访谈计划，原则上尽量集中安排访谈，便于工作开展。访谈工作安排表示例如表 5-5 所示。

表 5-5　访谈工作安排表示例

部门	岗位	姓名	访谈日期	计划访谈时长
市场部	部长	访谈对象一	7 月 5 日	1 小时
	高级销售经理	访谈对象二	7 月 6 日	2 小时
		访谈对象三	7 月 6 日	2 小时
	销售经理	访谈对象四	7 月 7 日	2 小时
		访谈对象五	7 月 7 日	2 小时
		访谈对象六	7 月 7 日	2 小时
……	……	……	……	……

除了倾听，访谈者还要对访谈的过程进行笔录，但是过多地记录会阻碍倾听，因此，访谈者最好携带一名专门的笔录人员，记录访谈过程中的重要信息。另外，为了方便后续对素材的整理与分析，我们通常还会进行录音和录像，因此，需要准备好电脑、录音笔或手机等工具。

5.2.2　正式访谈开始前的预热

建立访谈关系是访谈过程中的重要一环，访谈成功与否在很大程度上取决于访谈者与被访谈者之间的关系。因此，为了能够营造一个良好的访谈氛围，我们在正式访谈开始前需要做一些预热，让被访谈者能够打开心扉，愿意分享全面的案例信息。

预热的操作要点包括三个方面：一是自我介绍，并向对方能够配合访谈工作表示感谢；二是向被访谈者告知本次访谈的主要内容和目的，希望他能够在回答问题的过程中做到真诚、坦率；三是明确告知此次访谈的时间和方式。

话术示例如下：

您好，非常感谢您能抽出宝贵的时间来参加此次访谈。这次访谈我们主要受××的委托，收集和整理咱们公司专家们的一些宝贵经验，以供其他员工学习和参考。

今天我们主要是围绕您在……方面的经验展开访谈，访谈过程中，我们会向您提出相关的问题，您只要根据实际情况回答就好。其中可能会问一些细节上的内容，可能比较费时，因此，今天的访谈预计需要占用您两个小时的时间。

一般来说，为了方便后期进行资料整理，访谈过程中我们会进行录音，这一点需要与被访谈者提前沟通好，明确表示我们不会将访谈内容用于其他方面，只用于案例写作，在对资料进行整理后，可以向被访谈者确认准确性。

被访谈者的性格和习惯是不一样的，因此在访谈时我们要根据具体情况随机应变，随时调整访谈策略。遇到能说会道的，注意适时打断对方，不要被对方带跑节奏，要聚焦主题；遇到不善言辞的，要通过各类引导式问题，从不同的角度启发对方，让对方打开话匣子。

另外，在访谈过程中，尽量用对方听得懂的语言来进行交谈。例如，对方是销售专家，就尽量少使用人力资源领域中非常专业的词汇，一来可以避免对方陷入尴尬，二来也是为了提高访谈效率。

5.2.3 访谈过程的提问策略

访谈是讲究技巧性的，访谈过程的好坏直接影响能否有效地收集资料，因此，尽管事先设计了调研访谈的提纲，但是为了营造良好的对话氛围、高效获取信息，在访谈的过程中，访谈者也不要完全按照提纲进行机械式的提问，要根据现场情况做出灵活的调整。在访谈时，可能需要利用以下六类引导问题（如图 5-2 所示）启发被访谈者，使其详细地描述出事件的全过程及细节问题。

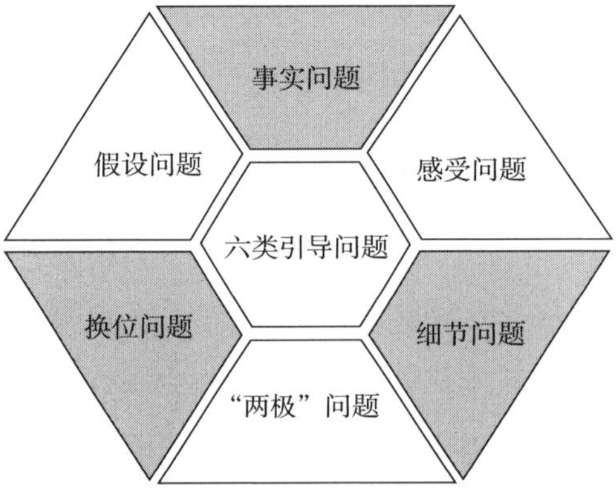

图 5-2 访谈中的六类引导问题

（1）事实问题。通常以“谁”“什么”“何时”“何地”等提问开头，引出客观性回答，来收集有关案例事件的相关数据、信息等。

（2）感受问题。用“你认为……”等，引出主观感受性的回答，帮助访谈者深入了解案例当事人的想法、情感、价值观等。

（3）细节问题。针对案例当事人对事实、感受问题的回答，根据需要进行追问，帮助访谈者更深入地了解案例事件，以及案例当事人在事件中的角色。

（4）“两极”问题。用“最多……”“最少……”等，帮助访谈者了解案例事件中的潜在机会，探寻案例当事人的需求边界。

（5）换位问题。用“据 ×× 报道……”等第三方视角问题，帮助访谈者以间接的方式挖掘案例事件，并借助这类问题表达敏感信息。

（6）假设问题。用“如果……，你会……”等，使案例当事人消除主观或客观的障碍、限制，以便访谈者探究、分析当事人的真正意图。

除此之外，在访谈中，我们还需注意与访谈对象的沟通顺畅度的问题，如提问真诚、尊重被访谈者、不轻易打断对方话题、访谈者言行、完整把握原意、不轻易发表自己观点、把控访谈时间七大事项。具体如表 5-6 所示。

表 5-6 访谈中的注意事项

注意事项	具体内容
提问真诚	围绕主题规划，提前准备访谈提纲；访谈者在提问时态度应真诚、自然；提问要循序渐进，注意表达方式；提问方式要中立，应围绕案例主题和访谈提纲进行
尊重被访谈者	尊重被访谈者，时刻关注被访谈者的心理变化，注意营造平和的访谈气氛；如果被访谈者不愿意回答某些问题，这可能是对方的隐私，我们要注意不能强人所难，可以另外找个话题
不轻易打断对方话题	不要轻易打断被访谈者的发言，尤其是当被访谈者认为他所说的是很重要的信息时，如果他的发言确实超出访谈内容，我们可以巧妙地转移话题
访谈者言行规范	作为访谈者，必须时刻保持良好的仪态，对待被访谈者要礼貌、谦虚，不能带有偏见，认真倾听对方的讲话，不动声色做记录，切忌漫不经心
完整把握原意	对于不太确定的或者敏感的问题，应当及时追问被访谈者，避免误解被访谈者的原意
把控访谈时间	严格遵守约定的时间；如果在约定时间内未完成访谈内容，则需要询问被访谈者的意见，如果对方有时间，则可继续，否则需要另行约定时间

了解访谈过程中的提问策略和注意事项后，我们在实际访谈中要有效运用，以达到最佳访谈效果。

5.2.4 挖掘决策背后的思考过程

访谈的关键是挖掘案例主人公的行动步骤及其思考过程，只有这样才能将隐性知识转化为显性知识。根据美国教学设计专家戴维·乔纳森提出的关键决策法理论，访谈过程的关键包括三个方面：一是让被访谈者复述事件过程；二是根据行动逻辑，将事件划分成几个关键阶段，找出决策点；三是挖掘每个决策背后的思考过程。

【管理研究】关键决策法（CDM）

关键决策法的核心思想是将事件按阶段划分成不同的决策点，借助结构化的提问引导当事人回顾自己在各个决策点上是如何做出决策的，然后通过聚焦这些决策的细节，深入挖掘当事人的感知信息——所见、所听、所思、所忆，进而还原他们头脑中与决策有关的思考过程，并从中找到规律。

1. 复述事件过程

分析决策思考过程的基础是梳理并确定整个事件的发展脉络。案例主人公需从头至尾讲述整个事件的发展经过。

2. 找到决策点

了解了整个事件的过程后，可以继续引导案例主人公将这个事件划分为若干阶段，从而找到各个决策点。戴维·乔纳森认为，事件的转折点就是决策点，当事人之所以能做出决策，是因为这些转折点上汇集了各种信息。

3. 挖掘决策背后的思考过程

通过探究式问题来萃取具体场景中的细节信息，以求挖掘出决策点背后的思考过程。在戴维·乔纳森看来，细节有助于帮助我们理解当事人是如何做出决策的。这些细节信息包括：当事人采取行动之前的预计目标和形势判断是什么；他们是如何制定并选择解决方案的。要逐层引导，进而挖掘出当事人在各个决策点上的思考过程。

为了帮助当事人进行反思，访谈接近尾声时可以向其提问："假如重新处理一遍，你会有怎样不同的处理方法？"一方面是帮助当事人总结经验，另一方面也是让他们转换视角，重新审视自己的决策过程，深化自己对解决同类问题的认知。

为了保证真实还原案例过程，我们可以采用 STARR 模型，如表 5-7 所示。

表 5-7　复述案例过程的 STARR 模板

Situation 事件背景	Task 事件任务	Action 事件行为	Result 结果
那是一个怎样的情境？什么样的因素导致了这样的情境？在这个情境中有谁参与？	您面临的主要任务是什么？目标是什么？	您当时做了或说了什么？是出于什么样的背景考虑的？	最后的结果是什么？过程中又发生了什么？
相关的影响因素还有哪些？	这个任务的困难是什么？	您都采取了哪些具体的行动步骤？	结果如何？产生了什么样的影响？
团队、部门以及公司的情况是怎样的？	实际工作中碰到了什么障碍？	您在当时的情况下的实际想法、感受是怎样的？您当时希望怎么做？	您得到了什么样的反馈？
Reflection 反思			
· 通过这个案例得到了哪些启示、经验和教训？ · 再遇到该类事件如何做得更好？内外部有哪些优秀实践值得参考？ · 面对该类事件，公司的普适性要求有哪些？			

在访谈结束后，还需要向被访谈者再次表示感谢，并肯定对方的付出，同时也可以表明后续工作中如果有必要还会再次进行访谈或需要其他方式的配合。

5.3　整理归类调研访谈资料

在访谈完成后，我们需要对资料进行整理和分析，一方面因为访谈者对于访谈内容的有效记忆时间有限，对信息进行归纳整理可以使材料更具条理性和逻辑性；另一方面，分析、筛选和归类访谈资料可以更加聚焦于案例主题，有助于后续阶段对经验进行结构化的呈现。

5.3.1 录音录像资料文档化

为了对资料进行有效的分析、筛选和归类，在访谈结束后，应及时将访谈录音、录像进行文字转化。在这个过程中，首要原则就是忠于事实，只需要还原访谈过程，不要随意添加或删减内容，仅被访者的语气词等与案例信息无关的内容可适当进行删减。

访谈文字整理标准包括以下五个方面。

（1）标明访谈角色。访谈者与被访谈者要区分开，写明被访谈者的姓名、岗位等信息。

（2）问题和问题间需空行。各问题间留出一定空间，并将问题的文字加粗处理，方便后期做资料拆分。

（3)还原细节和场景对话。被访谈者在访谈中会说到一些细节和关键场景，尽可能按照他的描述对访谈过程进行还原。

（4）修改语法语病。通常情况下，我们会借助专业软件来进行录音文字的转化，但软件存在一定的误差，需要我们对其中的语法语病进行修改。

（5）文本格式统一。访谈标题、问题、回答等信息的字体大小、段落间距等需保持统一。

我们在为某房地产公司提供专业服务时，就萃取出不少经典案例，其中在对该房地产公司售后经理的访谈中，通过一定的访谈技巧，抓住关键点进行问答，获取了诸多有价值的内容。针对“回款压力”的部分访谈内容如下。

问：您负责按揭这一块，其中还要对接财务收款、置业顾问，这之间的关系您是如何去协调的，或者是如何让几方面都达成统一的?

（售后经理 ××）答：公司是 7 月份把应收款、回款按揭这一块从营销划到财务的。最开始搭建回款团队的时候是我来做的，那我第一个关键控制点就是抓银行准入，银行准入这块主要是侧重于大的银行，对准这个方向绝对没有错。

第二，合作的支行要选对。支行这边主要就是客户经理和整个个贷中心今年对个贷的考核维度有多重，他们是不是重视他们支行的个贷权重比例，这是要考虑的第二个因素。

第三，个贷人员是否有较强的服务意识。这三点基本上没问题的话，那就会准入这个银行来合作。

问：刚才您说到把这个应收款从营销线转到财务，这里面的一个背景逻辑是怎样的？

（售后经理 ××）答： 总部当时出了一个文件，全部按揭专员划分到财务，按揭这块的业务主责到财务，那我们营销这块就跟它切分了。切分之后，营销就负责协助客户，告知客户准备按揭资料，之后收集按揭资料，安排客户面签给到按揭员，面签之后，补齐按揭资料给到按揭员。

问：那之前在营销线的时候，这种按揭专员他的工作方式有没有变？

（售后经理 ××）答： 有变化的，当时在营销，签约这一环节设置了基础条件，我就卡住条件，所有按揭付款的客户，必须按揭资料全齐，只要齐了我就跟你签约。签约之后，你再同银行面签，这样你的资料至少是齐了，这将降低按揭专员后期补充资料的困难。但是切分之后，产生了一个问题，就是签约专员不会给按揭专员把关，资料经常是不齐全的。

问：就是营销的置业顾问那边他不把关，然后留给财务了？

（售后经理 ××）答： 对，就是不管你齐与不齐，都面签去了，好多资料都是面签之后再补，这就会导致很多人没有时间去补充资料的情况。

通过上述案例展示，我们可以了解到将录音录像资料进行文字转化的具体操作要求。

5.3.2　合理归类相关素材资料

录音资料文字化后，为了方便后续的知识管理和随时查找，要对其进行整理归档，包括录音文件和访谈记录，可采用“岗位 + 姓名 + 录音 / 访谈记录”的命名方式进行存档。

作为外部经验萃取专家，除了访谈记录，我们同时也会向公司征集一些其他方面的资料。

2021 年，笔者为隆平高科提供组织经验萃取与课程开发咨询项目服务时，要求对方提供的资料清单如表 5-8 所示。

表 5-8 资料需求清单

项目建设维度	序号	需提供的资料	备注
业务条线视角	1	公司的目标、理念、宗旨、使命、愿景、寄语等	
	2	市场条线业务战略会议、营销动员会议文件 /PPT	
	3	业务管理流程或市场运营流程	
	4	市场部门组织架构、部门职责	
	5	营销产品说明书	
	6	市场部门管理制度、表格、管理记录资料	
	7	营销活动、促销活动资料	
	8	公司客户类型、客户背景资料和业务合作资料	
	9	客户反馈意见记录（表扬信、问题投诉）	
大区经理岗位视角	1	大区经理岗位职责 / 岗位说明书	
	2	大区经理目标管理、工作计划管理、个人考核记录	
	3	大区经理月报、日报表、工作总结、述职报告	

注：有的资料请尽量提供，没有的资料请备注没有（注意脱敏保护，不方便的暂时不提供）。

我们获得的资料可能是相对零散的，为了方便使用，需要对相对零散的资料进行合理归类，如背景资料、决策资料等。

5.3.3 列明补充资料清单并追踪资料

完成资料归类后，我们可将已有的素材与资料需求清单进行一一比对，检查是否有缺失的资料，并判断缺失资料对项目开展的影响程度。如确实需要，则可列明补充资料清单，同时明确资料的获取途径。

某公司在项目开展过程中，因第一轮资料收集不全，故而再次进行资料追踪，并下发通知给各个部门。通知内容（部分）如下：

从目前资料整理的情况来看，已收集的资料还不能满足项目需求，希望各部门根据要求尽快补充资料。

一是各部门需指定专人负责本次补充资料收集的组织工作，人力资源部只与专人进行对接。

二是各部门按照资料清单要求，在规定时间内完成资料的提供，如有问题，请及时与人力资源部进行联系。

另外，在访谈过程中，被访谈者也会提到一些资料，能够帮助理解案例内容。因此，我们要及时记录下来，待所有访谈完成后，再列明清单，向被访谈者追踪补充资料。

笔者在为新力地产（长沙公司）提供案例开发项目服务时，通过与各位专家的访谈调研，梳理了他们提到的一些案例资料，并列明清单（见表 5-9），请人力资源部进行统一征集。

表 5-9　待追踪的案例资料清单

序号	资料名称	部门	姓名
1	隐蔽工程验收记录	品质部	访谈对象一
2	基坑验收记录		
3	验收会审的照片		
4	项目施工检查问题清单		
5	项目质量评估整改清单		
6	债务梳理纠纷图	法务部	访谈对象二
……	……	……	……

完成这些素材的整理与归类后，就可以继续下一步的工作，合理筛选和加工案例场景信息，确定案例写作结构。

5.4　梳理案例主线，构思案例框架

建房子砌砖筑墙之前必须先搭框架，同理，案例也必须有一个案例框架，

即确定案例的事件经过、时间范围等。

5.4.1 拆解素材资料，拟好小标题

为了便于理解案例内容，首先可以将整理好的访谈记录进行拆解，围绕同个问题展开描述的内容可以拟定一个小标题。整理后的参考样本如下所示。

有目标、有压力，跟催每天的计划完成情况

问：首先您还是有一个回款的目标，比如您拿一个月来说是多少？

（工程管理部项目经理 ××）答：上个月目标是8000万元，实际回款是4000万元。

问：那这个您是怎么去做分配的？

（工程管理部项目经理 ××）答：目标分解给到营销，之前是只找按揭专员，后来发现这样不行，我现在只找销售经理，并且把按揭专员的现场管理权给到了销售经理，让他去管理按揭专员，进行总协调。一旦出了问题，我只找销售经理。

问：销售经理主要做什么？

（工程管理部项目经理 ××）答：销售经理管全盘，进行销售目标分解，然后过程中我会监管，每天定好数据计划，今天需要提供哪些资料，没提供的，我就会问。

一户一袋，置业顾问与客户沟通到位

问：我们做回款就是要从源头抓起，这是一个维度，还有没有别的会影响到我们的回款？

（售后经理 ××）答：我刚才讲过一户一袋这个动作，就是详细告诉客户所有的过程，如果解释不够清楚的话，尤其是首次购房的客户，他们对贷款等流程是不清楚的。所以置业顾问对客户的讲解应该非常详细，如果不清楚、有遗漏，那么就会影响后续的工作。

一个案例呈现的逻辑往往与案例主题密切相关，我们需围绕案例主题，系

统整理、深入解析案例素材，梳理案例事件，布局案例情节，从而真实、生动地还原案例过程与场景。

5.4.2　梳理案例事件时间轴

梳理事件的目的是对案例事件的来龙去脉、背后逻辑进行梳理，并形成时间线、情节线。对于人物和情节发展较为简单的案例，按照 STARR 模式就可以将事件的时间轴梳理出来。但针对时间跨度长、参与人数多、事件复杂的案例梳理，更适合列出时间轴，如图 5-3 所示。

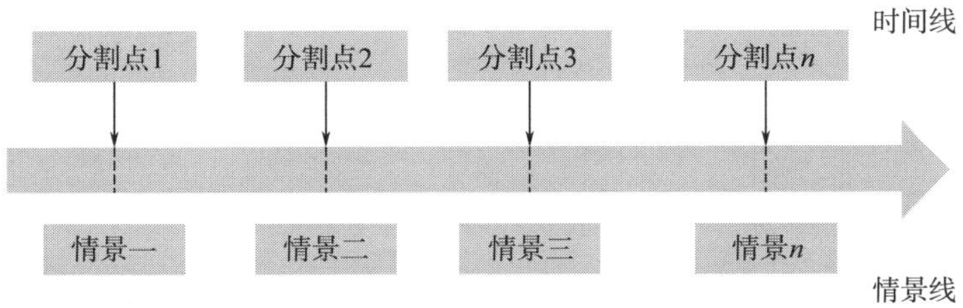

图 5-3　案例事件时间轴工具

事件时间轴就是案例框架的雏形，根据时间轴工具，具体实施步骤如下。

第一步：明确事件起点与终点，按照决策点划分事件阶段并给予定义。

第二步：标注过程中的里程碑事件及关键事件——导致结果发生的直接因素。

第三步：删去与案例主题无关的里程碑事件及关键事件。

对于案例人物相关的重点信息需要罗列清楚，特别是事件发展过程中的重要细节。根据访谈内容梳理事件时间轴还原案例如表 5-10 所示。

表 5-10　事件时间轴梳理表

时间区间		时间区 1	时间区 2	时间区 3	时间区 4	时间区 5
里程碑事件						
事情发展细节说明						
各角色在节点中的行为表现	角色 A					
	角色 B					
	角色 C					
	角色 D					

依据上述事件流程时间轴梳理表，我们可以以时间区间为划分，对事件发展进行关键性说明，并阐述各岗位角色在里程碑事件节点中的行为表现和作用，整合多方信息，如实还原案例始末。

我们曾经主导某地产公司的案例开发项目，其中，“地州市短平快项目信息快速甄别”案例情节梳理结果如表 5-11 所示。通过对案例过程的梳理，我们从中可以识别关键问题，然后纵向深入分析针对关键问题的决策，横向归纳影响结果的因素，进而挖掘案例背后的逻辑。

表 5-11　某地产公司案例情节梳理结果

<table>
<tr><th colspan="3">情节</th><th colspan="2">分析</th><th colspan="4">总结</th></tr>
<tr><th>时间</th><th>提纲</th><th>内容</th><th>问题</th><th>学习价值</th><th>步骤</th><th>内容要点</th><th>难点</th><th>行动</th></tr>
<tr><td>2018 年 10 月月初</td><td>全司动员</td><td>进军地州市战略全司总动员</td><td>没有同时建立标准</td><td rowspan="5">土地知识普及和土地信息渠道分类浅析</td><td>战略层面</td><td>城市选择</td><td>某省其他县市</td><td>单点定向获取</td></tr>
<tr><td>2018 年 10 月中旬</td><td>全员推地</td><td>市场下行，转让信息爆棚</td><td>100% 信息无效</td><td>市场层面</td><td>片区选择</td><td>A、B 类地段（含标准）</td><td>位置甄别</td></tr>
<tr><td rowspan="2">2018 年 10 月下旬</td><td rowspan="2">标准建立</td><td rowspan="2">某省地州市城市筛选报告出炉</td><td rowspan="2">城市有限，利润要求严苛</td><td rowspan="2">财务层面</td><td rowspan="2">简要测算方式</td><td>一手地</td><td>利润与敏感性简算</td></tr>
<tr><td>二手地</td><td>土增税简算（不做税筹）</td></tr>
<tr><td>2018 年 10 月月底</td><td>热情退去</td><td>土地信息冷却</td><td>对国资股权开放的新要求</td><td colspan="2">土地居间的自我修养</td><td>居间的那些“坑”</td><td>快速过滤骗局与长利益链</td></tr>
</table>

5.4.3　信息归纳与合并，列好写作提纲

根据案例事件时间轴，我们可以将之前拆分好的素材资料进行归纳与合并，围绕同个情节展开的内容可以放到一起，接着设计好写作结构。

好莱坞编剧之父罗伯特·麦基强调：“结构是对人物生活故事中一系列事件的选择，这种选择将事件组合成一个具有战略意义的序列，以激发特定而具体的情感，并表达一种特定而具体的人生观。”

因此，整理好案例素材后，如何做出“有战略意义的转序”就显得非常重要。举一个老生常谈的例子，就是曾国藩的“屡败屡战”和“屡战屡败”，当时曾国藩打了败仗，要上书皇帝，本想写“屡战屡败”，结果军师提出意见，将两个词调换一下顺序，变成了“屡败屡战”。其实就是简单的顺序改变，让人感受到的信息却完全不一样了。

因此，通过选择、排序，可以制造出铺垫、悬念、冲突等效果，让案例事件像奔腾到海的大江大河，跌宕起伏，不断调动读者，从而使其心甘情愿跟着案例作者继续漫长的征程。

我们曾经主导某地产公司的案例开发项目，其中案例“从考核到管理：部门绩效指标由虚到实的转变”拆解素材资料后，所有的小标题汇总如下。

（1）通过绩效管理落实责任，促进员工能力成长。
（2）绩效指标关注价值点，而非事务性工作。
（3）薪酬绩效岗应该分析内外部公平性。
（4）优化薪酬结构，导向重点价值工作。
（5）注重组织绩效的管理提升，而非考核动作。
（6）要先做专业深度，再横向发展。
（7）用分层分类的方式量化考核。
（8）保证数据来源的准确性和考核真实性。
（9）初始指标设计缺乏责任导向，无法考核。
（10）岗位绩效脱节，管理作用很弱，部门长大呼小叫。
（11）绩效指标的对比改进。
（12）通过教练式指导，聚焦关键价值指标。
（13）通过日清周报月总结，实现成长的闭环。
（14）评价结果对了，过程指标就一定对吗？

接着按照情节主线，我们将素材资料归纳与合并，并列出如下所示的写作提纲。

案例内容	结构
1. 城市公司的绩效困惑 初始指标设计缺乏责任导向，无法考核。 岗位绩效脱节，管理作用很弱，部门长大呼小叫。	切入 + 背景
2. 与品质总监的思想冲突 评价结果对了，过程指标就一定对吗？	问题导入
3. 绩效管理到底管什么 注重组织绩效的管理提升，而非考核动作。 通过绩效管理落实责任，促进员工能力成长。	管理挑战
4. 高价值工作与关键绩效指标 绩效指标关注价值点，而非事务性工作。 薪酬绩效岗应该分析内外部公平性。 优化薪酬结构，导向重点价值工作。 绩效指标的对比改进。 **5. 定性与定量，考核也有讲究** 用分层分类的方式量化考核。 保证数据来源的准确性和考核真实性。 **6. 做好工作辅导，让人才成长** 要先做专业深度，再横向发展。 通过教练式指导，聚焦关键价值指标。 通过日清周报月总结，实现成长的闭环。	解决方案

另外，在案例创作过程中，我们可以不局限于对一个原型素材的使用，在尊重事实和现实可行的前提下，可以将多个原型素材整合分析，应用于一个案例中。

第 6 章
案例文本写作

案例开发已经有 100 多年的历史了，其在发展的过程中慢慢有了固定的模式，形成了一定的写作规范。如何将整理好的资料用故事化的手法写成一篇有条理、生动的文章，让人看得轻松，是本章主要阐述的内容。

6.1 案例的场景和细节处理

在文学作品中，生动的细节描写可以使故事情节富有感染力，案例写作也是一样，抓好场景构思和细节处理，可以大大提升案例的可读性。

6.1.1 好故事未必是好案例

案例和故事在某些方面有较强的相似性，但是好故事未必是好案例。案例不是一般课程中的案例，也不是真人真事的简单复述，更不是课堂上讨论的小故事，它是“学习性材料”。一般来说，案例主要包含三个核心要素，即挑战性的故事、可应用的场景、可复制的经验，具体如图 6-1 所示。

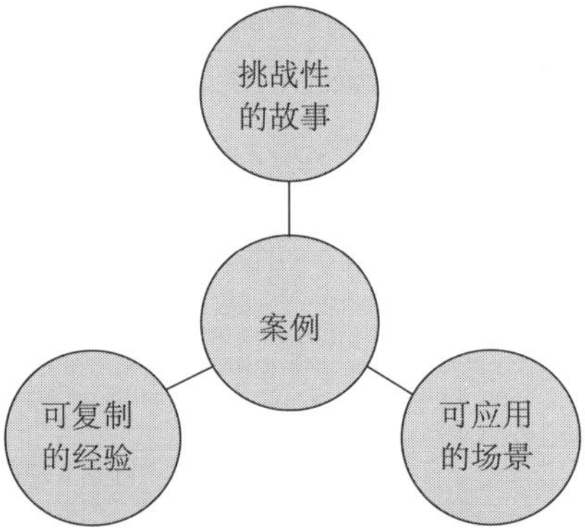

图 6-1 案例的三个核心要素

1. 挑战性的故事

案例中所讲述的事件本身具有一定挑战性，通常包含主人公与相关人物、事件导火索、事件进程、当事人的决策与行动及最终的结果等事实。

2. 可应用的场景

即案例学习对象在对案例进行学习后应该如何去应用。应用场景中包含了两个问题——学习对象是谁，案例代表的工作任务或工作场景是什么（如“风险管理”“尽职调查”“供应链客户销售与维护”“处理投诉客户”“激励低意愿高能力员工”等）。

3. 可复制的经验

这是案例重要的部分。如果把案例看成一座冰山，冰山之上可见的部分就是事实部分——故事，而冰山之下不可见的部分就是学习部分——学习点。学习点一般为令人受到启发的内容，包括三个方面的内容：第一，经验，即在某个业务挑战或决策中采用的理念、方法或操作手段；第二，教训，即某次决策失败，在变更行动后实现了成功，由此而产生两种不同结果的根本原因及改进措施；第三，反思，即如果类似的业务场景再次发生，可以从哪些地方进行改善，从而取得更好的结果。

上面所阐述的是案例应该具有的价值，为了强化学习价值，在具体写作时，我们还应该写好案例的场景和细节，增添学习的趣味。

6.1.2　场景是案例的单位

场景是案例的单位，既可以烘托人物的行动和反应，又为案例反映的问题和挑战做了铺垫。要写好案例的场景，需要关注三个关键点，即案例的角色设计、案例的问题和冲突明确、工作现场的呈现。

1. 案例的角色设计

设计案例角色，首先是明确案例主人公，即案例事件的主角，所有场景需要围绕他来设计。好的主人公人设是案例的灵魂，可以让阅读者有代入感，并可以在此基础上，做好其他相关角色的设计。总之，人物关系不宜过于复杂，否则会增加案例阅读的难度。

2. 案例的问题及冲突明确

问题和冲突有时候也可以是困难点，简言之，就是比较难以完成的任务都可以算作问题或冲突。没有问题和冲突的案例故事就像流水账一样，谁都不会看，因此，问题和冲突是勾起案例阅读兴趣的抓手。而学习者阅读案例并解决案例问题的过程，就是能力提升的过程。

3. 工作现场的呈现

案例角色、问题和冲突都需要处于一个合理的工作现场中，才能体现案例的生动性。因此，在案例写作时，需要描述案例事件发生的真实环境，包括案例背景、时间、地点、对话内容、任务信息等，帮助学习者带入案例角色，以便模拟真实的讨论，提升学习效果。

在案例的场景化处理中，我们通常围绕一条主线，把案例场景拆成若干个片段逐一讲述。在这个过程中，案例场景有一定的独立性又相互关联，形成一个闭环逻辑，表达预设的主题。

很多写案例的作者缺少好的写作素养，只会一根筋写事，按事件的逻辑写得很干，而完全不会构建场景，这也是很糟糕的。场景也不宜过多，而且不能为写场景而写，场景是服务于案例和人物的，与案例发展无关的场景尽量少写。

6.1.3 细节是故事的血脉

对读者而言，印象深刻的往往是文章字里行间透露出的细腻情感，和那些表现出这种感人情感的细节描写，细节的表现力比文章结构更为强大。著名作家李准曾说过："真实的细节描写是塑造人物、达到典型化的重要手段。"因此，场景描写里面还要有细节，有时候一些小小的细节可以让故事立体起来，生动起来。细节是骗不了人的，真诚的、独到的细节有着生活的温度，能够打动人心。好的细节描写主要分为以下两种。

第一，对人物进行必要的描写，包括人物的外貌、动作、神态、心理等方面。通过描写人物，显化细节，案例就更显生动。人物描写的具体方法如表 6-1 所示。

表 6-1　人物描写的具体方法

序号	具体方法
1	外貌刻画中显示人物性格或内心活动
2	融入性格和主题进行人物对话描写
3	运用生动的动作描写
4	在神态描写中渗入人物的思想感情
5	特定环境中人物的心理活动和状态描写

第二，周边环境的描写。通过描写周边环境，一是可以交代故事发生的时间、地点，二是可以展示人物性格，烘托人物的情绪和心境。

以下案例片段截取自笔者为新力地产（长沙公司）开发的案例“机会是拼出来的：项目经理的成长之道”。

公司总经理对黄玉华（化名）说：“下个月你就去 ×× 项目当项目经理吧。”

突然的人事任命让黄玉华有点不敢相信自己的耳朵，“这个……”说实话，黄玉华也一直希望自己能够成为一名项目经理，并且相信自己可以胜任。但是，当这个机会真正来临的时候，他又开始有点怀疑自己到底有没有这个能力，“真的准备让我当项目经理了吗？”

“之前你一直作为项目副经理参与了很多事情，以后就是另一个项目的项目经理了。”说完，总经理离开了会议室。

整个房间里剩下了黄玉华一个人，空空的，显得格外安静。此刻，黄玉华的脑子里也是空空的。突然，他感觉到一丝喜悦，渐渐地这种喜悦感越来越强烈。接着，又有一股恐惧感在心里慢慢扩散。两种感觉就像两股烟在心里不断地上升缠绕。慢慢地，另一种感觉也从心底升起来了，好像是庆幸，又好像是忧伤……

通过案例展示，我们可以从中发现，好的细节描写能够使人物性格鲜明，活灵活现，增强内容的真实性、生动性和感染力。因此，我们不可小视细节的作用，许多细节描写构成了一个个场面，使得整个案例情节更加连贯。

6.2 案例文本与写作风格

案例写作要求撰写者个人有一定的文字驾驭能力，能够把人物的活动情况、思想感情写得细腻。

6.2.1 写作的四个基础元素

写作其实是由四个基础元素构成的（如图 6-2 所示），它们相互搭配，互有进退。

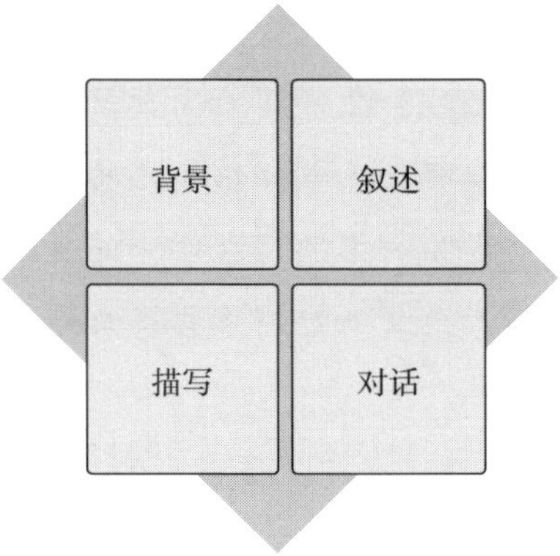

图 6-2 写作的四个基础元素

一般来说，案例文本对四个基础元素并没有固定的要求，但我们一定要明白各种元素在语言表达中的作用。

（1）背景是交代事情发生的时间和地点、事情的起因等。

（2）叙述是表达事物的发展过程和顺序。

（3）描写是衬托环境变化 / 表现人物的言行举止。

（4）对话是直接刻画人的第一反应，更加强调了在场感。

我们通过《老人与海》这本文学著作中的片段了解一下应该如何在写作中运用这些基础元素。

老人终于醒了。	→ 叙述
“别坐起来，”男孩说，“把这个喝了。”	→ 对话
他倒了些咖啡在一只玻璃杯里。	→ 描写
老人把它接过去喝了。	→ 描写
“它们把我打垮了，马诺林。”他说，“它们确实把我打垮了。”	→ 对话
“它没有把你打垮，那条鱼可没有。”	→ 对话
“对。真是这样，那是后来的事。”	→ 对话

事实上，如果我们分析不同作家的作品，会发现大家侧重的表达方式都不一样。每个作者都有自己更擅长的风格，如上述片段的作者海明威擅长写对话，我们在分析他的写作文本时，就会发现他大篇幅地运用了对话这种表达方式。因此，文字非常直观地体现了每个作家的写作风格。

同样，在案例写作中，我们也要掌握好这几种表达方式的融合运用。如果为了体现案例的生动性，可以多用一点描写和对话；如果为了体现案例故事的厚度和完整性，可以多一些背景资料和叙述的内容。

7 月 10 日，王齐铭（化名）组织了一场市场策略讨论会。	→ 背景
“前期我们已经进行了充分的市场调研，并确定了市场细分结果。今天我们就要讨论出不同区域市场的市场策略。”	→ 对话
王齐铭在会议一开始就直入主题，并给在场的每位同事分发了一份他总结的调研报告。	→ 描写
听完王齐铭的发言，团队同事都开始认真细致地研究调研报告，迟迟没有人发声。	→ 叙述

值得注意的是，案例毕竟不是小说，笔者在辅导一些伙伴进行案例写作时，发现有些人过于追求对话这种表达方式，通篇都是对话，这种写作方式也是不可取的。通常情况下，在案例写作中这几种表达方式应该均衡运用。

6.2.2　做好人物角色和场景语言设计

前文中也提到了，案例角色设计是构建场景的关键要点。那么人物角色和语言在案例场景里要如何才能生动起来呢？首先我们看一个案例。

张俊基（化名）作为人力行政总监，做好下属工作辅导、帮助其成长是工作职责之一。他的下属李妍熙（化名）入职前，只负责过人力资源各模块一些基础的工作，缺乏对人力资源领域的深度理解。了解到她是财务出身后，张俊基希望她能从薪酬绩效方面做起，深入钻研了解，待到学习成熟后，再横向发展到其他模块，这样成长会比较快。经过一段时间的学习，事实证明，张俊基的方式是对的，李妍熙充分发挥了自己的特长，在薪酬绩效方面进步飞速。因而，李妍熙也从心底里非常感谢领导的栽培。

上面一段话讲的是主角作为一名人力行政总监帮助薪酬绩效主管从原来的只会负责人力资源最简单的各类事务性工作，转变为专注于薪酬绩效的深度学习，做深一小块，从而强化专业竞争力这件事情。

但是，这个案例如果只是从主角的这个视角直接说，一是读起来枯燥无味，二是这样写出来也有一点自夸的意思，不那么讨人喜欢。因此，在写作时，我们可以通过构建场景，将相关人链接进去，帮助主角把这个决策说出来。针对这个案例，我们的设计是通过人力行政研讨会，用受益人的口吻把原来的中心思想表达出来。下面是经过改写后的案例文本。

今天是人力行政部每月一次的研讨会，李妍熙（化名）首先开口道：“最近我在做这个绩效指标优化工作，感触还挺多的。以前对于绩效管理的认识太浅显了，难怪张总刚开始和我说，要把绩效这块工作做好是很不容易的。”

何丽华（化名）说：“对啊，我们以前工作是分层级的，是各模块都做一点，都没有深入钻研透一个模块。这也是张总平时和我们强调的，其实做人力资源的话，把一个模块做通、做精，再去横向接触另外一个模块是比较容易的，管理都是相通的。”

“张总知道我是学财务出身的，才把薪酬绩效工作交给我的，他也是希望我先把这个工作钻研透。通过最近这段时间的工作，我觉得我的工作能力有了很大的提升。”李妍熙感叹道。

刘俊逸（化名）也有点激动地说道：“其实，这也是人才培养的一种方式咧。平时老想着怎么做好培训，我们可以在各部门领导绩效优化的基础上做好人才培养工作啊！”

我们可以比较一下前后两个场景的描写方法，如果在场景描写里面有了人物对话，整个案例的可读性、生动性立刻就不一样了。

在一个案例里面必然有主角和配角，有人的地方才有故事。主角是案例写作的基本视角，配角是为了强化主角行为或心理变化而设计的。构思一个场景后，把主角单线条表达的内容放置进去，并通过配角的语境视角将主角的行为意志、管理决策表达清晰，同时在写作上融合叙述、描写、对话等，让文体生动起来。这就是做场景和人物角色设计的方法。

6.2.3　揭示人物的心理活动

不同的人面对同样一个问题或冲突时，可能会采用不同的解决方案。可是为什么会有各种不同的做法？这些行动的内在逻辑是什么？当事人是怎么想的？案例写作需要深入人的内心世界，才能让阅读者“知其所以然”。好的案例应该发挥这个特点和优势，真实地反映案例主人公在问题解决过程中的想法、感受。

人物的行为是故事的表面现象，人物的心理则是故事发展的内在依据。提升案例的生动性需要描写人物的心理活动，即对人物在一定环境中，围绕客观事物而产生的看法、感触、联想、潜意识等思想活动和情感活动进行描写。

恰当的人物心理活动描写能塑造人物形象，展现人物的性格特征，揭示人物的思想变化，表现人物丰富而复杂的思想感情，推动情节的发展，深化故事的主题等。

片段一：钟仁军（化名）听到突如其来的表扬，脸不自觉地红了起来，虽然自己为公司发展做了一些努力，但还远没有任何功劳可讲，毕竟公司才刚刚理顺了一点，离健康持续的发展还有着不小的距离。他从左至右看着每一个与他一同奋斗的同事，不禁想起了自己刚到长沙时的那段经历。

片段二：2018 年 7 月，虽然是夏天，但是早上五六点的时候还是可以感受到一丝凉意的，道路两旁的樟树上偶尔会传来几声蝉鸣，好像一切都充满了朝气。然而刚刚成为项目营销经理的郑明奇（化名）却高兴不起来，在自己到任的两天内，销售经理和策划主管纷纷离职，整个管理层只剩下自己和渠道经理。面对如此被动的局面，营销工作该怎么开展呢？自己会不会成为公司在职时间最短的营销经理？郑明奇不禁有些担心起来。

片段三：在尚未开始施工的项目场地前，王启英（化名）用力地将头抬起，目光所及之处是一片大山，一眼望不到尽头。看着眼前这100多米的高度差，王启英甚至忘记了脖子的酸痛，内心充满了忧虑：这么大的高度差，设计部怎样才能消化掉啊？

心理描写是深化案例冲突的重要手段。要注意的是，在描写人物心理活动时，应该是揭示特定人物在特定环境中必然产生的心理活动，不能为了心理描写而进行心理描写。

6.3 着手撰写案例初稿

完成前面的工作之后，我们就可以着手撰写案例初稿了。在案例初稿写作阶段，案例作者可以根据先前列好的写作提纲，按照案例写作要求开始遣词造句和写出段落。

6.3.1 一个完整案例的基本结构

一般来说，一个完整案例的基本结构包括四个部分：标题、引文、背景、正文，如表6-2所示。

表6-2 案例的基本结构

序号	结构要素	具体说明
1	标题	明确点出案例主题，能够吸引读者的注意力
2	引文	构成案例的观察视角，在案例的第一段，又称引言、首段，主要概述案例主人公面对的问题或挑战，指出案例的焦点
3	背景	介绍公司背景、行业背景、决策者及其他重要角色的个人背景等，将读者带入具体的业务环境中
4	正文	包括事件进展及经验总结两个部分，其中事件进展涵盖问题及冲突、备选方案及最终决策和结果等信息

除了上述四个部分外，有些案例还有一些与案例分析相关的附件材料，如

图表、文件等，它可以单独构成一个部分，我们称之为附录。

下面通过一篇案例范文来对这些结构要素进行具体呈现。

上下同欲者胜：回款压力要从源头抓起

一、引文

2018 年年初，A 公司玲珑湾项目（化名）售楼处里，售后经理周丽莉正在和置业顾问争论关于客户资料不齐全能不能签约的问题。

身为售后经理的周丽莉最近感到左右为难，一边是项目的全局发展，一边是及时有效的签约回款，当自己履行售后经理的职责，即客户资料不齐不准签字的时候，便会受到来自销售部门的层层压力。到底如何才能做到上下同欲，这对周丽莉来说是一个艰难的挑战。

二、案例背景

房产销售不仅要做到签约成功，还要保障销售回款。齐全的按揭资料是保障回款速度的决定因素，符合银行审批要求的按揭资料是另一个重要决定因素。

2018 年年初，A 公司有两个房产项目，一个是玲珑湾，不受限购的影响，还有一个是绿园（化名）。玲珑湾的置业顾问很多都是老油条，做事只管当前，缺少大局观，在签约时经常出现资料不齐，需要后期补齐的情况。

要求资料不齐不准签约会拖慢销售进度，导致签约节点跟不上；不严格把关对签约回款、客户满意度和售后部门都会造成不利影响；而售前售后的分歧又让夹在中间的签约、按揭专员无所适从。当时公司采取了局部优先的战略，要求以签约为重，客户资料售后再补。

周丽莉是售后经理，负责签约的回款，对能否签约有一定的话语权，主张签约回款材料要在签约前就准备好；王林是销售经理，管理着置业顾问，负责签约，与周丽莉平级，主张签约材料可以后期再补，先签约更重要；李燕是签约专员，负责制作购房合同和辅助签约，但是没有话语权。

三、案例内容

（一）签约材料不齐，双方各自为战

2018 年年初，玲珑湾项目开盘了，周丽莉作为售后经理，这个时候总是盯在一线战场，要仔细审查每个客户的资料是否齐全。

当注意到置业顾问李佳的客户缺少征信报告时，周丽莉第一时间制止了他的签约，告知李佳后期再补资料不仅更麻烦，而且容易导致客户失去耐心。但李佳表示销售经理同意签约了，要求签约专员李燕赶紧给客户签约。李燕看着周丽莉，手里握着笔，不知道该怎么办。

最终，在周丽莉的坚持下，李佳只能去和客户解释，必须材料齐全才能签约。周丽莉告诉李燕，以后这种资料不全的一定不能签约，需要先补齐资料。李燕支支吾吾地答应了。

晚上下班后李燕向周丽莉提出了辞职，因为她觉得现在的工作压力太大了，就像今天的情况，平时周丽莉在的时候，置业顾问会配合她们的工作，但是周丽莉只要不在，置业顾问就会百般刁难，非要签约。

其实周丽莉多多少少也感觉到了这个情况，这些久战楼市的老油条，只要自己不在，肯定就会将这些规定置之度外，签约专员和按揭专员们一定吃了不少苦。因此，她决定再找王林谈一下。

第二天，周丽莉找到王林与他讨论签约时客户资料不齐的事情，希望王林能跟下属强调一下资料齐全才能签约，要注重客户满意度，不能为了签约率就不管客户之后补资料的麻烦。

但是王林认为，补资料是售后的事情，只要签约完成了，就跟售前没有关系了。再说了，公司定下了那么多的回款目标，要是每个客户都一个资料不能落，签约节点跟不上，周丽莉又会不满意了。

周丽莉又说："很多客户都觉得我们的签约流程复杂，主要是因为我们销售人员自己都搞不清楚这个签约流程，带着客户乱转，客户为此对我们 A 公司的反应很强烈。您能否让这些销售人员对签约流程多熟悉熟悉？"

王林对此并不认可："这就是你们当时制定签约流程的问题了，如果你们不搞得这么麻烦，客户也不会来反映。"

周丽莉忍不住了，反驳道："这是银行的规定，又不是我们定的！你能不能有点解决问题的态度？"

"这是你们售后的问题，你们自己解决去！"结果，事情又发展为两人的争吵。

（二）材料分歧无解，要求签约为主

在营销副总的调解下，两人结束了吵架，但是问题并没有解决。于是在接下来的日子里，周丽莉几乎天天都坐镇在玲珑湾项目的售楼处，对每个签约的客户都进行把关，资料不齐全的一律打回去补齐资料。在周丽莉的监督下，几乎所有的置业顾问都做到了资料齐全再签约。但这一行为也引来了一些不满。

在玲珑湾项目第一期销售进度过了三分之二的时候，A 公司的中高层召开了一次销售工作会议。营销副总在会议快结束的时候表示："周丽莉，我知道你是为公司好，不过为了加快销售进度，没必要每个客户都资料齐全之后才可以签约，这样会妨碍进度。你作为售后经理，处理好售后问题是你应该做的，你的手不能伸这么长，管回款又管签约，你的思维要转变一下，要以签约为主。"

周丽莉解释了签约前材料齐全的必要性，但营销副总仍然要求以签约为主，周丽莉只能遵守命令。于是在接下来的日子里，售后部的同事处在天天加班的状态，做规划、对数据、要资料。销售人员顾前不顾后的做法，让售后部的同事吃尽了苦头。

（三）签约流程明确，上下同欲取胜

随着客户的反应日益强烈，集团总部注意到 A 公司的一些问题，派遣了另一位营销副总陈总过来负责整个销售部分。

陈总对售前售后的态度完全不同，在上任的第一个星期就与周丽莉达成了共识——要做到签约流程化、细致化，并制定了一系列的流程：

"认购期，每个客户都进行一户一袋的整理，在认购第二天要去银行打印购房人征信报告及相关资料，已结婚的客户需要夫妻双方三天内带齐资料和首付款来营销中心签约，少一样资料都不行。

"签约期，置业顾问要填写'签约一览表'，客户和销售经理都要签字确认，接着财务凭表收款、确认签字，然后签约专员凭借征信报告和'签约一览表'制作'商品房买卖合同'。

"接下来，客户再去银行缴纳契税和维修基金，同时带上按揭资料去银行面签，然后把发票和回执交给置业顾问，置业顾问将合同交给客户，并引导其签约，最后由签约专员进行资料归档，组织客户进行不动产面签，最后客户就可以领取购房合同了。

“考虑到限购的政策，绿园就需要在玲珑湾流程的基础上增加客户购房资格的审查和一系列相应的网签排序审查。”

新措施实施之后，整个销售团队的情况有了很大改善，原来那些管前不顾后的情况在绿园项目中几乎没有了，就连之前问题严重的玲珑湾项目也逐渐得到改善。置业顾问也不再只顾签约率了，而是作为和客户沟通的第一线人员，与签约专员、按揭专员的关系越来越融洽。

“周丽莉姐，陈总可真厉害啊，自从陈总来了以后，我们再也不用整天和置业顾问置气了，现在大家几乎已经站在了一个阵线上。”李燕兴奋地和周丽莉说道。

周丽莉看到签约专员、按揭专员和置业顾问形成了一股合力，显得十分开心，“是啊，其实本来就应该是这样，有什么困难一起解决，你拉我一把，我拉你一把，一起把事情做好才是正事。”

李燕笑得很开心，不再像之前一样一上班就显得闷闷不乐。周丽莉看到这一幕也缓了一口气。

四、经验分析与总结

回款作为房地产工作中最为重要的一个环节，承受着来自各方面的压力，如何做到既能保证销售，又能及时有效地回款，是一个难以解决的问题。在这个过程中，售后经理周丽莉从“团队、意识、制度”三个方面进行了经验总结，如图 6-3 所示。

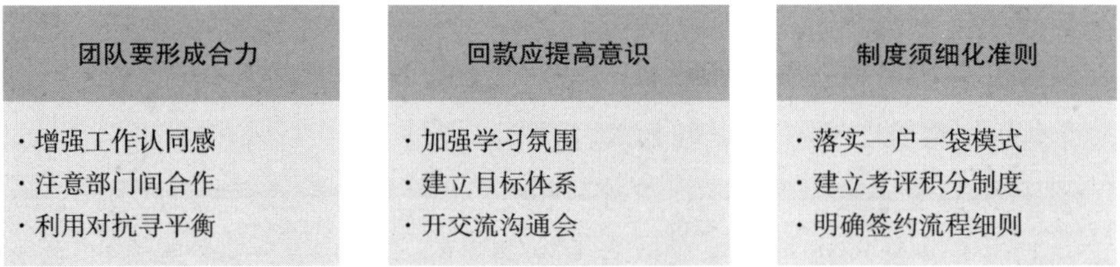

图 6-3 回款经验分析图解

（一）团队要形成合力

一个营销团队，如果目标未达成共识，对待工作各持己见，各自为政，将难以形成默契的合作关系，对整个营销也是不利的，所以首先一个团队要形成合力，其要点和关键行为如表 6-3 所示。

表 6-3　团队要形成合力

要点	关键行为
增强工作认同感	没有认同感的团队无法形成一股合力，要打破团队壁垒，化解矛盾，增强工作认同感
注意部门间合作	按揭专员和置业顾问要形成合力，对准目标高效执行
利用对抗寻平衡	利用财务和营销之间的制约关系寻求整体平衡

（二）回款应提高意识

如果不提高回款意识，那么公司建立的回款管理制度将会只停留在纸面上，流于形式，提高回款意识的要点和关键行为如表 6-4 所示。

表 6-4　回款应提高意识

要点	关键行为
加强学习氛围	构建学习型销售团队，培养学习氛围，提高学习意识，打造团队精神，加强回款意识
建立目标体系	目标体系是项目销售计划和绩效考核的重要依旧，明确销售员每个阶段的工作任务，建立其使命感、责任感、迫切感
开交流沟通会	定期组织沟通交流会议，及时消除隔阂误解，明确回款方向

（三）制度须细化准则

要实行明确有效的管理细则，不能浮于表面，在签约过程中应做到切实有效的执行，其中的要点和关键行为如表 6-5 所示。

表 6-5　制度须细化准则

要点	关键行为
落实一户一袋模式	签约时采取一户一袋模式，置业顾问要与客户沟通到位
明确签约流程细则	签约流程化、细致化，将所有的签约流程、责任人、服务时间全部明确，并严格执行
建立考评积分制度	将员工各项指标完成情况综合打分并排名，给予绩优者荣誉奖励和现金奖励，以树立榜样激励团队，提升员工积极性

附录

（一）A 公司销售回款管理制度（如图 6-4 所示）

A公司 销售回款管理制度 营销管理中心 2018年10月25日	6 回款过程管理 6.1 认筹 6.1.1 项目销售经理负责督促与协调财务部门完成项目按揭银行谈判、准入办理，对销售人员进行按揭政策培训。 6.1.2 在收筹后，置业顾问负责查询客户资信情况，确认客户付款方式。 6.1.3 销售内勤负责将客户信息录入明源系统，以及对客户征信报告及认筹相关资料存档。

图 6-4　A 公司销售回款管理制度

（二）按揭资料分类（如图 6-5 所示）

购房资料	· 商品房买卖合同、首付款发票及收据、POS单据
个人基本资料	· 身份证明、户籍证明、婚姻状况证明
还款来源资料	· 个人收入、纳税证明、银行流水（近6个月）、存款、股票、基金等
特殊资料	· 未结清债务（房贷、车贷、信用贷、助学贷）、展期说明

图 6-5　按揭资料分类

以上内容展示了一个完整案例的基本结构。各部分的具体写作要求我们将在下一节中进行具体阐述。

6.3.2　对案例信息进行掩饰性处理

在编写案例时，部分案例信息需要稍加掩饰。对案例信息进行掩饰性处理的目的在于：一是避免对案例涉及的部门或个人造成不好的影响；二是案例中可能涉及一些保密信息和数据，公开使用可能会影响公司发展或造成不必要的争议。

一般来说，可能需要掩饰处理的案例信息包括人名、公司信息、地址、电话、具体产品信息及其他涉密内容。通常有很多方式来进行信息掩饰，如更改人物姓名、公司名称，隐去日期及地址信息，对相关数据进行掩饰处理等。掩饰的原则是尽量维持案例内容的可信度。

1. 掩饰组织或机构名称

在对组织或机构名称进行掩饰时，需要避免使用另一家真实机构的名称，如不可将谷歌公司变成微软公司。因此，决定替换名称前，可以先进行公司名称的搜索，看是否有相同的注册名称。

2. 掩饰人物姓名

在对人物姓名进行掩饰时，需要避免使用和当事人姓名相同的首字母，同时要尽量保留人物的性别及文化属性。

3. 掩饰时间或地址信息

某些时间或地点的改变可能会影响案例内容的可信度，这时就需要案例作者仔细斟酌，如地点的改变会涉及工资标准、当地规章制度、市场情况、天气因素等的变化。因此，掩饰时间或地址信息需要在不影响重要事实的情况下进行处理。

4. 掩饰数据信息

数据之间的关系比数据的数值大小更为重要，因此，如果销售额、成本等数据信息涉及公司机密的话，可以将这些数据同时乘以一个系数（如 0.93 或 1.1）或直接用百分比来表示。

其他需要掩饰的信息可以根据实际情况来决定，各个公司会制定自己不同的规则。但是，要注意过多的信息掩饰会使真实的案例看起来像虚构的，我们应该争取对案例信息进行最小化的掩饰性处理。

6.3.3　编写案例的要求与规则

案例编写需要遵循许多规则，包括写作时态、案例长度、事实归因、写作格式、参考与引用等方面。

1. 写作时态

通常我们看到的案例一般都是采用过去时、第三人称陈述。之所以这样做，是为了让学习者在阅读案例时，能够明显感受到事件是过去已经发生的，凸显案例的真实性。为了强化案例的生命力，我们也可以使用案例主人公的直接引语来陈述事实。

改写前：营销团队人员开展了为期四天的市场调研，并通过会议形式讨论后续的工作规划。

改写后："过去四天，在团队的共同努力下，我们进行了系统的市场调研。为了后期市场拓展的顺利进行，接下来，我想听听大家的想法。"营销负责人开门见山地表达了此次会议的主题。

2. 案例长度

在撰写初稿时，包含信息过多通常好于信息过少。信息过多可以在后期进行删减，而信息过少则容易忽略案例所聚焦的具体问题或决策。

3. 事实归因

案例中的任何决策或观点都必须归因于案例中提到的某个人物。毕竟，案例作者只是在陈述一个故事，对于不知道的事实就应该如实描述。例如，"门店导购不知道公司产品的卖点。"

4. 写作格式

为了方便后续案例入库或整理成册，案例的格式和编码应该都是统一的，包括各级标题的字体大小和风格、正文字体的字形和字号、段落间距与缩进、表格与图形的样式等。

5. 参考与引用

当案例中需要用到一些公司信息以外的资料时，我们应该做出相应的标记。如使用第三方专业机构的调研数据时，可以在案例中加入脚注，标明信息的来源。引用一些出版物时，还需明确文章 / 书本的标题、作者、出版者、出版日期和页码等信息来源。

6.4　各模块的写作要求

在一个完整案例中，要呈现四大模块，分别为标题、引文、背景、正文和附录，每个模块都有具体的写作要求。

6.4.1　标题一定要有吸引力

标题是表明文章、作品等主要内容的简短语句，它的作用是使读者了解文章的主要内容和主旨，并且一个好的标题还能够引发读者的兴趣。

当下，微信公众号是一个很热门的宣传和推广平台。为了吸引大家的眼球，各类公众号在文章标题上都下了不少功夫。例如，大象公会向内部人员强调，标题至少应满足以下四个类别要求之一：令人恐惧、令人激动、令人新奇、令人困惑，具体例子如表 6-6 所示。

表 6-6　文章标题及其类别示例

序号	标题	类别
1	传播与模仿：暴徒喜欢看电视	令人恐惧 / 新奇
2	如何取个与时俱进的英文名	令人新奇
3	为什么中国人的腰围按尺量	令人困惑
4	2022 北京冬奥会开幕式再次惊艳世界	令人激动

很多公众号，常常会写“过年回家”这个主题。对于不同的主题立意，作者所用的标题也是完全不一样的。我们可以对比三个公众号写的“过年回家”的文章，感受作者不同的写作角度。

1. 公众号 A

文章标题:《冒昧地问一下，你有钱回家过年吗？》

内容特点：强调回家的实际问题，重点是钱。

2. 公众号 B

文章标题:《家乡是回去了不知如何是好，离开了又很想念的地方》

内容特点：聊过年的感受，之后稍微扩展一下，说说“家乡”。

3. 公众号 C

文章标题:《你留在家乡的往事就像一条狗》

内容特点：从过年回家，扩展到离家，再扩展到抽象的“生活意义”。

酒香也怕巷子深，案例也一样，要想引人注目、激发学习者的阅读兴趣，案例标题一定要有足够的吸引力。案例标题写得好，大家阅读的兴趣就会更高。那么如何取一个有吸引力的案例标题呢？这里给大家提供几种案例标题的命名方式，如表 6-7 所示。

表 6-7 案例标题的命名方式

类型	说明	举例
问题型	抛出问题，强调案例难点	· 如何制定有效的新客开发方案 · 如何应对组织变革中的突发事件
叙述型	直接陈述案例的主题内容	· 华为的四个转型期 · 六西格玛方法提高生产效率
价值型	提炼案例的主要价值点	一次招聘事件引发的思考
修辞型	借用诗句、成语等写出主标题，并配上副标题	以始为终：做好办事处年度规划，落实公司战略

6.4.2 引文的写作要求与包含元素

以色列作家阿摩司·奥兹说:“文章的开头极其重要，它是作者和读者之间订立的‘合同’，是作者对读者发出的邀请。”如果开头写不好，读者是没有兴趣继续往下阅读的。

【管理研究】写好故事开头的关键要点

在“写开头”这个问题上，小说家劳伦斯·布洛克在《布洛克的小说学堂》中提出了三个关键要点。

第一，开头要让故事动起来。很多人在写作时会犯的错误是花大篇幅写一些与主题无关的东西，让读者不知所云。

第二，设定故事的基调。一开始就确定文章叙事的风格，基调定了，读者自然而然就会被吸住了。

第三，别在故事开始的地方开始。劳伦斯·布洛克引用过编辑约翰·布兰迪的一段笔记来说明这个问题："我教杂志写作课时，常说'从中间开始，在开头结尾'。一开头，就要全力向主题冲刺，快速让读者参与进来，并引起他们的兴趣，然后再后退，补充细节，向前推进研究，巩固主题……然后呢，到达终点后，再回顾你在开头设定的主题，让它进一步完善。换句话说，就是不要从故事的时间开端开头，试试从故事的中间开头，不然的话，又会掉入从头说到尾的流水账的陷阱中。"

引文是案例的首段，因此，写好引文至关重要。一般来说，引文的写作要求包括以下四个方面。

（1）引文的目的是概述学习者将要面对的问题，"如果您处在案例主人公的位置上，您将会怎么样做？"

（2）学习者通过阅读引文，可以知道自己的角色和要承担的任务。

（3）引文要引领学习者阅读整个案例，必须明确指出本案例的主题。

（4）引文要求简洁、完整，应不超过六行，在150字左右。

引文需要包含五个元素：决策者的姓名和职位、案例时间、组织位置、主题（问题或机会）、行动触发因素（导火索）。下面我们来看一个案例的引文，找找其中包含的信息元素。

长沙的夏天，是一个走在路上容易被烤化的季节。2018年6月，就在这个如火的季节，赵星来到公司担任人力行政总监，负责组建人力资源团队。

从一无所有开始，创建一支禁得住挑战的队伍绝非易事，招人、培养、磨合，这一系列动作将是巨大的挑战。然而事实证明，赵星完成了这个挑战，建立了一支值得信赖的人资队伍。

上述引文中包含了以下信息元素。

（1）决策者的姓名和职位：人力行政总监赵星。

（2）案例时间：2018 年 6 月。

（3）组织位置：人力行政部。

（4）主题（问题或机会）：创建一支经得住挑战的队伍。

（5）行动触发因素（导火索）：组建人力资源团队。

引文写作中通常会写案例的行动触发因素。行动触发因素通常是那些能够使一个或者多个人做出反应的事件，它们推动了案例事件的出现，表明了现在面临一个问题，引领我们继续阅读下文，了解与之相关的信息，它也可以被认为是“导火索”。通常，行动触发因素需要达成的目标有四点：第一，吸引读者的阅读兴趣；第二，建立读者和主角的联结；第三，介绍故事的背景；第四，奠定故事的走向，想解决什么问题。

典型的行动触发因素有以下几类：

（1）沟通。如来自客户、领导、普通员工、供应商、项目小组成员、政府官员、记者、股东或热心公民的电话、备忘录、报告、传真、电子邮件、信件，或者与其会晤的要求。

（2）企业内部大事。如一起重大设备故障、一场大火、公司财政危机、并购或接管、成员死亡或者长期患病、电力中断、失去或得到重要客户、关键人物的离开或进入、发现重大机遇、重要竞争对手的行动、结果没有满足预期或计划目标。

（3）外部大事。如一项重大的技术、政治、社会、经济或环境的变革，政府的新法律或规章，主要竞争对手行动。

我们具体选什么样的事情作为引文中的行动触发事件，要同时考虑两点：一是合理性，二是是否足够吸引眼球。在可能的情况下，我们尽量挑选一些好的角度将触发因素写得比较有冲突性、剧情化一些，对学习者的吸引力会更大。

6.4.3　案例背景的处理与写作

案例背景是指事件相关的市场环境、技术条件、人物特点等，体现事件的背景条件。它通常包括大背景和小背景。

1. 大背景

大背景是指公司或者组织的背景。常用的小标题包括：公司或组织的历史、行业或公司概览、主要产品 / 服务、组织竞争的前提、竞争状况、财务状况、组织机构、地理覆盖范围、母公司、业务部门和子公司。

2. 小背景

小背景是指决策者所在的主要职能部门或业务领域以及他本人和其他重要人物的个人背景。常见的小标题包括：业务领域、职能部门的历史状况、与其他部门的关系、主要工作职责、来自职能和员工方面的挑战、个人背景或者个人历史。

以下片段截取自笔者为国网吉林省电力有限公司编写的“让人民生活更美好案例集”中的案例“营业厅里的四语通：让国际客户在边疆小城享受便捷无障碍服务”。

案例背景

珲春地处吉林省东部，延边朝鲜族自治州东南，图们江下游。与朝鲜临江相邻，与俄罗斯交界，与日本、韩国隔海相望，是珲春独特地理位置的魅力所在，“雁鸣闻三国，虎啸惊三疆；花开香三邻，笑语传三邦”是对珲春的真实写照。其中，距离俄罗斯符拉迪沃斯托克仅有两小时的车程，2018 年 9 月，习总书记在此出席了第四届东方经济论坛，越来越多的商贸活动也在此聚集起来。另外，由于珲春市处于图们江区域国际合作开发的核心地带，也被称为“东北亚的金三角”。

独特的地理位置，给珲春市开展边境贸易带来了得天独厚的优势。2013 年 9 月和 10 月，中国国家主席习近平提出建设“丝绸之路经济带”和“21 世纪海上丝绸之路”的合作倡议，简称“一带一路”倡议。作为中俄合作的“桥头堡”，珲春市积极融入国家倡议，大力推进与俄、朝的商业合作。

在商贸往来频繁的背景之下，珲春市供电服务中心也应顺应潮流，发展自身的能力来服务不同的客户。于是，由单位挑头，工作人员积极响应，整个珲春市供电服务中心迎来了一股学习朝鲜语和俄语的热潮。

上述案例背景中，前面两段阐述了事件发生的大背景：珲春市的地理位置特殊，国际商业合作频繁。同时也阐述了事件发生的小背景：珲春市供电服务中心顺应潮流，学习朝鲜语和俄语，以更好地服务国际客户。

案例背景总是重要的，在某些情况下，背景能在故事中起到主导作用，成为推动情节发展的一个要素。因为背景材料中往往交代了问题发生的场景，隐含着问题形成的某些重要的原因。

6.4.4 案例正文和附录的内容呈现

正文是一个案例中篇幅最大的部分，它通常呈现了事件的发展过程及问题和挑战是怎样的。具体来说，案例正文包括两个方面：事件进展和经验总结。

1. 事件进展

一般我们会用小标题的方式将事件进展一一写出来。案例内容描述应该具备三个方面的要素，即典型、普适的业务难题，难于抉择的冲突场景，分析与解决过程。

首先是典型、普适的业务难题。一个好的案例必须包含一个典型的问题或问题情境——没有问题或问题情境不能算案例，问题或问题情境缺乏典型性也不能算案例。立足现实，力求真实，把事件置于一个时空框架之中，重点关注今天所面临的业务难题，抓住业务痛点，刻画典型场景、人物、情节与过程。一个好的案例可以令学员有身临其境的感觉，并对案例所涉及的人产生移情作用，这靠的是抓住了那些业务上具有典型性、普适性的问题，进行了入木三分的刻画，产生了共鸣与移情。

其次是难于抉择的冲突场景。一个好的案例必须有相互对立的观点，足以引发冲突和争议才行。复杂的情境提供了更多的选择、思考和想象的余地，从而给人以更多的启迪。冲突过于简单容易让学习者失去研读案例的兴趣，而冲突过于复杂又往往让学员无从下手，不知所云。

案例中是否选择了一个有冲突的场景，可以通过回答下列问题来进行测试。

（1）事件是否能够给人带来心灵的震撼？

（2）在做出选择前，案例当事人是否处于很困难的境地？

（3）案例学习者在阅读案例时，是否难以猜测到问题的答案？

如果冲突场景满足以上条件，那么案例对学习者来说会更有学习价值。

最后是分析与解决过程。完整地呈现事件分析与解决的过程，主要包括冲突产生后的想法、做了哪些动作、为什么会做这些动作、最终产生的结果等内容。其中，分析过程是很多案例作者在写作过程中最容易忽视的部分。只有详细地描述分析过程，学习者才能清晰地了解案例当事人是如何思考并解决问题的。

2. 经验总结

经验总结就是将案例中的解决措施做相应的归纳和提炼，对于正面案例，我们可以总结其做法、工具等；对于负面案例，则主要是总结对事件的反思，以后遇到类似问题应该从哪些方面进行改善，以取得正向结果。

另外，在案例正文写作中，为了提升案例的生动性，案例作者可能会使用一些图表，如果数据或材料是自己获得的或公司现有的，就按照出现顺序依次排序注明，如果不是，则需要注明图表信息的来源。

正文部分写作完成后，有些案例可能还会有附录部分。附录通常是为案例提供补充性的和有用的信息材料的，但它并不是案例正文的组成部分。另外，一些材料由于篇幅过长，放在案例正文中会影响阅读感，我们也会将其放置在附录中，如某个行业规定、某项流程、某项管理制度等。附录一般被放置在案例的最后，可以按照案例中的注释顺序进行排列，通常以数字或字母的形式进行标识。

6.5 评审与优化案例

公司需要组织相关业务专家、领导者及外部评审老师对案例初稿进行评审，并提出优化意见。在此基础上，案例作者根据评审结果，对案例内容进行优化与完善，形成案例终稿。

6.5.1 案例要素检查与补充

案例作者按照写作要求完成写作后，可以先对照案例要素检查清单进行自我审查。案例要素检查清单如表 6-8 所示。

表 6-8 案例要素检查清单

模块	检查维度	备注
案例主体	呈报单位、第一作者	
引文	故事发生的时间、关键人物、事件主题、事件起因	
	面临的问题、挑战或机会	
案例背景	外部：与故事有关的国际国内形势、行业背景	
	内部：与故事相关的公司名称、简介、发展战略、组织架构、组织文化等	
	个人：关键人物的个人背景、关乎故事发展的观点态度	
案例内容	案例按照时间线完整表述	
	案例可分为数个小情节，并有概括性的小标题或中心句	
	每个小情节信息完整：时间、地点、相关人物、事件的起源发展结局	
	详略得当：情节的关键节点详细描写，其他部分可以略写，平衡每个小标题下所涉及的内容的广度和顺序等 关键节点：问题的突出表现（如双方激烈地争吵）、问题的解决过程（如问题分析、集体研讨、制度制定）、关键人物的关键态度（如主角之间矛盾的态度） 详细描写：人物间的气氛是紧张还是轻松，主角面对当时的情景心里在想什么，旁边的人有什么样的反应，记录当时人物的动作、神情、语言，场景是如何结束的，结束时问题是否解决，人物间的气氛、态度、关系是否有所转变	
经验总结	经验总结用 1234 分级、图表、模块的方式呈现；可以写做好这件事的经验、做这件事的方法步骤，或者案例引发的思考、警示等	

在快消品行业 M 公司的组织经验萃取项目中，有位员工对“调研分析，了解区域市场情况”这部分内容的描述如下。

正式开始谈判前，我们首先进行了市场调研，对经销商的直营店及加盟店进行了摸排，对门店位置、面积、上货品牌、货品的陈列、销售情况等信息进行了详细的记录。其次，对我方的价格链进行了详细分析，并对后期我方可以提供的支持进行梳理，整理完成一个合作规划 PPT。我们还对经销商整体组织架构、各层级领导的个人信息等进行了收集，分析了经销商的关注点等。

根据案例要素检查清单，笔者提出的修改意见如下：

（1）写清楚市场调研的具体时间。

（2）写清楚在市场调查中，一共摸排了多少家店，发现了什么问题。市场调研的详细记录文档、照片可以通过附件提供。

（3）写清楚我方价格链的分析结果是怎样的，我方的价格有哪些优劣势，这份 PPT 在接下来的工作中起到了什么样的作用，并同步将 PPT 通过附件提供。

（4）写清楚通过资料收集具体分析了哪些信息，如弄清楚经销商有哪些领导对促成合作有帮助，他们的性格特征、处事风格是什么样的，周边有哪些人脉关系可以帮着联系上这些人。如果有文件记录可以通过附件提供。

根据案例要素检查结果，案例作者需要对不符合要求的案例内容进行修改，同时对缺失的素材进行补充。如果案例作者不是案例当事人，还需要先列出补充资料清单，追踪完善资料，再进行案例修改。

6.5.2 案例的修订与更新

待案例作者将案例要素补充完整后，案例开发发起单位或需求部门要对案例进行评审工作。案例评审的标准如表 6-9 所示。

表 6-9 案例评审的标准

序号	维度	说明
1	主题是否突出	案例内容要集中在一个中心论题上，能清晰地呈现事件发生的主线，不能过分渲染个人情绪，以免使案例的重心发生偏移

续表

序号	维度	说明
2	业务场景是否真实	案例描述的场景要让学习者有身临其境的感觉
3	事件情节是否完整	将事件发生的时间、地点、人物等按照一定的结构展示出来，其中还要有一些戏剧性的冲突或挑战
4	叙述是否充实	案例提供的各种信息应该是准确的、纪实性的，另外，要详细阐述解决问题的主要思路、具体措施及问题解决的详细过程
5	非相关信息是否过多	案例中不宜有过多非相关信息，否则容易造成信息混乱，降低案例的可读性

案例评审人员可以按照上述标准，对案例中每一部分包含的信息进行评审，并提出案例架构、初稿内容等方面的修订意见。

案例作者根据评审人员的反馈意见，对案例内容进行优化。在完成优化后，案例开发发起单位或需求部门需要再次对案例进行评审。对案例优化稿再次进行评审时，评审标准体系也将更加系统和全面。毅伟商学院提出了案例编辑的“9C”清单[1]，具体如下。

（1）一致性（Congruence）。案例中有关产品、服务、过程或系统的术语是否和组织的真实情况一致？尤其是在我们对案例信息进行掩饰处理后，更应该注意其一致性。

（2）完整性（Completeness）。案例是否完整讲述了关于决策者和公司的故事？是否疏漏了一些案例情节线索？

（3）连续性（Consistency）。案例信息的陈述是否符合逻辑且准确？

（4）正确性（Correctness）。写作时态是否为过去式？是否存在语法、标点等方面的错误？图标和附录标题是否采用了标准的格式？

（5）简洁性（Conciseness）。在案例中出现的某些信息是否采用图表的方式更好？能否用一个更加简洁的词组或单词表达？

（6）清晰性（Clarity）。用词是否精确并且清晰易懂？所选词汇在日常对话中是否广泛使用？词语是否含糊或者有曲解的可能？

---

1 林德斯，林德斯，厄斯金. 毅伟商学院案例写作 [M]. 赵向阳，黄磊，译. 4 版. 北京：北京师范大学出版社，2011.

（7）控制（Control）。小标题选择是否恰当？段落意思表达是否准确？这些段落在每个小标题下是否被逻辑地组织了起来？

（8）连贯性（Coherence）。段落内及段落间的过渡是否符合逻辑？

（9）惯例（Covention）。案例写作格式是否符合标准？

案例写作不是一次就能完成的，需要反复迭代案例编写过程，对案例不断加工润色，最终才能写出一篇好的案例。

第 7 章
萃取经验与方法

案例的学习价值在于案例开发者在事件中找到可以复制和传播的经验，为案例学习者提供完整的知识体系和参考依据。因此，我们在进行案例开发时，需要识别出经验拥有者的有效做法，并将散状的知识点通过结构化提炼，输出一些值得学习和借鉴的模型、步骤、流程、方法等内容。

7.1 经验萃取的理论思考

经验萃取就是找出案例背后的思维逻辑与方法论，这是案例开发中的关键环节。为了提升案例的学习价值，在此之前，我们有必要了解清楚萃取出什么样的经验才是最有用的。

7.1.1 经验学习者的学习需求

我们知道，在培训项目中，以业务需求为出发点，明确预期培训课程的价值，能够有效促进培训结果向更好的方向发展。因此，不少企业在开展培训项目之前都采取了此类方法。

一家连锁医院曾经请外部导师帮助他们设计培训课程和评估方案。这位导师做的第一件事情就是问公司管理层这个最为重要的问题："你们所认为的成功的培训应该是怎样的？"他们说不确定。导师又换了个问法："你们所说的卓越指的是什么？当你们达到卓越时，如何才能知道呢？"他们的回答是："当我们看到的时候，就会知道了。"导师没有就此停下，而是马上安排与公司里的每一位管理者进行单独的会谈。最终从每位管理者及其事业部那里得到了一系列截然不同的"预期结果"。

总而言之，这家企业对自己的培训项目想要实现何种目标并不清楚。如果培训目标模糊不清，或者大相径庭，导师不会答应为他们设计培训项目。在实际过程中，对于这样的项目，我们也要谨慎为之。清晰地定义和聚焦培训项目的目标和重点，是最终实现培训目标必不可少的第一步。

作为组织培训的一种方式，案例学习也是一样，首先我们要清楚到底要让学习者通过案例学习知道、感受、应用什么内容。对此，教育心理学领域确认了四大学习内容，如图 7-1 所示。

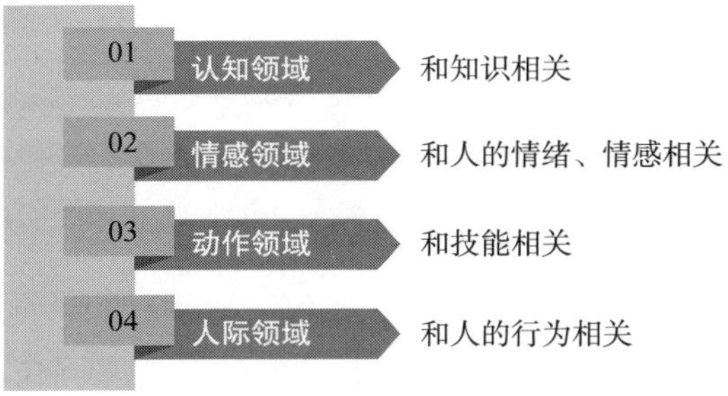

图 7-1　四大学习内容

组织进行经验萃取的目标是让员工学会一系列知识，改变某些情感，应用某些技能，或者改变某些和他人交往的方式，从而达到最终的目标价值。

而在正式或非正式的学习活动中，不同员工的收获是不同的。有些员工可以从课程、工作和生活中学习到看问题的新视角和新的行为方式，而另外一些员工则不行。是否能够满足学习者的需求决定着学习活动效果的好坏。正如康柏电脑公司董事长所说："要让员工心甘情愿地接受一项指令，你必须告诉他，这项指令可以给他带来什么。"

英国航空公司曾遭遇连续两年的大幅亏损。为了让公司尽快摆脱这一糟糕局面，当时新上任的总裁科林·马歇尔对公司进行了认真的考察和分析，并得出结论：服务质量欠佳是导致这一局面的主要原因。对此，马歇尔在公司上下展开了一场以提升服务质量为宗旨的大规模培训行动。

培训固然是好事，但有的员工并不喜欢培训，或是因为工作压力繁重而拒绝培训。针对这种情况，科林·马歇尔采用了以下五方面的措施。

（1）在进行培训之前，尽可能多地向员工提供培训信息，让员工了解培训是为了提升他们的能力和绩效，而不是挑出他们的不足。

（2）让员工了解培训会给他们带来职业生涯等方面的收益。

（3）让员工了解自己在技能方面存在的劣势，并从培训计划中获知培训内容与改善他们自身不足之间的联系。

（4）允许员工根据自己的喜好选择参加培训的方式，并根据大多数员工的实际情况安排培训时间。

（5）在员工日后的工作中，安排一些他们可以应用新技能的机会。

在这些措施实施后，员工的抵触情绪也渐渐发生了改变，慢慢地理解并接受了公司的培训计划，不但积极地参与各项培训，还将培训的成果充分应用到实践当中，短时间内就将公司的服务质量提升了一个档次。不久后，英国航空公司一举成为世界上最受欢迎的航空公司之一。

成年人在对待学习时，会以一种非常务实的态度来问自己：“我为什么要学习这些内容？”他首先考虑的就是这项知识或技能对他有没有帮助，他能否借助学到的知识或技能改进他的工作，或者这项知识或技能对于他长期的职业发展和个人成长能否发挥作用。

2017年，笔者团队帮助铁建重工学院组织开展“铁建好讲师训练营”的培训工作。在铁建重工学院以往开展的培训活动中，很多人以各种理由请假，把工作当成借口，逃避培训，拒绝培训。而对于笔者团队为铁建重工学院打造的岗位经验内化和PPT设计课程，员工们纷纷请假来参加培训。之所以出现这样的现象，是因为这些员工意识到了课程内容是与他们自身工作和能力息息相关的，对他们个人的成长大有帮助，所以大家都积极主动地参与学习活动。

因此，只有让成年人认识到这项知识或技能对他的作用，他才可能调动自身所有的注意力，让大脑处于高速运转的状态，然后全身心地投入其中。而如果他认为这项知识或技能用处不大，那么无论是他的注意力还是学习意愿，都会迅速地下降。这样一来，学习的效果就要大打折扣。

事实上，在学习者进行案例学习前，他的心中是有个经验信息需求清单的，其中包括完成某项任务或解决某个问题的具体方法及其诀窍，应用这些方法时的指导思想，帮助更好地完成经验转化的辅助工具、表单和话术等。

因此，我们认为，经验萃取通常可以分为四个层次：第一是转化层面，能够促进经验转化的配套表单、话术和辅助工具；第二是直接做法，经验拥有者的有效直接做法本身就是可以复制的经验；第三是通用规律，就是将有限的直接做法提炼到一个通用规律的层面，适用于更多的行为模式；第四是思维方法，思维层面的通用规律相比行为层面相对更难领悟，但在有的事件中，它比行为层面的规律更重要。

案例所展示出来的经验只有满足这些条件，学习者才能更直接、简单、有效地接受和理解经验，并实现经验转化。

7.1.2　从具象情境到抽象概括

组织经验能否变成组织的知识资产，在组织内形成有序的传承机制，是人才培养的关键。而从业务场景过程中，萃取出经验方法，是一个不断从具象到抽象的收敛过程，如图 7-2 所示。

图 7-2　组织经验的收敛过程

我们很多人在谈到自己的业务经验时，其实还只是停留在具体情境的描述层面，没有经验的升华过程。任正非曾经说过："大家知道为什么我的水平比你们高吗？就是因为我从每一件事情（成功或失败）中，都能比你们多领悟一点点东西，事情做多了，水平自然就提高了。"这个悟道的过程，也是一个理论收敛、形成方法论的过程。很多人能够举一反三，知识跨界应用做得很好，其实就是因为他们已经形成了自己的底层方法论。就像任正非对经营管理中的某些问题，提出了抽象的解决方法，如基于激活组织的熵减原则。

1854 年，德国物理学家鲁道夫·克劳修斯发现热力学第二定律时，首次提出了熵增定律的概念。他认为：“在一个封闭的系统内，热量总是从高温物体流向低温物体，从有序走向无序，如果没有外界向这个系统输入能量的话，那么熵增的过程是不可逆的，最终会达到熵的最大状态，系统将陷入混沌无序。”简言之，熵增定律是指在一个孤立系统里，如果没有外力做功，其总混乱度（即熵）会不断增大。

因此，熵增定律被认为是有史以来最令人绝望的物理定律，英国化学家阿特金斯曾将它列为“推动宇宙的四大定律”之一。因为宇宙也是一个封闭的系统，而封闭系统总是会趋向于熵增，最终将慢慢达到熵的最大值，出现物理学上的热寂，变得像沙漠一样。

在任正非将熵理论用于企业经营管理中后，他曾多次发表过类似的观点。他说：“封闭系统内部的热量一定是从高温流到低温，水一定从高处流到低处，水流到低处不能再回流，那就是零降雨量，那么这个世界会全部成为超级沙漠，最后生命就会死亡。”

具象情境是萃取经验的最佳线索，有些人抽象思维能力较弱，让他直接总结自己的经验比较困难，但是如果通过一些情境问题的引导，他们就能够将自己的成功经验娓娓道来。

总结来说，案例中的经验呈现主要包括两个方面：一是有理论，明确完成某项任务的原理、指导原则等，使学习者能够“知其然，也知其所以然”；二是有方法，明确完成某项任务的工作步骤和工作流程，提供一个完整的问题解决框架，同时，在步骤流程中说明具体的使用方法、工具和诀窍，以此来降低学习者的探索时间，提高学习效率。

7.1.3 系统化的经验萃取循环

知识的获取源于对经验的升华和理论化。大卫·库伯认为经验学习圈是由四个适应性学习阶段构成的环形结构，包括具体经验、反思性观察、抽象概念化、主动实践，如图 7-3 所示。

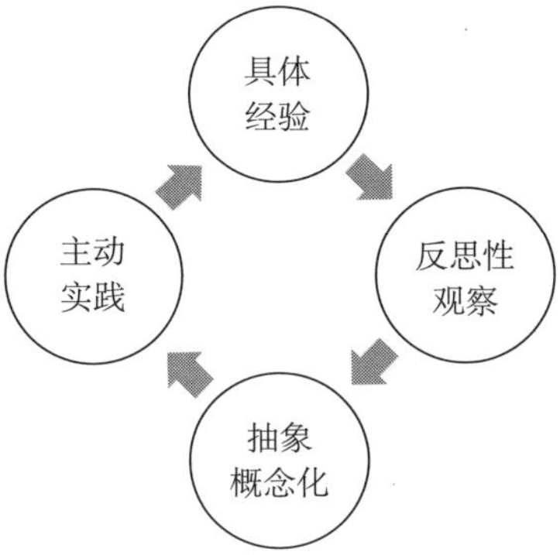

图 7-3　经验学习圈模型

具体经验是让学习者完全投入一种新的体验；反思性观察是学习者在停下的时候对已经历的体验加以思考；抽象概念化是学习者必须达到能理解所观察的内容的程度并且吸收它们使之成为合乎逻辑的概念；到了主动实践阶段，学习者要验证这些概念并将它们运用到制定策略、解决问题之中去。

由经验学习圈模型可知，经验萃取就是还原情境，通过总结情境中的具体做法，得出经验，再经过抽象概括形成可以应用到实际工作中的方法论。在应用过程中，我们又可以获得新的经验，进入新的经验萃取循环。

对组织而言，真正的方法论不仅要把经验整理、总结、提炼，而且还要进一步在实践中检验，确保其可行性。华为今天能够做到每个关键节点都提炼出案例经验，对组织的智力资产进行管理，就是做好了从实践到理论，再从理论到实践的管理建设工作。

在 1996 年引入 IBM 管理咨询之前，华为在组织经验管理上还是比较混乱的。当时的华为一天到晚强调狼性，每个业务员一来就让他去下面打仗，用任正非的原话来说，就是“一帮‘泥腿子’到处抢粮食”。

当时 IBM 的顾问老师为了让每个业务员懂得总结经验，用成功指导成功，要求每个业务员出门带一个方案，回来带一个报告，每周做一个循环。上司在这个过程中，每周要向总部做一次总结汇报。

当时这些业务员就很郁闷，因为他们不擅长写，只擅长说，拿起电话能打一个小时，让他写一页纸却要写一晚上，还牛头不对马嘴。关键是这些跑市场的还都很狂妄，不读书、不看报。

后来，顾问老师只好教了一个笨办法，总结了四个问题让业务员逐一回答。过了一段时间，顾问老师问下面的主管，业务员都写得怎么样，主管说："别提了，你看看他们的报告，我一看就晕了。"业务员填写情况如表 7-1 所示。

表 7-1 业务员填写情况（部分）

序号	问题	回答
1	发生了什么事情	昨天请沈阳一行五人吃了一顿饭，完毕
2	这些事情涉及哪些方面	要了几个菜，其中有小鸡炖蘑菇、猪肉粉条
3	有何机会，有何风险	不详
4	有何对策，有何建议	不详

这跟大家现在认知的华为完全不一样，华为通过很长一段时间的学习和改进，才做到今天这样。所以，用成功检验成功，经验最终形成方法论是需要时间去积淀的，只有形成了总结、实践、再总结的习惯，才能形成一套实用的方法论。

7.2 搭建经验框架，定义经验结构

从案例中总结出经验的步骤首先是确定经验的一级框架，一级框架是经验的基础结构，它的科学性和易用性决定了经验萃取的完整性和准确性。然后在一级框架上完善操作细节和使用技巧，提升经验的实用性。最后配上一些工具表单，并对经验信息进行形象化呈现。

7.2.1 理解案例内容，抓住经验本质

《教父》里有句话影响了很多人："花半秒钟就看透事物本质的人，和花一辈子都看不清事物本质的人，注定是截然不同的命运。"运用抽象思维能力，透过问题现象抓住其本质与规律，这是我们进行经验萃取的基本要求。

【管理研究】现象与本质

百度词条上指出，本质与现象是揭示事物内部联系和外部表现相互关系的一对辩证法的基本范畴。本质是事物的内部联系，是决定事物性质和发展趋向的东西。现象是事物的外部联系，是本质在各方面的外部表现。

本质从整体上规定事物的性质及其基本发展方向，现象从各个不同侧面表现本质；本质由事物内部矛盾构成，是比较单一、稳定、深刻的东西，靠思维才能把握；现象是丰富、多变、表面的东西，用感官即能感知。

案例故事是我们的感性认识，经验总结是理性认识，要实现由感性认识上升到理性认识，透过现象抓住本质，需要案例开发者发挥主观能动性做到以下两个方面。

（1）充分理解案例内容。抓住事物的本质及其规律需要我们从理解现象开始，只有充分理解这些感性材料，才有可能实现由感性认识上升到理性认识。

（2）进行科学思考。采用科学的思维方法对案例内容进行去粗取精、去伪存真、由此及彼、由表及里的思考加工。勤于思考、善于分析，这是透过现象抓住事物的本质和规律的关键。

人们学习经验并不是一个机械的模仿过程，要知其然，还要知其所以然。理解消化经验信息中的内容，通过对动作背后原因的探究推理出相应的通用规律，如图 7-4 所示。

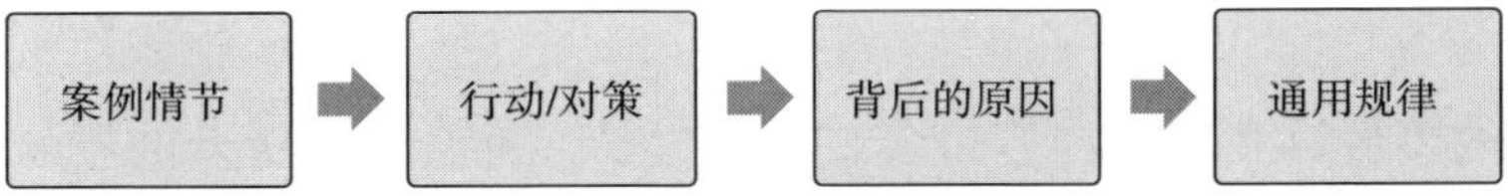

图 7-4　探究案例背后的通用规律

另外，案例开发者在抓住经验本质的同时，还要注意经验信息的长度。人类的记忆容量和信息处理能力都是有限的，大脑注意到特定信息之后，会将其转化为工作（短期）记忆。如果大脑在短时间内接收了过多内容，我们的工作记忆就会超负荷运转，无法有效处理这些内容，这就是“注意力负载”。换句话说，内容过多会导致学习效率下降，如图 7-5 所示。学员由于没有足够的时间处理学到的知识，所以无法掌握深层架构。

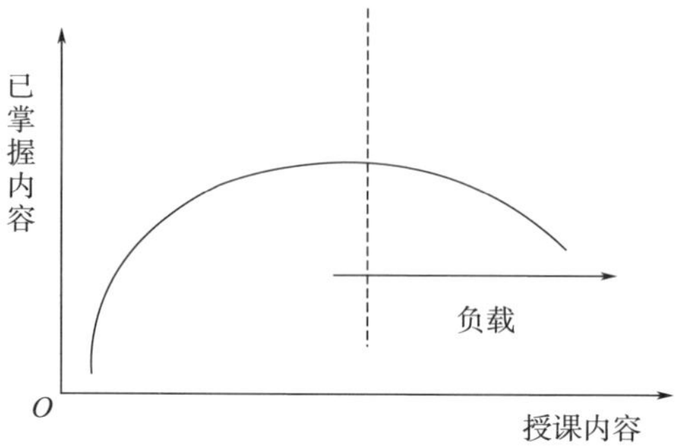

图 7-5 内容负载导致学习效果下降

当学习内容达到一定的负载量时，学习者掌握内容的效果就会开始不断下降。在企业培训中，最常见的错误就是知识点过多，而学习者没有足够的时间把知识点串联起来。我们可以通过一则小故事，明确了解信息量过载造成的不良后果。

著名作家马克·吐温有一次在教堂听牧师演讲，最初他觉得牧师讲得很是让人感动，就准备捐款，并掏出了自己所有的钱。过了 10 分钟，牧师还没有讲完，他就有些不耐烦了，于是他决定只捐一些零钱。又过了 10 分钟，牧师还没讲完，于是他决定一分钱也不捐。到牧师终于结束了长篇的演讲开始募捐时，马克·吐温由于气愤，不仅未捐钱，相反，他还从盘子里拿走了两枚硬币。

这个故事告诉我们，内容过多或时间过长，都会引起听众的不耐烦或逆反心理。因此，在经验萃取中，为避免内容信息过量，造成反作用的情况出现，案例开发者需要选择最有价值的部分进行呈现。

7.2.2 借助通用模型厘清经验结构

厘清经验结构就是对案例主线进行梳理，在明确案例知识框架的基础上，结合相关管理知识和工具，对蕴藏于案例情节中的隐性经验进行萃取、分析和筛选，转化为显性经验，为案例编写提供依据。

在确定经验的一级框架时，我们可以借鉴一些成熟的通用模型。

快消品行业 M 公司在“做好客户分析，有效解决谈判分歧”案例中，使用了 USPER 谈判模型来总结案例经验。USPER 谈判模型如图 7-6 所示。

图 7-6　USPER 谈判模型

理解客户、制定策略、准备充分、进行谈判、谈判总结这五个步骤就是该案例经验的一级框架。

除此之外，还有两种确定经验结构的方法，即时间顺序法和任务要素法。

1. 时间顺序法

通常，我们解决某个问题或是完成某项工作的过程都可以用时间顺序来描述。因此，在进行经验总结时，我们可以通过案例事件所呈现出的时间顺序来确定经验的结构。

例如，某个案例呈现的主要情节内容为：

（1）盘点区域客户，初步筛选合作对象。

（2）首次拜访，探询客户合作意向。

（3）二次拜访，选定合作的经销商。

由此，我们总结出洞察区域客户，选定合作经销商的经验框架为：

（1）实力评估——开展综合实力评估，初步选择合作对象。

（2）客户拜访——进行登门拜访，考察客户意向。

（3）选定对象——匹配合作需求，选定合作对象。

2. 任务要素法

任务要素法就是将某个问题或任务按照一些核心维度来进行划分，如要降低采购投入，我们可以从人、财、物等方面入手。

对快消品行业来说，网上窜货是常有的事。为指导员工有效处理网上窜货问题，快消品M公司撰写了相关案例，其中“顺藤摸瓜处理网上窜货”案例的经验总结分别从网上窜货处理流程、窜货举报信息保密、网上窜货行为监管三个维度展开。

值得注意的是，我们在确定经验结构时，一级框架的要素总和尽量保持在七个以内，且各要素的颗粒度需要保持一致，方便下一步工作的展开。

7.3 挖掘经验细节，避开陷阱

为了指导案例学习者更直接、有效地使用经验，我们需要在经验一级框架下丰富和完善操作细节。

7.3.1 找准关键环节和要点

挖掘经验细节就是找出一级框架下包含的子步骤，每个子步骤需要完成哪些关键动作或者有哪些关键要点。

在上述“做好客户分析，有效解决谈判分歧”案例中，通过各项细节挖掘，最终的经验呈现如下所示。

1. 理解客户

理解客户主要包括两个方面的工作，一是调研客户市场情况，二是梳理客户组织架构，如表7-2所示。

表 7-2　理解客户的工作要点

要点	关键行为
调研客户市场情况	摸排客户门店数量、位置、面积、上货品牌、货品的陈列、单店客户数量、单店销量、销售的其他竞品情况等信息
梳理客户组织架构	收集和分析客户组织架构、各层级领导的个人信息及关注点等

2. 制定策略

在充分了解客户的基本情况后，要梳理价格链制定合作规划，明确返点、任务量、可能提供的辅助支持等目标。制定合作规划时，要系统梳理双方的目标和底线，如表 7-3 所示。

表 7-3　制定策略的注意事项

我方目标	我方底线	客户的目标	客户可能的底线
我必须达到 ...	我最少 / 最多 ...	他的核心需求 ...	他最少 / 最多 ...
我还想要的 ...		他可能想要的 ...	

3. 准备充分

正式谈判开始前，要做好人、事、物各方面的准备工作，如表 7-4 所示。

表 7-4　人、事、物方面的准备工作

要点	关键行为
人	谈判人员层级的准备
事	谈判清单、谈判节奏等的准备
物	谈判工具箱的准备

4. 进行谈判

谈判进行时要把握好开场、谈判中、结束谈判各阶段的谈判要点，如表 7-5 所示。

表 7-5　谈判各阶段的谈判要点

谈判阶段	关键行为
开场阶段	· 用合适的开场白建立信任 · 保持自信，相信公司、相信产品

续表

谈判阶段	关键行为
谈判中	· 认真聆听，捕捉信号 · 做好讨价还价策略，并根据实际情况进行调整 · 收集、验证异议
结束谈判	· 达成协议 · 尽量不让谈判陷入僵局，可以用时间、大人物作为缓冲 · 无法一次完成的谈判，初步约定下次谈判时间

5. 谈判总结

谈判结束后要立即进行谈判总结，如表 7-6 所示。

表 7-6 谈判总结要点

要点	关键行为
复盘谈判过程	系统回顾整个谈判过程，明确亮点和不足之处
总结谈判经验	总结谈判经验，并针对不足之处给出相应的解决措施

将具体的操作细节呈现出来的好处就是，案例学习者可以知道，当遇到类似问题时，自己应该如何灵活应用这些方法和技巧。

7.3.2 识别经验应用中的挑战

通常，我们认为案例开发者在萃取经验时，需要完成三个方面的任务：

（1）界定问题。梳理方法论需要围绕挑战展开，因此我们需要明确要解决的问题是什么，包括具体的任务情境、绩效要求和该情境下完成任务的难点或关键点。

（2）梳理经验。梳理业务专家经验，包括他的行为方式、思维方式等内容。

（3）梳理雷区。梳理雷区就是识别经验应用中的挑战，包括案例学习者可能会犯的错误、思考方式等。

减少应用经验时可能出现的雷区也是经验萃取中的关键环节。著名咨询专家汤姆·彼得常说，越是大生意，越容易犯低级错误。确实是这样，很多人在把握住大的方向以后，往往会忽视对细节的控制，最后犯下致命的失误，就像因为一颗马蹄钉输掉整个战争的法国寓言所要告诉我们的一样。一个小事件可能会引发一连串的连锁反应，最终导致严重的后果。虽然人们常说“人非圣贤，孰能无过”，但错误这种东西，能够避免还是应该避免，毕竟，有些错误轻于鸿毛，有些错误则重于泰山，很容易将一件完美的事情搞砸。

因此，在经验萃取的过程中，我们需要找到案例当事人曾经犯过错误的地方，或者发现对于案例学习者来说可能有困难的地方。这就像读书时代每个人都会记录错题的纠错本，识别经验应用中的障碍可以帮助案例学习者在未来应用经验时减少犯错的概率。

那么，识别经验应用中的挑战有哪些方法呢？一般来说，容易导致案例学习中犯错的方面有三个：易错点、困难点和易忽略点。识别经验应用中的挑战如图 7-7 所示。

1.关注易错点

· 案例学习者在应用经验时可能在哪些关键环节容易出错

2.明确困难点

· 案例学习者在应用经验时可能会遇到哪些困难点

3.发现易忽略点

· 案例学习者在应用经验时有哪些容易忽略的关键动作

图 7-7 识别经验应用中的挑战

7.4 准备经验应用的配套工具

要为案例学习者提供经验应用的辅助工具，这样一来，即便是没有任何工作经验的员工，在学习和理解相关操作之后，也能够按照具体方法来解决问题，从而提升员工学习的精准度，强化学习效果。

7.4.1 提供操作表单

操作表单是我们最常用的一种配套工具，它通常是以表格的形式将“工作标准”展示出来。表格制作起来比较简单，也方便案例学习者使用。

示例1：

近年来，土地在企业间的交易过程中往往因其极大的价值成为交易的重要目标，投资人需要对项目土地有足够的了解，以确定现存和潜在的风险，避免因盲目自信步入“地雷阵”，当“接盘侠”。因此，房地产开发商在正式决定交易前，往往会动用法务、开发、投资等部门进行风险尽职调查。W地产公司在经历因尽调不完善面临各种风险问题的困难期后，从中总结了诸多有利经验。其土地收并购项目风险尽调的工作标准如表7-7所示。

表7-7 土地收并购项目风险尽调的工作标准

维度	操作要求	标准说明
目标土地	了解地块属性	了解土地的权属及它的合法性，包括土地是否有闲置进而产生回收的风险、在某一时期内是否要缴纳滞纳金等。只有了解清楚，才能避免拿“问题”土地
	发现隐形问题	有些问题是比较表明且容易调查的，但是还有些比较隐形的问题更加不能忽视，如复杂的股权结构、债务风险等，这些问题会对最后的交易产生直接的影响
目标公司	全面收集信息	在进行信息收集时，可以从对方合作人、目标公司员工、工商部门等不同群体进行调查，更加客观全面地了解财务、债务、股东、股权等相关信息
	评估投资风险	在前期尽调过程中，法务、投资、设计、开发、财务等部门一并参加，从不同角度对目标公司全方位地分析，确保在投资拿地时更加准确地评估投资风险，避免拿地后造成不可挽回的损失

示例2：

在流程改善工作中，我们设计了流程改善工作检测表，以帮助管理者更清楚地了解工作现状，并作为流程持续改进的依据，如表7-8所示。

表 7-8　流程改善工作检测表

检测内容	检测标准	是否完成
流程现状分析及诊断	分析前，是否从整体上分析流程现状，寻找“病灶”	□是 □否
	发现的流程“病灶”是否真实，且需要及时得到解决	□是 □否
	是否将流程“病灶”汇总，并对其重要性进行分析	□是 □否
	是否深入分析流程“病灶”的深层次原因	□是 □否
流程优化设计与实施	流程优化的对象是否是重要度高且紧急的流程问题	□是 □否
	新流程的设计是否合理，符合流程优化的目的	□是 □否
	新流程投入使用前，是否在企业内部进行讨论，以获得更多流程管理者或一线员工的意见	□是 □否
	新流程实施前，是否做好充分的准备工作，包括切换准备、结构调整和完善考核机制等	□是 □否
流程优化成果巩固	巩固新流程成果前，是否确认新流程满足流程优化项目的目标	□是 □否
	在流程优化目标达成的条件下，是否采取措施巩固流程结果	□是 □否
	巩固流程结果的方法选择是否正确，能够实现巩固成果的目的	□是 □否
	企业的流程优化工作是否实施 E 化，以更好地服务流程优化工作	□是 □否
流程的长效管理	企业是否让流程优化成果标准化，并形成一个持续改善的循环	□是 □否
	企业流程改善组织机构是否完善，包括内部审计部门和提案改善组织的建立，保证流程优化工作的全方位实施	□是 □否
	企业是否建立了流程优化的长效机制，以引导企业的流程优化工作长久地开展下去	□是 □否

案例开发工作者应为学习者提供相应的引导转化支持，操作表单作为指导工具之一，能够简单化地呈现工作标准，确保学习者顺利学到工作方法。

7.4.2　绘制流程指引

我们都知道，流程图有助于流程清晰透明化，流程操作者不需要其他解释就能轻而易举地读懂流程，将它作为员工操作过程中的参照依据，能更好地为企业运作服务。

我们以 TP-LINK478 路由器产品从“烧写 MAC 地址”到“产品装配完成”

的工艺流程为例，说明用5W1H分析法对流程进行诊断的过程。TP-LINK478路由器产品烧写MAC地址流程图的生产流程图如图7-8所示。

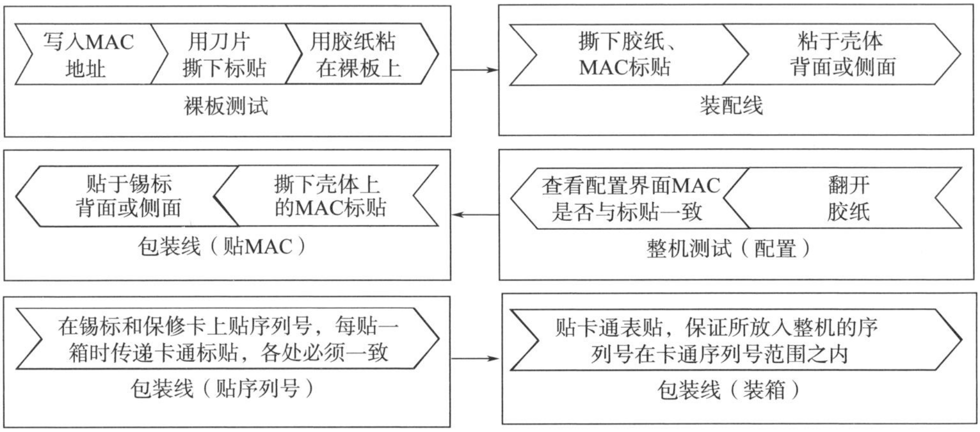

图7-8 烧写MAC地址流程图

如果深入生产流程现场操作进行研究就会发现，作业中极为容易出现以下两种失误。

（1）在装外壳时，没有将地址撕下，而将其装到了壳体里面。

（2）在撕贴过程中，搞错或弄混地址。

下面，我们用5WlH技术对流程进行提问。在原则上，分析人员可针对每道程序开展六项提问，如表7-9所示。

表7-9 5W1H提问表

提问事项	第一步	第二步	第三步
对象	做什么	提问操作的必要性	能不能改变
目的	因何而做	为什么一定要这么做	能不能予以删除
地点	什么地点	提问操作地点的必要性	有没有更好的地点
时间	什么时间	提问操作时间的必要性	有没有更合适的时间
人员	什么人实施	提问操作人的必要性	有没有更合适的人选
方法	如何实施	提问方法的必要性	能不能改进方法和工具

如结合上述案例，则可做以下提问，如表7-10所示。

表 7-10　5W1H 法的工作程序提问

流程提问	问题答案
生产流程中存在什么问题？	外盒上贴的 MAC 地址与软件界面显示的 MAC 地址不对应、MAC 地址写错和标贴丢失
前后段之间为什么有那么多烦琐复杂的程序？	因为生产此型号使用的技术不够成熟，软件不支持通过 LAN 口烧写 MAC 地址
现在的技术水平能不能通过 LAN 口来烧写 MAC 地址？	目前已经有一部分产品实现了通过 LAN 口烧写 MAC 地址，如 TL-D301M
既然有产品通过 LAN 口烧写 MAC 地址，那为什么还在装配前烧写地址？	因为目前采用的流水线，不只生产 TL-R402M 这一种产品，还生产其他产品，但是其他的产品目前还不能实现 LAN 口烧写

在实际分析时，应对以上五个方面按照提问技术逐一进行分析。通过分析，即可发现该生产流程的决策点：如生产部通过 LAN 口烧写地址，即可将“烧写”工作安排在装配工序里完成，从而简化生产流程。

在问题分析之后，我们即可针对问题分析结果，制定决方法，针对性地展开流程优化的设计与实施工作。

案例中的经验呈现也是如此，用流程图直观地描述完成某项工作的具体步骤，能够帮助案例学习者更好地理解和掌握经验内容。

对任何企业来说，最头疼的事情之一莫过于员工们要辞职了，尤其是对公司有突出贡献的核心员工。核心员工是企业竞争优势的源泉，是企业价值的主要创造者，对企业的生存和发展有着深刻的影响。面对一些核心骨干员工的离职申请，我们该怎么去挽留？具体的经验和方法如图 7-9 所示。

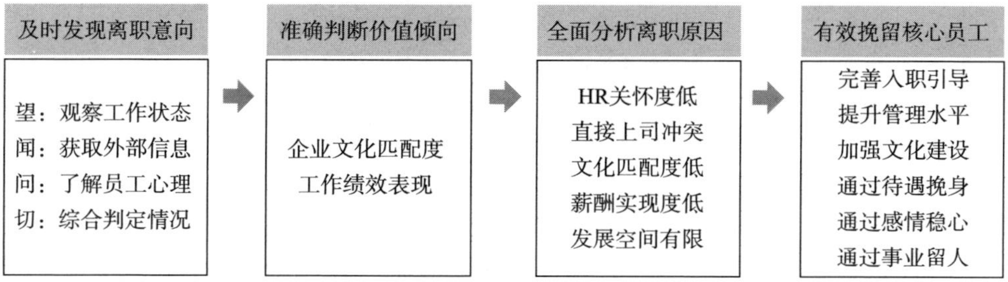

图 7-9　如何挽留核心骨干员工经验分析图解

就像地图一样，流程指引以可视化的形式将工作流程呈现出来，案例学习者按照流程指引就能顺利完成工作。

7.4.3 制作学习卡片

大部分人可能经历过这种情况：将笔记记在本子上不方便进行资料整理，因而制作了一些学习卡片。在经验应用的配套工具中，我们也常常使用学习卡片，它能够随身携带、便于随时提醒和指导学员应用经验。

示例 1：

为了帮助培训工作者熟练运用游戏活动法，我们为培训过程中游戏活动的设计和组织提供了较为明确的流程规则，并制作成了学习卡片，如图 7-10 所示。

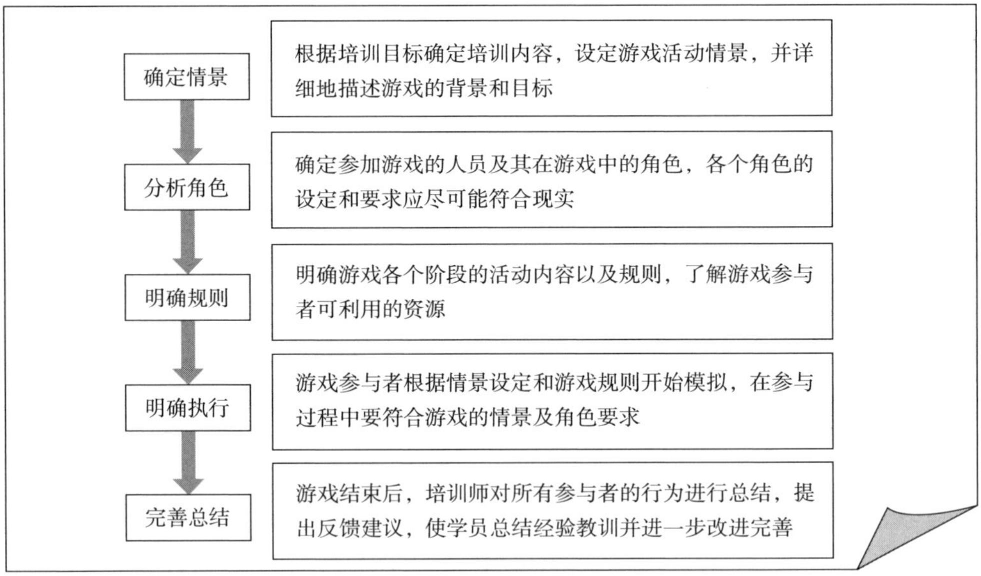

图 7-10　学习卡：游戏活动法在培训中的设计流程

示例 2：

公司经营管理沙盘演练一般有六个操作步骤，我们也将其制作成了学习卡片，如图 7-11 所示。

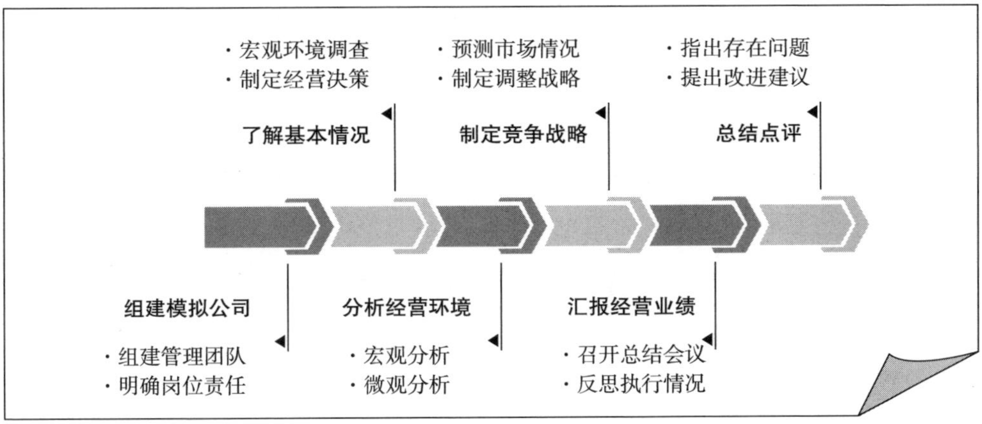

图 7-11　学习卡：公司经营管理沙盘演练的操作步骤

除此之外，很多企业还经常将一些知识点或经典管理理论制作成学习卡片（如图 7-12 所示），以供员工随时进行学习。

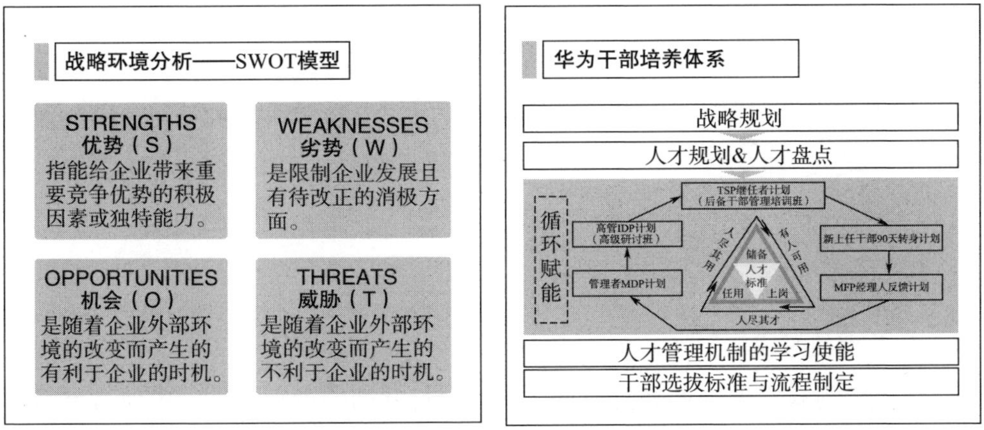

图 7-12　常见的一些学习卡（示例）

一般来说，操作表单、流程指引、学习卡片是我们常用的配套工具。除此之外，案例开发工作者可以根据需要开发出更有效的指导工具。

7.5　形象化呈现经验信息

美国实验心理学家赤瑞特拉（Treicher）做过一个关于人类获取信息来源的

心理实验，他提出：人类获取的信息83%来自视觉，11%来自听觉，3.5%来自嗅觉，1.5%来自触觉，1%来自味觉。由此可见，与枯燥的文字相比，形象化的图形更能促进学习者接受和记住其中的信息。

为了让枯燥难记的经验变得更容易掌握，案例开发者可以借助图形、表格等直观工具将经验图示化、形象化，以指导学习者更快速地获取信息。

7.5.1 将经验要点图示化

经验图示化是将萃取出来的经验要点按照一定的逻辑结构进行排序并将其图形化。这就需要案例开发工作者具备一定的深度思考能力和逻辑思维能力。

一般来说，常见的逻辑顺序包括时间顺序、结构顺序、程度顺序等。据此，我们将经验要点图示化的常用方式包括要点放射式、流程路径式、共同作用式，如图7-13所示。

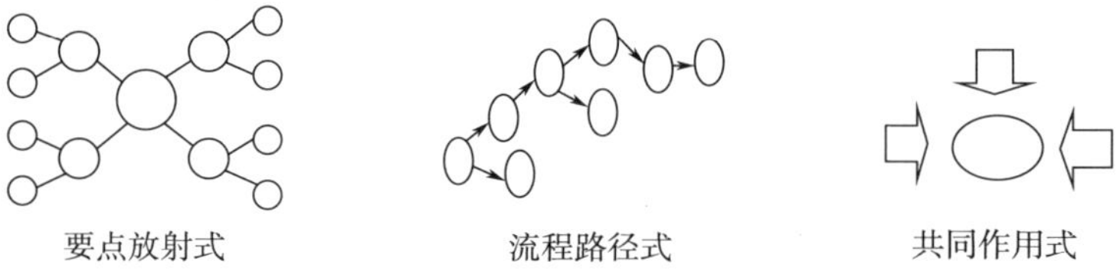

图7-13 将经验进行结构化呈现的四种方式

1. 要点放射式

要点放射式主要强调经验要点之间是平行并列的逻辑关系，各项内容不分前后顺序。

在快消品行业M公司的案例开发项目中，通过对业务专家的经验萃取，我们总结出帮助经销商制定年度发展策略的着力点包括：第一，渠道。对销售渠道进行有效管理，才能确保公司的产品能在最短时间内，以较少的费用，传递到目标区域和消费者手中，渠道管理主要包括渠道扩张和门店覆盖两方面。第二，促销。促销是一种快速开发新客的方式，在一定程度上有利于打开市场，提高产品在特定区域内的知名度，它主要包括广告宣传、活动促销、门店陈列三个方面。第三，服务。好的服务能够带来更多的客户，创造更大的价值，维护好与经销商、门店店员之间关系，才能够保证客户能够体验到好的服务。帮助经销商制定年度发展策略的着力点如图 7-14 所示。

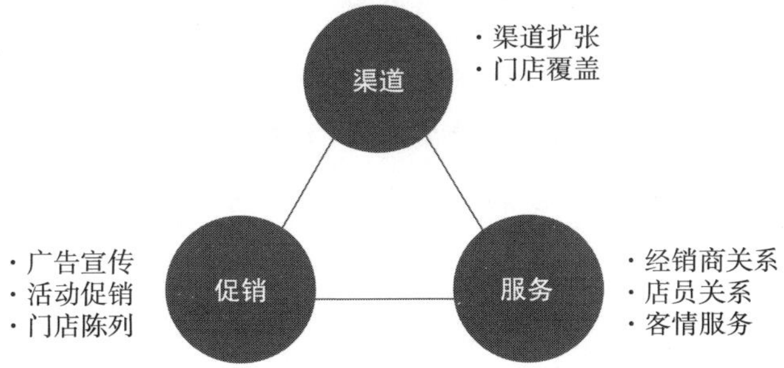

图 7-14 帮助经销商制定年度发展策略的着力点

2. 流程路径式

流程路径式强调各经验要点之间的时间顺序关系，只有在前一个动作完成后，下一个动作才可以开始。

在快消品行业 M 公司的案例开发项目中，通过对业务专家的经验萃取，我们总结出盘点和分析门店生意的方法步骤包括：第一，发现问题。在盘点门店生意时，要对比过往的任务目标和实际完成数据，从中发现经销商存在的问题。第二，分析原因。对掌握的信息进行客观分析，找出问题出现的原因。第三，制定方案。根据问题出现的原因针对性地制定解决方案。盘点和分析门店生意的方法步骤如图 7-15 所示。

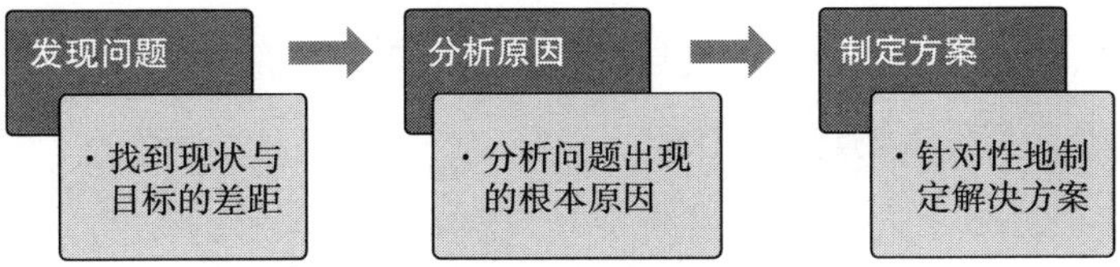

图 7-15 盘点和分析门店生意的方法步骤

3. 共同作用式

共同作用式是指各经验要点之间彼此独立，但又朝着一个共同目标做功的逻辑关系。

在快消品行业M公司的案例开发项目中，通过对业务专家的经验萃取，我们总结出在与经销商发展合作关系时的利益链设计需要做到以下几点：第一，充分考虑需求。利益链设计时要充分考虑经销商、终端的主要关注点和需求，包括熟悉公司的运营模式与利益分配政策，识别客户需求与利益痛点。第二，利于产品销售。利益链设计要以终为始，促进产品更多更快地销售。第三，促进长期合作。利益链设计要符合双赢原则，既要让利经销商，也要保障公司利润，从而推进双方的深化合作。如何进行经销商利益链设计如图7-16所示。

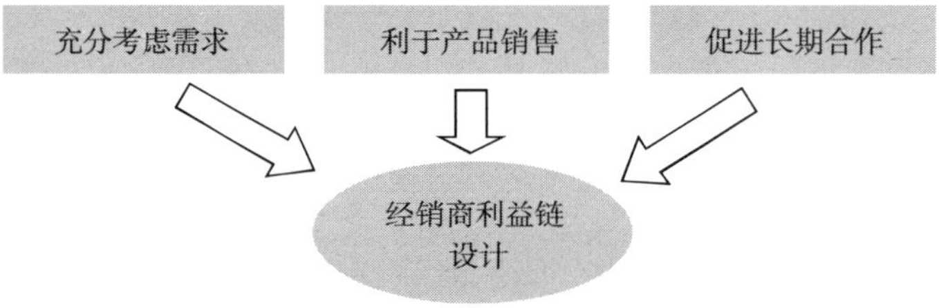

图7-16 经销商利益链设计

除上述三种逻辑方式外，案例开发工作者还可以根据实际情况对经验进行图示化的呈现，更好地展示经验结构。

7.5.2 形象化呈现方法论

成年人因生理原因，记忆能力有所下降，但是成人有较为丰富的人生经历和阅历，对于学习的内容有经验做比较，理解和吸收较快。认知心理学提出了“加工水平理论”：信息编码的方式决定了记忆效果，对一个事物的加工程度越深，就越有助于你对事物进行记忆。

1974年，心理学家鲍尔和卡尔林（Karlin）利用被试人员对人面部照片所呈现的信息的加工，对加工水平与记忆效果之间的关系进行了研究。

在实验中，实验者给被试人员呈现了一系列人的面部照片，然后要求被试人员对每张照片上的人脸做出一定的判断。实验者要求一部分被试人员对照片中的人的魅力进行判断，另一部分被试人员对照片中人的诚实性进行判断，最后还有一部分被试人员只需要判断照片中人的性别。

判断完所有的照片后，实验者让被试人员对照片进行再认测验，检测被试人员对照片的记忆效果。结果实验者发现，对照片进行了魅力或诚实性判断的被试人员的再认成绩高于对照片进行性别判断的被试。

实际上，对照片中人的性别进行判断是比较简单的任务，无须深度加工，而对魅力或诚实性的判断，则需要较深的加工。被试人员在深度加工的过程中加强了记忆，获得了较高的再认成绩。

案例中的实验证实了信息加工程度对记忆的影响。在记忆的过程中，创造条件对信息进行深度加工，可以帮助成年人克服遗忘给学习带来的困扰。

为此，我们可以将经验形象化地呈现出来，帮助学习者实现对学习内容的深度加工，以强化他们的记忆。一般来说，常用的经验形象化方式包括数字组合、心法口诀、颜色标签、英文组合等。

1. 数字组合

数字组合是指用一组数字来对经验要点进行呈现。

由于履行周期长、投资密度高、涉及的风险利益因素比较多，房地产合作开发合同中蕴含着各种风险。从前期投资拿地，到后期开发等，都可能产生各种各样的问题。面对这样复杂的情况，法务人员应熟知合同风险管理，在合同签订的前、中、后期都要有一个完整并且全面的考虑。新力地产的业务专家通过经验萃取，总结出了合同风险管理的“331”原则，即“三清晰”“三注意”“一沟通”，具体如表 7-11 所示。

表 7-11 合同风险管理的“331”原则

阶段	操作要求	标准说明
合同签订前期	对方履约能力要清晰	合作方的履约能力、信用度是否值得信赖，能否支撑其完成合同有效期限内的履约行为
	土地使用状况要清晰	明确国土部门的权属、规划部门的规划条件、控规、容积率，了解土地是否存在待拆迁、是否处于已开发的状态等
	项目问题难点要清晰	对项目难点及自身解决问题的能力进行充分预判，不能把所有解决问题的希望都寄托于合作方

续表

阶段	操作要求	标准说明
合同签订中期	土地购买模式要注意	土地价格不采取总价包干模式，而是采取单价的模式，计价面积最好以工规证确定的最终计容总面积为准
	项目付款前提要注意	所有付款都应以对方完成前置义务为条件，否则易造成在对方未完成合同义务的情形下，我方不支付合同款反而也存在违约的情况
	提供发票条款要注意	提供发票条款为必要条款，具体发票金额要明确，开具发票要确定时间
合同签订后期	及时沟通，充分协商	与合作方进行充分沟通，对未解决的问题充分协商，必要时签订补充协议

2. 心法口诀

心法口诀是将经验提炼成一段朗朗上口的文字，以便于案例学习者的理解和记忆。如乘法口诀在小时候学过，长大后依然能够轻松背出。

快消品行业M公司的业务专家，通过经验萃取，总结出做好招商工作需要做到：腿勤、眼勤、口勤。腿勤就是多走访，通过市场走访，了解区域市场上客户门店的经营情况；眼勤就是多观察，洞悉每一个细节，通过细节发现问题和发现机会；口勤就是多沟通，带着问题，多与客户、店员、同行沟通，通过沟通洞悉事物的本质。

3. 颜色标签

颜色标签式指用不同的颜色代表不同的内容。如六顶思考帽，就是用六种颜色代表六种不同的思维模式。

白色思考帽：白色是中立而客观的，强调人们更关注客观事实和数据。

绿色思考帽：绿色意味着生机盎然、创意思考，强调创造性思考、想象力、求异思维等。

黄色思考帽：黄色代表积极正向，强调从正面考虑问题，表达乐观的、满怀希望的、建设性的观点。

黑色思考帽：黑色意味着谨慎小心，强调运用否定、怀疑、质疑的看法，发表负面的意见，找出逻辑上的错误。

红色思考帽：红色代表情感色彩，强调表达直觉、感受、预感等方面的看法。

蓝色思考帽：负责控制各种思考帽的使用顺序，规划和管理整个思考过程，并负责做出结论。

4. 英文组合

英文组合是指用一组英文字母 / 单词来表示经验要点，如 PDCA 循环（戴明环）、ADDIE 模型。

ADDIE 模型五个字母分别表示：

Analysis——分析。对所要达到的行为目标、任务、受众、环境、绩效目标等进行一系列的分析。

Design——设计。对将要进行的教学活动进行设计。

Development——开发。针对已经设计好的框架、评估手段等，进行相应的内容撰写、页面设计、测试等。

Implement——实施。对已经开发的课程进行教学实施，同时进行实施支持。

Evaluation——评估。对已经完成的教学课程及受众学习效果进行评估。

以上几种形象化呈现经验的方式把学习者的各个感官调动起来，不仅让学习者印象深刻，也增加了一些学习乐趣。

第 8 章
案例教学设计

企业以工作场景为导向开展案例教学，让员工对学习有了更多自我思考和认识，能够帮助他们将这些知识快速融入工作实践中。当然，要想充分发挥案例教学应有的效果，就需要培训工作者事先进行精心的准备和设计，也需要所有学习者的积极参与。

8.1 将案例应用于培训教学

目前，越来越多的机构和企业都在大力推行案例教学法。追溯案例教学的起源，是哈佛商学院在20世纪开始推行的一项教改项目——邀请企业高级经理进课堂，向学生讲述他们的经历、经验和遇到的问题，并要求学生写出分析和解决问题的建议。

8.1.1 用以致学，学以致用

案例学习需要实现“从业务中来，到业务中去”，这就要求员工用以致学，再学以致用，如图8-1所示。“用”是指找到解决工作中遇到的问题的成功经验和失败教训，“学”是指以成功经验和失败教训来指导工作开展。

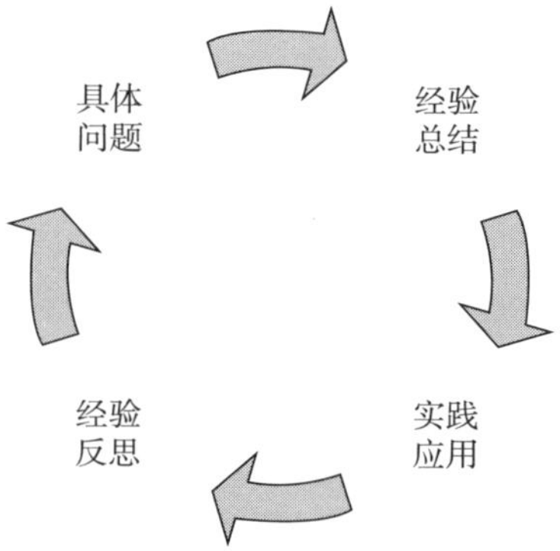

图8-1 用以致学，学以致用

对企业而言，选择恰当的教学方式以保证和提高培训质量显得尤为重要。如今看来，案例教学已经成为人才培训中最受学员欢迎的教学形式之一。

为了总结和传承华润管理思想和管理经验，强化华润的知识管理体系，华润大学在其“管理之道”“业务之道”系列课程中大量使用案例教学法，这也成为华润大学办学的主要特色之一。

华润大学在编写案例时，首先会选择最具代表性的事件或场景作为案例主题，然后根据案例主题深度采访，获得相关的各类关键信息，同时还会收集相关的文件、会议纪要等第一手资料。接着，根据收集到的素材进行整理和分析，确定案例价值和方法论，撰写案例和教学手册等课程资料。待准备好课程材料后，会进行教学活动设计，明确学员任务和教学安排。在课堂上，学员需要完成个人学习和小组研讨，并在老师的引导下进行班级讨论。最后，在课程结束之前，案例当事人还会现场复述案例过程，分享感受。

华润大学在关键人才培养的重点项目中大量应用案例教学课程，同时还借助 App 和微信平台大力宣传和推广案例教学，在集团内部取得了良好的反响。

案例教学法是在学员掌握了有关基本知识和分析技术的基础上，在培训师的精心策划和指导下，根据教学目的和教学内容的要求，选择具有代表意义的典型案例进行开发和设计，对案例中的管理行为进行具体分析、解剖，进一步提高其识别、分析和解决某一具体问题的能力，同时培养正确的管理理念、工作作风、沟通能力和协作精神的教学方式。

由此看来，案例教学法的作用包括三个方面：

（1）传授知识。案例是传授知识的有效载体，学员能够从案例中发现并总结规律性的经验或知识。在教学过程中，学员可以自由探寻案例中蕴藏的规律，形成具有指导意义的经验、知识，乃至上升为一种理论观点。

（2）提升能力。案例教学不仅能够向学员传授知识和相关经验，更重要的是能在分析和讨论案例的过程中，提升学员多方面的能力，包括分析和解决问题的能力、学习能力、系统思考能力、管理能力、创新能力及沟通能力等。

（3）更新理念。在更深层次上，案例让学员积累经验，为学员经济而有效地提供认识和分析管理问题的机会，进而促成了思维观念的更新，使学员在案例启发下建立新的思维模式。

8.1.2 认识案例教学及其流程

和传统的教学方式不一样的是，案例教学基于一定的教学目的，将现实中的案例典型化处理后提供给学生进行研讨，在讨论的过程中提高学生的认识问题、分析问题、解决问题能力。案例教学具有下面几个明显的特点，如图 8-2 所示。

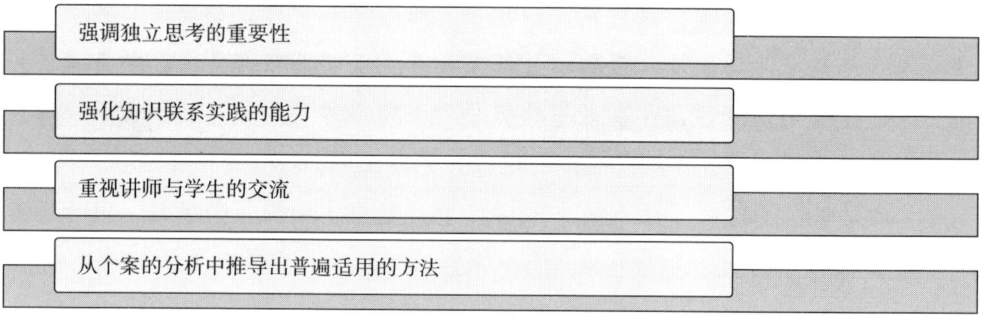

图 8-2　案例教学的特点

1. 强调独立思考的重要性

传统的教学模式为讲师提供一个既定的知识点，讲述给学生之后，学生照做即可。但问题在于，对于无法理解、甚至无法接受的知识，学生在现实生活中无法实践。这种破坏学生积极性的教学模式不仅无用，而且乏味无趣。

在案例教学中，讲师不会直接告诉学生应该怎样去做，而是通过讨论等方式，让学生独立思考、自己去摸索真理。这种学习模式可以充分调动学生的学习积极性，使得枯燥无味的课堂学习变得有趣，同时加深学生对知识的理解。

松下幸之助作为松下电器的创始人，特别重视独立思考的重要性。他曾说："发挥无形资本（时间、精力、抱负、思考），辅助有形资本（资金、人力、原料、社会关系），为前人所未曾为，做今人所不敢做的事业。"

2. 强化知识联系实践的能力

学习的目的不在于学到知识，而在于将知识应用于实践。管理也是一样，培训的目的是为了培养更多的实践人才，而不是空想。案例教学中，学生通过理解知识，强化将知识转为实践的能力。这种方式不仅提高了员工能力，还能让企业间接受益。

2000 年年初，华为邀请 IBM 资深顾问为其进行引导和案例教学。在付出 20 多亿元人民币的代价下，尽管研发高层集体出走，但华为组织和狼性团队的能力逐渐建立了起来，成功化解了互联网的冲击。

3. 重视讲师与学生的交流

传统的教学模式中，基本由讲师讲授，学生听，而学生听懂多少，学到多少却是个未知数。在案例教学中，学生首先要理解讲师提供的案例，然后才可以在课堂上进行讨论分析。这一系列动作都是主动进行的，讲师扮演的是引导者角色。在这种双向交流下，学生的自主学习能力得到了提升。

4. 从个案的分析中推导出普遍适用的方法

案例教学中，给学生提供的是基于实际情况的具体案例，是一个个案。但在教学引导下，通过学生的主动分析和讲师的后期指导，将会从个案的分析中推导出适用性更高的方法，从而投入实践、解决问题。

除上述几点之外，案例教学还有全员参与、行而知之、求同存异等特点。不难看出，案例教学法并不是讲师在课堂教学中为说明一定的理论或概念进行的举例分析，而是一种开放式、互动式的教学方式，所有人都能平等地参与进来，阐述自己的意见。只有更好地了解案例教学法，识别其优缺点，才能更合理地运用它。案例教学法的优缺点如表 8-1 所示。

表 8-1　案例教学法的优缺点

维度		具体内容
优点	参与性强	学员参与性强，变学员被动接受为主动参与，且易使学员养成向他人学习的习惯
	实用性强	将学员解决问题能力的提高融入知识传授中，有利于使学员参与企业实际问题的解决
	方式灵活	教学方式生动具体，直观易学
缺点	准备需时长	编制一个好的案例，至少需要两三个月的时间
	参与要求高	对培训师和学员的要求都比较高

了解清楚案例教学法的优点和缺点后，培训工作者可以根据场景特点和培训需求，确定案例教学法的可行性。通常来说，案例教学法的实施流程包括准

备案例、讲解讨论案例和总结案例，如图 8-3 所示。

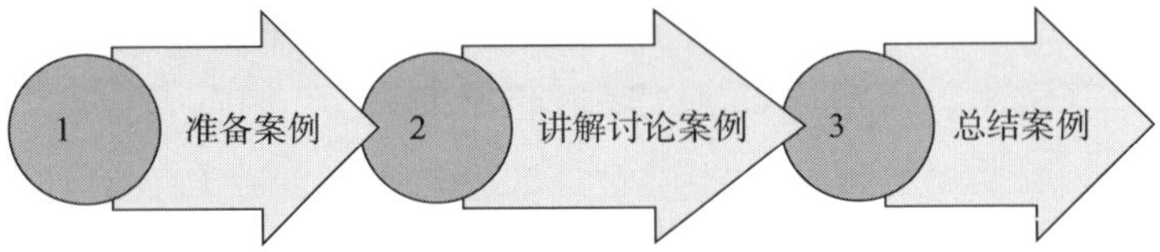

图 8-3 案例教学法的实施流程

（1）准备案例。为了保证选择的案例既有典型性又贴近生活实际，我们需要经常深入一线收集素材，不断更新案例。在案例教学中，学员是主体，培训师在课前将准备好的案例告知学员，让学员了解案例内容，并要求学员查找一些必要的资料，做好发言准备。

（2）讲解讨论案例。讨论案例是案例教学过程的中心环节，培训师应设法调动学员的主动性，引导学员紧紧围绕案例展开讨论，讨论方式可以集体讨论或者分组讨论。

（3）总结案例。在学员对案例进行分析、讨论、得出结论之后，培训师要进行归纳总结，做出恰如其分的评价。针对案例中的主要问题做出强调，使学员加深对知识点的把握。对学员讨论中不够深入、不够确切的地方，进行重点讲解。同时培训师还要特别提出，通过案例分析讨论，学员应吸取什么样的经验教训。

8.1.3 案例教学的实际应用

案例教学法有一个基本的假设前提，即学员能够通过对这些过程的研究与发现来进行学习，在必要的时候回忆出并应用这些知识和技能。案例教学法非常适合于开发分析、综合及评估能力等高级智力技能。实践中，采用案例教学时，对案例的选择、准备的时间、现场的实施都有较高的要求。

（1）在培训教学前几天要准备好案例，方便学员提前熟悉。

（2）向培训对象提供的案例应该是真实的，不能随意捏造。

（3）所选案例要紧扣培训内容，培训对象则组成小组来完成对案例的分析，使学员加深对所学理论知识的理解并加强运用理论知识解决实际问题的能力，因此，所选案例必须是针对课程内容的。

（4）讨论结束后，根据讨论结果，由培训师对培训对象进行引导分析，最后达成共识。

虽然案例教学在实际操作中有一定的要求和难度，但是案例教学法还是被广泛地应用于企业培训或企业经营中。

2014 年，曾经有员工在《华为人报》上发表了《探秘——华为大学“高研班”》一文，文中回忆了作者在华为大学为期九天“高研班”培训的全过程。首先是组建团队、磨炼意志的 15 千米徒步活动。尽管很多学员平时都不怎么运动，但全部都坚持参加了。徒步活动完成并一起吃了午餐后，学员们又进行了团队拓展活动“风雨人生路”，传递的是团结互助、互相信任和坚持。

接下来就是在华为大学的教室进入重点学习阶段。完全以学员为主体，自主学习，没有老师，采用案例式教学，围绕公司的管理纲要，采取理论自学、小组研讨、案例演讲、大辩论、高层领导引导交流等多种形式，产生思想碰撞启发，最大限度地促进学员掌握公司管理精髓。

在学习最后，学员要撰写至少一篇真实发生的案例，强化对理论学习的现实分析与应用，并在内部公示，接受全体员工的监督，防止造假，还会在内部网络中进行讨论，触发深度管理反思。

华为中研部还采用开放式讲座、研讨会、座谈会等方式进行案例式教学。

任正非对中研部的案例教学专门讲过话，他说：“案例教学不要怕‘刺刀见红’，这个案例说这样不行，那个案例说那样不行，案例是从实践中产生的，而实践则是最好的老师。我们自身的经历都是案例教学的好素材，这些案例将来还会被好的大学拿去作教材。”

在任正非看来，哈佛大学的 MBA 之所以出名，就是因为他们的案例教学办得很好。在哈佛大学，所有人都可以对案例进行深入的讨论，很难形成定论，但通过讨论案例相互启发了思维。这就是案例教学的意义。

早在2010年，华为著名的“马电事件”让所有华为人为之警醒。事后，华为大学教学学院研究与发展部将“马电事件”进行了改编，拍摄成一部微电影《为者·夜山》。这可以说是华为内部的一大创举，因为一般来说，案例教学多以文字资料或者文图结合的方式呈现。用电影的方式呈现案例，并进行案例教学，可谓是一次积极有益的尝试。

在案例教学中，华为也坚持从实践中来，到实践中去，强调学以致用。任正非要求，案例教学内容要根据实际业务需要进行“裁剪”，要坚持实战实用的案例式教学，为前方的生产服务。

在案例教学中，除了案例本身外，如何完成授课也是一个全新的挑战。由于教学型案例需要授课老师与学生进行更多互动，引导他们积极思考，这也对授课老师的个人能力提出了更多的要求。在案例教学的过程中，授课老师需要进行自身角色的调适，扮演好如下角色，如图8-4所示。

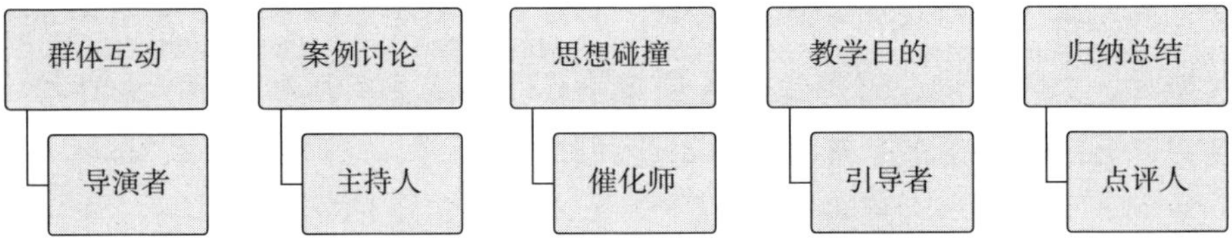

图8-4 案例教学中授课老师的角色调整

（1）群体互动的导演者。授课老师作为课堂活动的总导演者，在进行课堂教学及时间分配时要控制好节奏。既要让学生充分参与讨论，又不能浪费时间。当学生遇到棘手的问题时，老师要出面进行引导；当讨论偏离主题时，老师要及时将其拉回正轨。要掌控住整个局面，做好群体互动的导演者。

（2）案例讨论的主持人。授课老师的任务是在授课的过程中让学生尽可能地讨论、思考，得出结论，做出判断，而不是像传统教学方式中的那样做一个发言者。要尽可能地让自己成为一个旁观者，就像活动主持人一样，只负责串场，并在关键节点进行调控和把握。

（3）思想碰撞的催化师。当学生的观点发表完毕之后，老师的任务是将其核心观点进行总结归纳，方便学生们相互之间进行辩论、思想碰撞。

（4）教学目的的引导者。是否实现了教学目的是教学成果好坏的评判标准，能否实现教学目的的关键在于课堂上的讨论重点是否围绕教学目的展开，而老师就是这场讨论的引导者。当讨论冷场时，老师应及时补充知识点或者进行点拨，保证讨论继续进行；当讨论偏离主题时，老师应把讨论方向拉回正轨。

（5）归纳总结的点评人。在学生讨论完之后或者课程结束之后，授课老师应对其进行总结归纳。这个过程中要注意两个问题：评价重点不在讨论结果上，而在讨论过程中，要指出讨论整体的优点和缺点。第二，在总结时，没有严格意义上的对与错，即使是老师，也不要轻易下结论。

案例教学的授课老师既是内容专家，又要掌握教学引导技巧，甚至要有高质量的点评与反馈能力以确保学员收获更多。基于教学不确定性强、学习中质疑与反思的应用，案例教学对老师的教学过程管理和应变能力要求也要高于传统课程。因此，一般来说，专业经验丰富、具备一定内训技能的业务领导堪当首选，其专业和职位领域的权威，可以保障较好的教学成果。

8.2 改写教学型案例

第6章中阐述了如何撰写一篇结构完整、逻辑清晰的案例。事实上，我们将这类案例称为阅读型案例，它完整地描述了整个事件的背景、问题与冲突、解决办法、经验教训等，案例学习者通过阅读案例即可完成学习。而用于课堂培训的案例与描述型的案例结构稍有区别，我们称之为教学型案例。

8.2.1 什么是教学型案例

教学型案例是对一个实际情境或事件的描述，只提出问题，不给标准答案，由学习者共同研讨出解决问题的方法论。它和阅读型案例的共同点是都会详细描述问题或冲突点，引发学习者的思考和讨论，区别在于教学型案例需要学习者自己进行探讨，得出结论，而阅读型案例直接提供了可借鉴的现成方法。

一个完整的教学型案例包括两个部分的内容：第一，描述案例。和阅读型案例的前半部分一样，会交代故事发生的背景、起因、冲突点和难点。由于教学型案例不给标准答案，因此，描述“分析与解决过程”的内容就可以省略掉。第二，抛出问题。教学型案例需要向学习者提出相关问题，以供他们进行开放式的讨论，从而得出解决问题的一套方法论。教学型案例与阅读型案例的包含要素如表 8-5 所示。

表 8-5 案例正文的包含要素

案例类型	教学型案例	阅读型案例
引文	事件导火索	
背景信息	公司背景、人物介绍、产品信息、行业背景等信息	
事件过程	事件演变的过程	
问题或冲突	具体问题症结或现象描述	
解决方案	/	真实解决方案的描述
结尾提问	如果你是 ××，你会怎么做?	/
附件	与案例相关的其他背景资料	

8.2.2 教学型案例的撰写要点

教学型案例的好处在于能够最大限度地激发学习者的学习热情，通过研讨共创，锻炼自己的思维能力，同时也得到更完备的问题解决方案。

以下为教学型案例样本。

从考核到管理：部门绩效指标由虚到实的转变

2018 年 6 月 8 日的上午，外面正下着大雨，景丽长沙公司办公室里有几分凉意，刚刚走马上任的人资总监黄文翻阅着两份绩效评定表。一份是集团人力资源部对长沙公司 5 月份的组织绩效评定，另一份是景丽长沙人力资源部的绩效主管曲文湘刚做完的长沙公司 5 月份的员工绩效评定表，两种结果令他吃了一惊。景丽长沙人力资源部的这份表格上显示大部分员工的绩效评分都是 80 分以上，而集团人力资源部对长沙公司的绩效评价却是不及格的。

“这两者为什么会有如此大的差别呢？部门绩效和公司绩效怎么脱节这么严重呢？”黄文眉头紧锁，揉了揉太阳穴，心情有些沉重。

景丽长沙公司才成立一年多的时间，各项规章制度还在优化建设中。再加上由于各种各样的原因，管理人员换了一批又一批，团队也还在互相磨合中。

黄文也是刚来景丽长沙公司不久，对于这里的情况不是很了解。刚来公司时的满腔热血好像被泼了盆冷水一样，一个又一个的问题跳上他的心头：如何解决部门绩效和公司绩效的脱节？怎样才能让绩效考核成为真正的管理工具？这些迫在眉睫的问题已经成了黄文肩头上的一副重担，设法化解这个困局，是他接下来要做的事情。

黄文决定找各部门长沟通这个问题。他首先找到了品质总监向开连。

"向总，我认为咱们各部门现在绩效指标的设定可能有些不太合理的地方。"黄文委婉地说出了他的想法。

"怎么了，有什么问题？"向开连还不太明白黄文到底想表达什么。

"你看，这是我昨天收到的文件。很多员工绩效评分都很高，包括品质部，有人的绩效评分甚至是 100 分，但是我们长沙公司在集团那里的绩效结果很差，这说明我们部门绩效考核指标不太准确。"说着，黄文一边打开文件，一边解释道。

向开连看了好一会儿后，还是不太明白，笑着说道："这有什么，我们品质部的人做得好，所以才给他们打高分啊。上次集团检查，紫水湾项目排第一，这不就是我们品质部花了时间去做出来的结果吗？"

"长沙新开项目本来就没几个，工程量少，拿第一也是情理之中的吧！"

"那我不管，结果好就可以了，管它事多事少呢！"说完，向开连收起了脸上的笑容。

双方各持己见，一时气氛有点僵硬。

"一次好的结果不能代表每次都能取得好的结果。所以我们要强化指标设计，保障每一次的工作都能取得好的结果。绩效管理是为了激励大家做得更好，而不只是单纯地考核大家。我也不是在针对你，只是想好好沟通一下这个问题，希望您带个头。"黄文耐心地解释道。

"说实话，我是一直觉得结果比较重要，可能你说的那些过程指标没有太在意过。"向开连的情绪也逐渐缓和。

"以前这方面可能人力资源部门和业务部门的沟通不够，大家没有达成共识。我们还是应该好好改进一下这些方面。"

"你有什么好的解决方法呢？"向开连抛出了自己的问题。

冲突点和难点

（1）业务部门负责人对于绩效管理的理解都还停留在比较浅的层次，如何让他们就绩效管理的作用达成共识？

（2）绩效主管曲文湘需要协助各部门制定更有效的绩效考核指标，该从哪些方面入手？

问题

（1）如果您是人资总监黄文，您会怎么做？

（2）如果您是绩效主管曲文湘，您会怎么做？

（3）如果您是品质总监向开连，您会怎么做？

案例开发工作者可按照上述模板，将阅读型案例改写成教学型案例，或直接撰写教学型案例，用于课堂教学。

在撰写教学型案例时，我们需要关注两个方面：一是要有明显的冲突。教学型案例是放在课堂上讨论的，只有冲突明显，才能展开案例讨论。因此，我们在实事求是的基础上，要力图实现情节的戏剧化，着力展现冲突积累、矛盾迸发的过程，增强案例的可读性和故事性。二是问题不宜过多。在课堂上，学员进行讨论的时间有限，如果问题过多，讨论也容易发散，难以实现深度思考，最终影响解决方案的质量。

其中，在设置思考题时，我们一般有两种设问方式：第一，情境式设问，采用“如果你是……”的句式，使案例学习者进入案例情境，以决策者的思维思考问题。第二，启发式设问，从案例情节出发，询问其背后的原因及后果，引导案例学习者完成由具体问题到通用知识的归纳过程。设置思考题可以帮助案例学习者快速聚焦案例问题，在理解、思考案例情节的同时，主动补充相应的知识。

8.3 案例教学内容设计

由于案例教学过程存在较大的不确定性，授课老师要根据学员的反应随时做出调整，灵活性较高，因此案例教学授课前需要进行大量准备，这时高水平的教学设计就显得尤为重要，包括制订教学计划、开发教学笔记、制作教学课件等。

8.3.1　制订明确的教学计划

课前明确教学设计，包括案例教学的目标及每一个时段需要讲解的内容或开展的活动，如表 8-2 所示。

表 8-2　案例教学设计模板

<table>
<tr><td>案例名</td><td colspan="5"></td></tr>
<tr><td>案例概述</td><td colspan="5"></td></tr>
<tr><td colspan="6">教学目标：
1.
2.
3.</td></tr>
<tr><td colspan="6">目标学员：</td></tr>
<tr><td colspan="6">教学活动计划</td></tr>
<tr><th colspan="2">教学活动</th><th colspan="2">教学活动简介</th><th>时间分配（分钟）</th><th>备注</th></tr>
<tr><td colspan="2"></td><td colspan="2"></td><td></td><td></td></tr>
<tr><td colspan="2"></td><td colspan="2"></td><td></td><td></td></tr>
<tr><td colspan="2"></td><td colspan="2"></td><td></td><td></td></tr>
<tr><th colspan="3">讨论问题</th><th colspan="2">问题对应知识点</th><th>讨论形式</th></tr>
<tr><td colspan="3">1.</td><td colspan="2"></td><td></td></tr>
<tr><td colspan="3">2.</td><td colspan="2"></td><td></td></tr>
<tr><td colspan="3">3.</td><td colspan="2"></td><td></td></tr>
<tr><td colspan="6">参考资料：</td></tr>
<tr><td colspan="6">延伸阅读：</td></tr>
</table>

教学计划是关于课程的整体安排，具体内容包括：采用的教学活动有哪些，具体分配时间如何；提问的顺序是什么；讨论形式有哪些，预期的讨论方向是什么，如何应对预期外的讨论方向；可以为学员提供什么分析工具等。如

果有其他参考资料和延伸阅读的内容，授课老师可以提前做好相应的准备，在课前发给学员。

在教学活动设计时，可以按照四步教学程序——“启承展合”来进行设计。如表 8-3 所示。

表 8-3 教学活动设计的四部教学程序

教学程序		具体内涵
启	单元开场	利用好学员注意力的第一个高峰期，引发学习者对培训内容的兴趣
承	承上启下	交代本知识点与其他知识点的逻辑关系，使学员将自己的认知结构与课程的认知结构及时对接，便于构建知识体系
展	展开学习过程	根据体验式学习原理，采取体验、反思、理论化和行动练习等教学方式来开展教学活动，从而激发学员的学习兴趣
合	回顾学习内容	在某个知识点、某个单元结束时及时强化学习者的理解、记忆和应用

8.3.2 详细开发教学笔记

明确了教学程序后，授课老师就可以结合教学内容，开发较为详细的教学笔记了。教学笔记是授课老师进行现场教学的辅助工具。在编写教学笔记时，我们要注意的是，如果授课老师不是案例作者，则需要案例作者与授课老师共同编写教学笔记的核心部分，以保证案例在符合教学逻辑的情况下保留原始案例的精华。

撰写教学笔记是一件复杂的工作，为了保证案例教学的有效性，撰写高水平的教学笔记需要注意以下几个方面，如表 8-4 所示。

表 8-4 撰写教学笔记需要注意的内容

维度	具体要求
笔记简介	对案例进行简单的介绍，可以自行总结或者直接引用案例的开头作为教学笔记的开始
问题设计	设置思考题，指明案例的主要思考方向和需要解决的突出矛盾问题
案例分析	教学笔记中的重点，这部分提供了所讲述案例的答案和分析
附加观点	案例分析没有标准统一的答案，附加观点是扩大讨论、拓宽视野的准备，但是这部分讨论不需要过于深入
教学建议	教学建议的内容比较宽泛，包括阅读方式、计算方法等

以下为第 6 章中案例范文《上下上下同欲者胜：回款压力要从源头抓起》的教学笔记。

《上下上下同欲者胜：回款压力要从源头抓起》教学笔记

姓名	周丽莉	工号	/
部门 / 岗位	销售管理部	职务	售后经理
案例性质	失败案例	时长	1 小时
对象	置业顾问		
案例用途	按揭资料的收集		
学习目标	置业顾问如何快速移交客户按揭资料		
案例主题	回款压力要从源头抓起		

一、案例概述

2018 年年初，A 公司玲珑湾项目首开，客户签约时售后专员要求销售员配合客户交齐资料后才能签约，但客户签约时仍未带齐资料，销售员要求售后专员先配合签约，不齐的资料后期再补充。回款任务为重，售后与销售工作配合上产生分歧，而营销态度明确先顾签约，后顾回款，导致售后专员承受不了回款的压力，产生离职意向。经过几番沟通未能扭转局势，销售回款工作推进艰难。

二、思考题

1. 销售员为什么收不齐按揭资料?

2. 销售员如何快速收齐资料?

三、案例分析与总结

问题 1：销售员为什么收不齐按揭资料?

第一，意识问题：①营销考核以签约为重，回款为次，绩效权重占比问题直接影响销售员回款意识；②销售员以销售为主，回款为辅，未以资金回笼为宗旨。

第二，习惯问题：①受营销管理者管理绩效考核趋向的影响；②形成恶性习惯很容易，但形成良性习惯是需要自我约束的，相对于如期实现整个回款来说，仅完成销售签约容易得多，费时费力协调沟通不如单纯卖房子，以后的问题以后再解决。

第三，不清楚流程及标准问题：售后专员作为回款主导岗位没有对销售员进行业务辅助支撑，对签约流程所有环节没有明确指引，没有经常向销售员灌输关于市场动态、环境及宏观局面的变化，没有预估风险，从而加大了追缴回款难度。

问题 2：如何快速收齐资料?

第一，前置准备要到位，签约前采取一户一袋方式，将签约前所需要资料、清单、格式、要求一系列进行清晰明确指引。

第二，按照签约流程执行，对制度与流程有敬畏感。

第三，参与经验分享学习，积极参加按揭银行培训，掌握常规资料情况及特例情况处理办法，共享信息，杜绝老事件反复发生。

销售回款达成是整个营销团队共同协作完成的一个重要指标，销售的意义就是为了回款。没有回款的销售，等于白做。

四、教学活动安排

<table>
<tr><th>序号</th><th>教学活动</th><th>教学活动简介</th><th>时间分配</th></tr>
<tr><td>1</td><td>阅读材料</td><td>阅读案例</td><td>5 分钟</td></tr>
<tr><td>2</td><td>研讨 1</td><td>小组讨论问题</td><td>10 分钟</td></tr>
<tr><td>3</td><td rowspan="2">发表</td><td>学习代表发言</td><td>5 分钟</td></tr>
<tr><td>4</td><td>角色扮演</td><td>5 分钟</td></tr>
<tr><td>5</td><td>导师点评</td><td>导师点评</td><td>3 分钟</td></tr>
<tr><td>6</td><td>研讨 2</td><td>小组讨论问题</td><td>10 分钟</td></tr>
<tr><td>7</td><td rowspan="2">发表</td><td>学习代表发言</td><td>5 分钟</td></tr>
<tr><td>8</td><td>角色扮演</td><td>5 分钟</td></tr>
<tr><td>9</td><td colspan="2">导师点评</td><td>3 分钟</td></tr>
<tr><td>10</td><td colspan="2">总结</td><td>10 分钟</td></tr>
<tr><td>11</td><td colspan="2">整个案例</td><td>60 分钟</td></tr>
</table>

教学笔记具有较强的专业性和针对性，不同的案例作者、不同的案例主题对教学笔记有很大的影响。撰写教学笔记时，应该针对具体案例，从课程主题出发，全方位考虑上述问题，才可以写出高水平的教学笔记。

8.3.3　设计与制作教学课件

在设计 PPT 演示课件时，一方面要确保教学内容的质量，给予学员真正有用的知识和经验，另一方面也要设计生动、有吸引力的演示风格，激发学员的学习兴趣，契合学员的学习原则和规律。PPT 课件制作模板如表 8-6 所示。

表 8-6　PPT 课件制作模板（示例）

序号	PPT 模板	说明
1	**课程名称** 讲师： 培训日期：	· 内容：PPT 标题页，关键是设计一个富有吸引力的标题 · 目的：吸引眼球 · 方法：在标题中体现授课对象、核心内容或者教学形式
2	我是 ××（培训师介绍） ×× 公司认证讲师 ×× 专业资格 ×× 学校 ×× 专业 ×× 年从业经验	· 内容：介绍授课老师 · 目的：让学员了解讲师的从业经验及背景
3	**课程背景**	· 内容：阐述课程背景 · 目的：引发学员兴趣，导入课程主题 · 方法：反面案例，给出痛点；给定情境，提出挑战；绩效差距；利益诱导
4	**课程目标** 任务目标： 知识目标：	· 内容：课程目标 · 目的：说明本次课程目标 · 方法：包括任务目标（解决具体哪个情境问题或挑战）和知识目标（掌握哪些组织经验或方法）
5	课程结构	· 内容：简要介绍课程内容 · 目的：给学员一个学习内容的框架，帮助他们理解课程逻辑 · 方法：可用思维导图的形式进行展示
6	**课堂规则** 1. 请关闭移动电话或设定静音状态； 2. 上课中请勿走动、交谈、接听电话； 3.……	· 内容：课堂规则介绍 · 目的：明确课堂规则，让学员遵守课堂秩序，有效保障学习效果
	注意事项： 上述 6 页 PPT 是简要介绍课程的开场和基本框架，从下页开始分模块介绍课程具体内容	

续表

序号	PPT 模板	说明
7	知识点	· 内容：介绍课程具体内容 · 方法：根据教学设计，逐步呈现知识点、案例内容及研讨过程
	注意事项： 上述 PPT 演示文稿主要讲解课程的主要内容，呈现形式包括但不局限于文字、图片、视频、音频等，教学方式包括但不局限于案例分析、角色扮演、沙盘演练等	
8	总结回顾 1. 回顾内容 2. 反思收获	· 内容：知识回顾及学员分享收获 · 目的：检查学员对知识的记忆程度 · 方法：提问、考核、举例可应用场景

人们无论是在日常生活中，还是在学习过程中，都会选择性地过滤和接受一些信息，那些被认为是无用和不相关的信息会被自动忽略或者删除。因此，授课老师在进行教学设计时要考虑学员的可接受性，让学习者觉得培训内容能够满足其需要，并通过采用多种形式的教学策略，提升学习者的体验感，让他们充分享受学习过程中的乐趣。

8.4 开发辅助教学资源

开发教师手册、学员手册等优质教学资源，可以确保案例教学真正帮助学员学到知识和技能，并运用到实际工作中。

8.4.1 编制完善的教师手册

教师手册是教学资源的重要组成部分，授课老师凭借教师手册进行备课并开展教学工作。通常，教师手册由课程概述、材料说明、课前准备、授课计划四大部分构成，如图 8-5 所示。

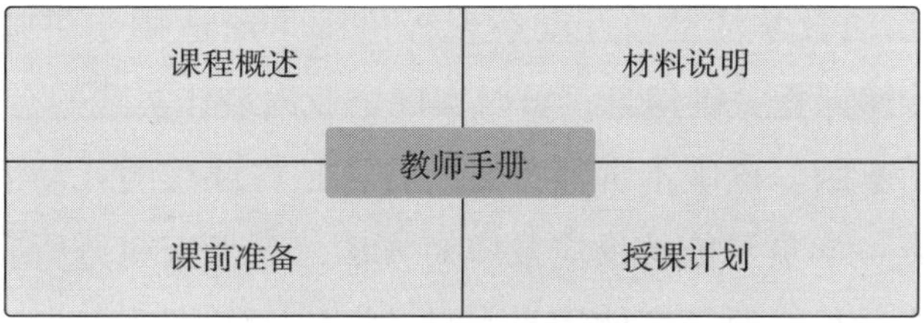

图 8-5 构成教师手册的四大部分

（1）课程概述。旨在介绍本门课程的课程名称、课程编码、授课时长、培训形式、学员人数（分组）、目标学员、必修课程、学习目标等基本情况，有些还需说明课程开发的背景。通过概述，讲师能了解课程的整体情况，尤其是对目标学员、学习目标、报名前应该具备的条件等关键信息进行了解。

（2）材料说明。对手册中附带的材料，如案例、图文资料等进行说明，为课程培训内容提供详细的指引。

（3）课前准备。包括讲师对课程的内容准备和行政准备两大方面，一方面提醒讲师要重点关注课程内容；另一方面，要提醒相关人员做好课程的相关行政工作安排，保证课程的顺利实施。

（4）授课计划。分为整体授课计划和单元授课计划，分别与开发过程中的框架设计和详细设计相对应。整体授课计划是对课程模块的划分和对时间的分配，其中，时间分配包括合理分配学习、练习和复习的时间。要保证学员有足够的学习与练习的时间，帮助他们实现行为的转变，最终达成培训目标。单元授课计划要说明每个单元的互动逻辑、教学活动的组织要点及内容讲解要点。

由于课程的重要程度、授课难度、讲师数量等方面的因素，教师手册的呈现形式多种多样，详细程度也各有不同，一般可将其分为简单注解版、互动逻辑版和详细话术版三种。

（1）简单注解版。顾名思义，就是在备注中有对一些要点的注释信息的版本。该版本讲师手册多适用于专家或管理者个人开发的以知识传授为主，并在小范围内使用的课程。

（2）互动逻辑版。该版本重点强调课程的互动逻辑，包括每个教学活动的互动组织要点、每页 PPT 的互动组织方式，以及前后页 PPT 的过渡和承接要点。该版本的讲师手册多采取团队开发模式，以技能技巧为主要内容，并在课程中大量使用互动教学活动。互动逻辑板讲师手册适用于讲师数量较少的课程，能高效地传递课程关键信息，可以实现企业内最佳实践的有效传承。

（3）详细话术版。该版本讲师手册的特征是将课程的互动逻辑、每个环节的详细实施要点、学员可能的反应及应对方法、参考资料等所有的内容都详细地写了出来。企业里需要长期使用且大量认证讲师的课程开发均可以使用这种模式的讲师手册。例如，一个员工多达几万人的企业，要针对企业文化重塑这一培训需求开发企业文化课程，那么，想要在短时间内就开展全员培训，详细话术版讲师手册就是企业最好的选择。

各种类型的教师手册有相应的优点和缺点，如表 8-7 所示。

表 8-7 不同类型教师手册的优缺点

类型	维度	具体内容
简单注解版	优点	开发的工作量小且速度快
	缺点	只能起到简单的提示作用，授课时大量的关键信息都隐藏在讲授者本人的头脑中
互动逻辑版	优点	开发团队的讲师按照预先设计的教学策略和互动模式实施课程，既能保证课程内容的质量又能保证互动质量
	缺点	在进行大范围讲师认证时，很多隐藏在开发团队头脑中的信息得不到有效传承，且无法保证传承的质量
详细话术版	优点	易于传承
	缺点	开发工作量大，开发周期长，需要多次试讲修订后才能使用，且限制了讲师根据内容进行发挥的空间

在实际操作时，授课老师应根据企业或学员的具体情况和需求开发最适宜的教师手册，从而实现最佳培训效果。

8.4.2 输出培训学员手册

学员手册是学员参加培训时的教辅资料，包括学员需要或者被要求掌握的关键知识要点。一般来说，学员手册有完整的内容结构，主要由学员手册封面、著作者信息、学员手册目录、培训课程日程、培训课程提纲、课程内容、案例分析等构成。

学员手册可以帮助学员认知培训项目目标、了解课程计划安排，明确培训考核及相关后勤管理要求，促使学员更好地投入培训、参与培训，共同实现培训产出最大化。在编制学员手册时，我们要遵循一定的原则，如表 8-8 所示。

表 8-8　编制学员手册的原则

原则	具体说明
准确性	确保所有内容准确无误，与课堂教学保持一致
针对性	手册内容紧密围绕学习目标来编写，在满足学习目标的基础上增加学习的趣味性
难易适中	不同学员在文化程度和理解上可能存在差异，编写手册时充分考虑难易度适中
适当留白	编制学员手册时，应适当留出空白供学员在学习过程中进行记录
排版适宜	在编写学员手册时，应设计合适的字体和字号，便于学员在培训过程中和培训结束后阅读

学员手册不是一项独立的教学资源，而是对课程的支持和补充，它可以包括授课中需要使用的材料，以及在课程结束后能为学员提供拓展知识的资源。因此，我们在编制手册时可适当地补充相关知识，以便于学员自学，拓展学习深度。另外，在编排上，可使用启发性问题进行内容串联，避免全部是叙述式表达，提高学员的兴趣。

8.5　进行有效的教学引导

相对于那些被动的、强迫式的学习方式，成人更喜欢能够主动参与、有自主决策的权力的学习方式。在他们看来，如果能够主动参与某件事情，积极发挥他们的能动性，就能取得更好的结果。因此，在案例教学的过程中，授课老师要通过设计各种活动，引导学员自主学习，激发员工的自学意识，让员工主动接受指导，从而快速成长起来。

8.5.1　设计破冰活动，吸引关注

大多数授课老师在第一次走进教室时，会感觉有一堵无形的墙伫立在自己

与学员之间。墙是将学员和授课老师分开的假想边界，它使得授课老师无法与学员进行真正的互动，自由分享想法，因此，双方之间也就没有了信任的基础。如果授课老师要想与学员有任何类型的交互，就必须打破这堵墙，而打破这堵墙的必要步骤就是破冰。

破冰的主要目的是让团队成员相互认识，帮助学员间相互熟悉，引出培训课程的主题。学员通过共同完成任务相互认识并沟通交流，可以为培训期间的学习与合作创造良好的氛围。

通过破冰引出课程内容，将破冰活动作为培训工具，能够帮助学员从课程一开始就把注意力集中在重要方面。破冰活动有助于培训基调的建立和学习氛围的营造，但是授课老师要特别注意把控破冰活动的时间。如果破冰活动设计得过于活跃，很容易使课堂失控，超出时间限制，或者浪费活动创造出的正能量。因此，也有人认为，破冰活动是在浪费培训时间，如果允许，可以缩短甚至取消破冰时间。但是，如果直接进入课程，就会出现不同的问题，具体如表 8-9 所示。

表 8-9 缺少破冰活动可能产生的问题

序号	具体问题
1	缺少互动，这通常会让学员感到无聊，并产生对培训师的不满情绪
2	培训师在课堂后期必须不断回溯，了解早些时候就应该提出的问题，以及应对通过破冰让学员热身可以避免的情况
3	大大减缓了团队的形成速度，削弱了培训效果

授课老师也要积极参与到破冰活动中来，通过破冰活动，让学员了解授课老师及他的教学风格。一般来说，授课老师介绍完自己的相关情况及本次培训课程的关键内容与目标后，就会开展破冰活动以激活培训现场的能量，使学员们快速进入状态，活跃起来。

常用的破冰方式主要包括游戏、舞蹈、故事等，如表 8-10 所示。

表 8-10 常用的破冰方式

序号	方式	具体内容
1	游戏	游戏是最常见的破冰方式之一，可以减少新培训师的控场压力，通过游戏能观察团队和个人，游戏同时也是打破人与人之间隔阂的最佳方式

续表

序号	方式	具体内容
2	舞蹈	这种破冰方式对培训师的要求非常高，对学员的感染力很强，容易提升他们的参与热情
3	故事	适用于层次较高的、年龄较大的团队，采用故事形式的破冰一定要条理清晰、引人入胜、保有悬念

在不同的场景下，要用不同的破冰方式才会有效，必须考虑以下几点。

（1）要选择有针对性的破冰活动。根据学员群体的特征选择合适的破冰活动，同时还要考虑培训内容与破冰活动的匹配度。

（2）把控培训项目分配给破冰活动的时间。培训项目时长将影响授课老师对破冰方式的选择。如果培训的时间少于一小时，通常不会有很多时间让学员进行交互，但是可以通过用与主题相关的故事、类比或问题等来让学员进行热身。如果培训的时间比较长，那么在设计破冰活动时，授课老师可以发挥的空间就很大，可设计多种破冰活动，但是也要注意不宜过多，以免影响培训的效果。

（3）考虑本次课程所需要的交互水平。大多数培训的目标是营造一种允许想要参与的人都能参与的氛围，这时候授课老师就可以设计一些活跃气氛的破冰活动。但如果是一些比较严肃的培训现场，授课老师在设计破冰活动时，则要有所考虑，不能让自己显得很夸张。

精心策划的破冰活动能确保培训课程从一开始就拥有更高的参与度和关注度。因此，授课老师要重视破冰活动的设计，充分吸引学员的关注。

8.5.2 用开场打动参训学员

任何课程都需要在开场时以“MOIE”来打动参训学员。这个“MOIE”就是 Motivate（激发动机）、Orient and Preview（导览）、Investigate（调查）、Explain Objectives（阐明目标），具体如图 8-6 所示。

要实现这个 MOIE，有效开场的方法可以是利用道具或教具、借用热点法、横向比较法、做出庄严承诺、引用大数据等。

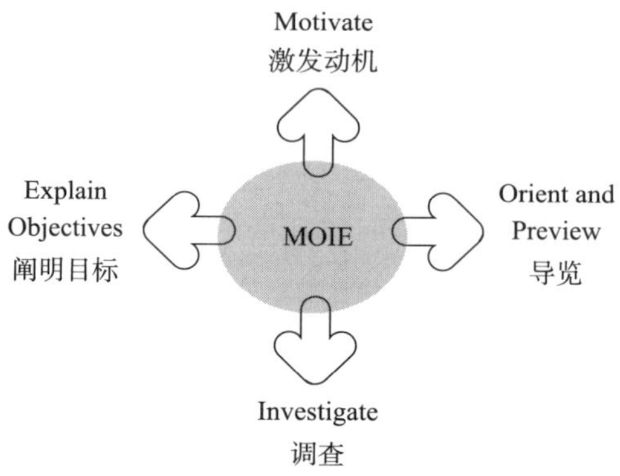

图 8-6 “MOIE”模型

1. 利用道具或教具

在培训中，除了常用的白板和投影仪，还可以准备各种有趣的教具：拼图、搭建模型用的积木、不同颜色的彩纸和各色记号笔等。可以回想当年我们在上化学和物理课时，看到老师端着一堆道具进教室时学生们对课程的期待和兴奋。可见，充分利用道具或教具，可以吸引参训学员的好奇心和注意力。

2. 借用热点法

借用与培训课程相关的热点、难点来进行描述，把目前工作中遇到的困惑先摆出来，使其身临其境，有解决这个问题的欲望，这样参训学员就会主动参与进来，说出自己的感受。如讲绩效指标如何设计、如何调薪等课程，找到典型的热点、难点事件，把参训学员代入，就可以激发他们的注意力和好奇心。

3. 横向比较法

针对同一个主题课程，如 TTT（Training the Trainer to Train）培训课程，有很多讲师在讲。那么，作为讲师的你就可以把其他讲师的讲授方法进行总结，比较出自己的优势，但不要在课堂中点名说出其他讲师的名字。这样稍微地比较，也会吸引参训学员的注意力。

4. 做出庄严承诺

培训课程开始时讲师就对学员做出庄严承诺：“这次培训结束后，我能确保大家掌握 × 项提升自己能力的技术。”之所以做这样的承诺，是为了从一开始就带给参训学员自信心，也能吸引参训学员的注意力。承诺之后，在课堂的每个环节都要适时地确认学员是否掌握了某项技术，从而体现出讲师兑现了自己的承诺。

5. 引用大数据

数据是最有说服力的，引用权威数据，能够增加可信度，使参训学员不走神，专注于课堂内容。这里给一个建议：在利用或者引用数据的时候，一定要让数据变得非常有趣，有震撼力！如果你引用的数据被人怀疑，既没有说服力，又没有趣味，那就可能导致开场失败。

想要进行有效的开场，方法有很多，在实际培训中，由于每个培训课程不同的特点和内容，以及培训师迥异的教学风格和特点，也因为每次培训的参训学员都有不同，所以使用的开场技巧和方法千差万别。实际教学中，我们可以根据参训学员和本人的教学风格来选择合适的开场方法。

8.5.3　有效提问，激发学员互动

在授课过程中，与学生的互动是非常重要的一个环节，而提问是讲师与学生直接沟通的方式，要重视提问，好问题可以盘活整个教学过程。到底怎样才能进行有效的提问呢?

案例教学中讲师最基本的核心行为就是通过有效的提问，激发学员思考和讨论，并且用心倾听和观察学员的语言和行为，通过反馈鼓励和挑战学员、控制方向、归纳总结等，整个案例教学的核心就是通过不断循环以上过程引导学员加深对案例的理解和认识。

在合适的时间、合适的地点进行合适的提问，是一位优秀的授课老师必备的能力，而提问的问题则可以分为两大类：一般性问题和特定性问题。一般性问题的适用范围较广，甚至没有过案例教学经验的讲师都可以使用。特定性问题的要求则比较高，需要讲师在授课之前做充分的准备。

教育家叶澜教授曾说过："每个学生都以完整的生命个体状态存在于课堂生活中，教师要有捕捉课堂信息的能力，在课堂上要关注学生，倾听学生，发现学生，研究学生。"除此之外，她还强调让学生参与到课堂中的重要性："要让学生快乐地、努力地参与到课堂教学中，让学生不断地思考，不断地感受到挑战。"而有效的提问，就是让学生参与到课堂中的最好方式。

提问不是一个简单的动作，在提问的同时，需要做好倾听、观察、反馈等一系列动作，如图 8-7 所示。

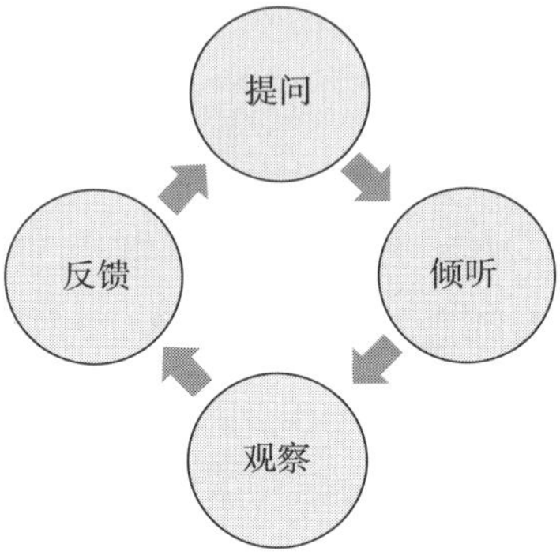

图 8-7 提问闭环

在提问的过程中，应该注意以下三个方面的内容。

（1）明确教学目的和侧重点。明确课堂的教学目的是进行提问的前提条件，只有围绕教学目的进行提问，才能保证提问的有效性，不至于偏离主题。同时，在提问之前要做好问题的导入工作。

（2）避免传统教学的误区。传统的教学方式是以讲师为中心，无论是讲授还是提问都是讲师自己向自己发出的，没有意义。因此，我们在提问时应做到以学员为中心，老师尽量退居二线，做到心态平和、姿态放低、循循善诱。

（3）鼓励独立思考、创造性思维。案例教学的一大优点就在对于学员的多元发展，除了基于教学目的的学习，还应培养学员独立思考、创新的能力。因此，在提出问题之后，讲师不应指出标准答案，而应提供参考答案，同时对于不同的答案应持开放态度，并对此做出鼓励。

有研究证明，在人与人面对面的沟通过程中，7%的信息由语言传播，55%的信息由面部表情及身体姿势等肢体语言传播，可见肢体语言的用处之大。这是通过书本自学、远程语音、录像教学很难达到的效果。著名培训师鲍勃·派克在多年的培训实践中，通过多次观察培训师和学员的行为，发现抑制学员学习动机的行为之一就是培训师很少与学员进行个人接触。因此，授课老师要多与大家交流互动，倾听大家的意见反馈，这不仅可以让学习参加者感受到关心和重视，同时这些意见对于学习活动的改进也有很大的帮助。

8.6 教学过程的演绎形式

在案例教学过程中，授课老师还可以灵活运用各种研讨引导技术、教学形式等，以催化学员的学习热情。

8.6.1 案例研讨引导技术

研讨是一种团队学习方式，授课老师在课程中组织学员对案例进行研讨，学员们各抒己见，碰撞思维，最后往往能集众所长找到问题的最佳解决方案。这是一种通过激发团队智慧来解决问题的培训方法。在研讨过程中，授课老师引导技术的高低很大程度上决定了案例研讨的效率及质量。因此，授课老师需要掌握一定的案例研讨引导技术，以提升学员个人的学习效果。

在案例研讨中，我们常用的几个引导技术包括头脑风暴、团队列名、世界咖啡。

1. 头脑风暴

头脑风暴是通过集体研讨解决问题的一种方法，它追求的是观点和意见的数量和创意，而非“正确性”。具体流程如下。

案例教师简明扼要地阐明问题，鼓励所有学员积极思考，贡献观点。

小组自由发言，在发言过程中，不允许批评和质疑，但可以补充和完善，直至穷尽所有人的所有观点。

解释和说明，合并同类观点。

展开充分讨论，形成小组一致意见。

2. 团队列名

团队列名是一种更为结构化的头脑风暴方法，它让所有小组成员在规定的时间内独立思考并依次发言，直到穷尽所有的观点。具体流程如下。

阐明问题：案例教师布置案例研讨问题，鼓励大家积极思考，贡献思想。

小组研讨：在限定的时间内，小组成员独自把自己的意见写在记事贴上，其间不允许讨论。

小组发言：小组内指定一人开始发言，仅讲述其意见中的第一条，然后转到下一人也讲其意见的第一条，如自己的意见别人已讲过，则不重复，讲别人没讲过的意见，其间有一人把大家的意见编号逐条写在白板（黑板）上。就这样一轮一轮地进行，如果某一成员没有新意见了，则跳过，直到全体成员的全部意见都讲出来为止。在别人发言时，不允许对提出的意见进行评论。

小组讨论：小组成员对每一条意见进行讨论，如有不清楚的内容可以提问，请提出意见的人进一步澄清解释，说明含义，如有重复意见可以合并，如有新的意见和观点，也可以加上去。

小组决策：所有成员根据自己认为的重要和准确程度从列出的意见选出若干条，并排列打分，（如排第一的给 5 分，排第五的给 1 分），把分数相加，得分最多的前几项即为集体的意见。

在班级研讨上公布小组的集体意见。

3. 世界咖啡

世界咖啡通过营造轻松愉悦的氛围，约定跨界交流机制，并设置多轮次转换，使不同业务背景、不同职务的学员可以针对案例主题深入思考，充分发表各自见解，互相碰撞意见，促进创新。具体流程如下。

案例教师介绍研讨问题和研讨规则，明确组长、组员职责。

组长带领进行小组研讨，组员积极贡献信息，专人汇总，呈现在白纸上。

组长留下，其他成员作为“旅行者”轮换到其他小组，组长介绍本组阶段性研讨成果，组员简要介绍上一组的研讨思路与成果，进行第二轮小组研讨，并在第一轮研讨基础上进行记录。

组长留在本组，其他成员持续轮换到没有参与过的小组，不断重复第二轮研讨模式进行研讨，逐步形成小组思路与建议。

班级内进行汇报分享，提问澄清，形成班级共识。

在案例研讨中，学员各抒己见，不同角度的不同观点常常带来较强的思维碰撞，新的创意因此而产生。

8.6.2　多样化的教学工具

传统的培训形式是以讲师授课为主，员工更多的是扮演受训者的角色。对于员工来说，这种培训方式非常枯燥无味，激发不了学习兴趣。大多数员工只是应付式地坐在培训课堂里，甚至以工作任务太繁忙为由缺席，学习参与度非常低。

如何才能破解这种困境，让员工主动参与到学习中呢？那就需要转变思路，讲师不再是学习的主宰者，而是学习的指导者。通过改变学习方式，使员工从接受型的被动学习转变为探索型、发现型的主动学习，让他们在自主学习中积极发展各种思考策略和学习策略，获得积极的情感体验。

案例学习通过贴近业务的真实场景把学习者代入到学习中，实现“以学员为中心”的学习方式，案例讲师引导学员在复杂的管理环境下强制性地做出决策，探索解决问题的方法。因此，在案例教学中，并不只有案例这一种教学工具，还可以交融使用各种学习技术，包括角色扮演、沙盘演练等，使学习课程更加丰富和生动，营造良好的学习氛围。

1. 角色扮演法

角色扮演法属于行为导向型教学方法，它以能力培养为目标，以互动与创新教学、全真模拟为特征，培训师会在培训课程中设计一项任务，引导学员参与教学活动，让学员扮演各种角色，进入角色情景，处理多种问题和矛盾，达到加深对专业理论知识的理解并能灵活运用以解决实际问题的目的。

角色扮演理论是以米德的角色理论和班杜拉的社会学习理论为基础发展起来的，实施流程是否准确将直接影响到实施效果。一般来说，角色扮演法有六步实施流程，如表 8-11 所示。

表 8-11　角色扮演法实施的六步法

流程设置	具体内容
主题选取	主题的选取是整个角色扮演能否成功的关键

续表

流程设置	具体内容
评分标准	表面上，评分标准是作为学员的激励措施，在实质上它却对整个角色扮演实施具有一定的指导作用
场景设定	角色扮演法在教学中运用时需要为学员界定一个具有代表性的场景
分配方式	培训师分配、学员自主决定、抽签决定三种分配方式
时间规定	根据选择主题的复杂性、难易程度决定学员准备的时间
讨论总结	根据不同场景、角色进行差异化讨论，提高学员的分析和判断能力

培训学员通过角色扮演营造了互动、轻松的学习氛围，从而能更好地达到培训目的。角色扮演法可适用于领导行为培训（如管理行为、职位培训、工作绩效培训等）和会议成效培训（如会议讨论、会议主持等）。此外，还应用于培训某些可操作的能力素质，如推销员业务培训、谈判技巧培训等。

2015 年，华为运营商 BG 举办了“大 IT 大咖秀”拉响决战的号角，从 518 名参赛者中脱颖而出的 10 名选手将扮演不同的角色，并需要在规定的时间内完成相应的任务。

解决方案重装旅的周涛的目标是拿到客户 CEO 名片。“我们认识吗？”扮演客户 CEO 的张森给他来了一个下马威。周涛马上递上自己的名片，并以分享云转型高端论坛上某运营商 CEO 的见解为由，希望拿到客户名片。他着力强调这些见解对于客户的价值和意义。不到 90 秒，他就成功地完成了任务。

西非地区部的张涛遇到了比较棘手的问题，他要在两分钟内完成和客户进行的数字化业务转型交流。他单刀直入，直接进入主题，指出语音和短信业务明显下滑，并列举了华为帮助运营商数字化转型的成功案例，希望继续拜访客户进行深入交流。翔实具体的分析也让客户动了心。

中国地区部的王正一出场就和客户寒暄起来，只用寥寥几句话，就把客户也逗笑了，原本生硬的谈话氛围瞬间活跃起来，紧接着再切入主题，邀请客户汇报互联网化运营转型方案。很快他也完成任务。

尽管拿到的是不同的题目，但 10 名选手各显神通，在 90 秒的时间里将自己对于大 IT 的理解以及最佳的沟通能力展现出来。

当然，角色扮演是一种难度很高的培训方式，不仅要求对情景模拟进行精心的设计，还需要参与的人具备很高的适应能力，全情投入其中。

2. 沙盘演练法

沙盘演练法是近年来在国内兴起的一种体验式互动学习方式。它通过沙盘模拟，把培训的诸多内容完全展示在沙盘的盘面上，以此完成演练与学习，达到共同提高的学习目的。

与传统的讲授式教学的不同点在于，沙盘演练更加开放，可以通过互动式的演练，找到问题的症结点，进而找出解决的办法。显然，沙盘演练并不存在标准的答案，不同的学员可以根据自己的特点给出不同的应对方式。

沙盘演练作为常用的一种教学方法，比较适合 ERP 培训、财务管理、风险管理、经营管理分析等，经常用来对公司的中高层管理人员进行培训。

某新能源企业开展了一场关于如何经营企业的沙盘模拟培训会。与以往的培训不同，这次培训采用了沙盘模拟的培训方法，参加培训的各部门的高管打乱排序组成“临时公司”，并且分别扮演公司中的重要职位，对这家虚拟的公司进行管理。

模拟结束后，公司总经理及培训讲师对他们模拟中遇到的问题逐一进行了点评、分析并提出解决方案。面对这种新型的培训模式，公司管理者的参与热情都很高。沙盘模拟中涉及新产品市场调研、市场开发、渠道建设、ISO 认证、新市场中销售潜能的开发等多个环节，每个独立的决策看似容易做出，然而当它们综合在一起时，会产生许多不同的选择方案。在这样的环境下，为期两天的培训增强了参与者的经营管理实战的知识，促使参与者之间形成了共同的价值观，对实际工作具有一定的指导作用，同时也发现了很多公司迅速发展过程中潜在的问题。

沙盘模拟演练充分运用听、说、学、做、改等一系列学习手段，发挥了其特有的互动性、趣味性、竞争性强的特点，最大限度地调动了学员的学习兴趣，将学到的管理思路和方法在实际工作中很快实践与运用。在华为大学内部，通常由研究与发展部选出合适的典型的案例，将案例制作成沙盘演练的课程，包括项目经营沙盘、市场经营沙盘等。在课堂上，由讲师引导学员对案例进行模拟，提高对管理情境的认知度。

不同的教学方式，加强了授课老师与学员的沟通和交流，真正做到了交流、互动、体验和提升，以实现教学相长。无差别的教学方式可能会影响培训效果，因此，我们需要为培训增进多样性、创新性、灵活性和影响力。针对不同的知识点，可以准备两三种不同的教学方式。

第9章 案例应用与推广

为了凸显案例的价值，企业可以尝试多样化的应用与推广手段，尽可能加速案例效果的呈现，激发员工对参与案例开发工作的兴趣，在全公司内营造良好的学习氛围。

9.1 线上线下交流与学习

目前，企业的很多学习活动都是以线上线下相结合的方式来进行的，以多种方式增强大家之间的连接关系，实现互相交流、共同成长。

9.1.1 汇编与发布案例集

近年来，案例开发与案例教学越来越受欢迎。企业在开展组织经验萃取时，可以将一些优秀案例进行精品化集成编写成案例集，持续强化组织经验的表现力和感染力。

笔者曾给国家电网、新力地产、澳优乳业、隆平高科等知名公司编写过案例集。2018 年，国网吉林省电力有限公司（简称“国网吉林电力”）推动展开了服务文化建设，在这个过程中，涌现出了一大批典型人物和典型事迹。为了显化服务文化建设工作的经验，更好地进行传播和学习，国网吉林电力组织精编出版了《让人民生活更美好服务文化案例》。

国网吉林电力《让人民生活更美好服务文化案例》的编写过程分三个步骤。

（1）全面梳理。公司通过开展实地调研、组织座谈研讨、第三方访谈等方式对服务文化建设的经验、成果进行了全方位的梳理和总结。

（2）经验萃取。在对服务文化建设过程进行梳理后，需要进行经验萃取，将其中最有价值的知识提取出来，变成整个组织的知识资产。国网吉林电力主要从三个方面总结了经验和成果并输出了案例集，包括服务文化与管理创新、服务文化示范点和服务文化引领一线实践。通过对这三个方面的建设成果进行集成管理，国网吉林电力汇编出了企业文化建设成果手册。

（3）借鉴应用。输出案例成果后，国网吉林电力利用多种教学推广手段促进经验传承。每个企业都希望把好的经验传承下来，通过将好的方法复制到其他员工身上，实现积累甚至质变。国网吉林电力通过多种教学推广手段，促使所有员工做出积极的行为改变，在工作中真正做到以客户需求为导向。

国网吉林电力借用案例开发、案例分析、案例教学、案例传播等元素，构建了服务文化与业务活动的桥梁，让案例工程成为传播公司发展战略、进行文化教育、高质量发展电网事业的重要途径。国网吉林电力将案例集发放至各单位用于交流学习，使优秀的管理案例在公司上下迅速得到借鉴和推广。案例集因其内容全面、方法有效、操作性强受到公司各级领导和员工的高度评价。

案例集强调组织经验沉淀的结果，一般来说，它更适用于知识管理处于起步阶段、人员规模中等以下的企业或单一主题的经验传递，如行政体系案例集、法律案例集等。

未来之星训练营是华润电力母公司华润集团针对新入职大学生而开办的，旨在通过一个半月左右的集训，帮助刚刚走出大学校门即将走上工作岗位的新员工，完成从学生到华润人的转变。为了帮助新员工更好更快地认识华润、转换角色，华润电力采取了多样化的培训手段，案例学习就是其中的方式之一。

华润大学未来之星项目组面向各单位征集往届优秀营员案例，最后经过审核，筛选多篇优秀案例集册，形成“往届未来之星案例册”。内容为往届营员原汁原味的华润工作经历分享，通过阳光分享、挫折感悟，一正一反两个切入点，让新一届营员互动反思、收获成长经验。

几乎每一个优秀的企业都有内部刊物，华为有《华为人》、阿里巴巴有《阿里人》、海尔有《海尔人》等。事实上，案例集也是内部刊物的呈现形式之一。这些内部刊物不仅承载着传播企业价值理念、管理理念等重要任务，同时也是传播组织经验的有效载体。

麦肯锡将知识管理的重点主要放在了被对手忽略的隐性知识的发掘和利用上。为了使公司内部管理咨询顾问们的经验和理论得到快速传播，麦肯锡公司特地创办了一份名为《麦肯锡高层管理论丛》的内部刊物，专门用于将那些拥有宝贵的咨询经验却没有时间和精力来把这些经验整理成书面文本的专家们的思路和内容简单地概括为一两页的短文来进行传播，在每一篇短文后面都附有专家介绍，以便于有需要的读者进行索引和查找。

这种方式不仅使优秀的知识和经验在麦肯锡内部得到了有效传播，激励创新和诚实的交流，也有助于提高知识提供者的个人声誉，为其在麦肯锡的发展提供良好的机会。

为了在真实的情境中进一步呈现和传播上述文献和信息，麦肯锡公司还建立了一个储备经验和知识的专门数据库，用来保存在为客户服务的过程中积累起来的信息资料和问题解决方法。不仅如此，麦肯锡还请来专业的信息管理员对数据库信息进行维护和更新，当咨询顾问需要从数据库中寻找信息时，由专业的信息管理员为他们提供相应的检索帮助，提高寻找效率。

当前，知识管理逐渐成为企业界的重要关注焦点，越来越多的企业领导者开始重视通过卓越的知识管理建立公司的知识储备基础，以期提高公司在商业社会中的竞争能力。

近年来，为加强知识传播与共享，不断推进公司学习型组织的建设，将优秀经验传播和分享，首都机场商贸公司每年都会开展案例总结大会，发布当年的优秀案例。

公司领导指出，案例来源于公司实际业务工作，能够充分反映公司的情况，具有很强的借鉴意义。案例开发是公司不断发现和解决实际问题的有力工具，更是促进知识共享、实现优势资源效应最大化的有效方式，对组织的人才培养、企业文化培育、管理效能提升等方面具有非常重要的意义。只有大家都养成挖掘案例的习惯，及时总结和沉淀经验，纳入案例素材，不断充实公司案例库，才能将公司形成的良好品质和优秀经验充分地积累与传承。

在案例总结大会上，优秀案例作者会对自己的案例进行现场展示，包括阐述案例内容和提出思考性问题。在内容阐述上要求层次分明、轻重有序；思考性问题作为收尾，旨在让案例更有启发性。同时，公司还会颁发“优秀案例编写奖”和“优秀案例组织奖”两个奖项，以此肯定并鼓励为案例工作做出贡献的优秀个人和部门。

案例集一方面可以用来宣传展示，另一方面可以促进内部的经验交流。加大案例的分享和宣传力度，持续推进案例的开发与整合，可以让优秀的管理经验不断传承，为提升组织管理能力提供智力支持。

9.1.2 组织案例分享活动

内部活动是提升企业价值理念、组织经验传播效果的重要方式。华为很多部门都会通过组织活动来提高员工的思想觉悟和工作能力。

华为为了加强对公司思想和政策宣传，组建了干部部领导下的秘书处，这支队伍不仅懂得专业知识，还被要求能够对公司的技术管理和文化建设起到实质性的作用。为了更好地宣传各个技术管理流程和制度、文化导向等，干部部秘书会组织各部门进行学习或召开研讨活动，如早期研发部几乎每两周都会有一次类似“政治学习”的活动。参与的工程师都要写学习心得，鼓励发表意见。优秀的文章会发表在华为内部刊物上，甚至会编辑成论文集，供研发人员当作案例学习。同时，为了进一步加强部门级的沟通，各部门还有专项经费组织各种集体活动，员工可以在融洽的氛围下交流，提出自己的建议。

华为为确保公司的政策和文化能够被更好地贯彻实施，想出了很多办法，组织内部活动正是其中之一。那么，活动到底有哪些独有的优势呢？活动具有互动传播能力强，受众限度小、范围广，成本低、成效好的特点。[1]

1. 互动传播能力强

活动开展的目的就是让参与者有一个好的参与体验，是一种感性的传播方式，其目的是让参与者在主动体验与互动的过程中强化认知。

2. 受众限度小、范围广

一般来说，活动的开展是企业结合自身实际情况和发展需要进行的，其受众范围较广。只要活动足够吸引人，那么广大员工就会积极参与其中。

1 苏海. 活动策划实战宝典 [M]. 北京：清华大学出版社，2018.

3. 成本低、成效好

对于参与者来说，活动的形式生动多样，其在参与过程中得到趣味性体验的同时会激发其作为参与者的主人翁意识。

因此，组织案例分享活动也是企业传承组织经验的常用手段之一。企业如何来组织一次案例分享活动呢？培训工作者可以收集员工感兴趣的问题及业务部门负责人认为重要的问题，发送给业务专家或优秀管理者。他们根据实际情况一一进行回答，并分享自己的优秀案例。员工可能感兴趣的问题如下所示：

你可以分享一个将学习应用到工作中的例子吗？

你是在什么情况下将学习应用到工作中的？

你的绩效是如何提高的？

这些应用实践为你的业务带来了哪些好处？

必要的情况下，培训工作者可以将这些问题的回答内容与案例进行编排梳理，形成一个整体性的书面文件并将这个内容与其他学员分享。或者在所有学员时间充足的情况下，组织一次线上或者线下的“重聚”分享。这种形式更活泼，情感上的感染力更强，会有更多讨论的机会，同时还是一种双向的交流，成功学员也能够从他的角度出发思考更多其他人的困惑。

当前，信息化手段不断演变，企业可以更多地利用现代化工具，为案例分享活动提供更高价值的教学资源。

华为内部的“客户线连长社区”自上线起就得到了广大客户经理的好评。过去客户经理有许多疑问只能找自己认识的上级、同事或相关人士提问，不仅效率低，还不一定能得到满意的回答。而通过“客户线连长社区”，客户经理就可以直接在线上提出自己的问题，只要是加入社区的人都可以看到他的问题，并给出自己的见解或实践案例，供提问者参考。

一位客户经理说：“客户经常这样问——‘在这个问题上欧洲大运营商是怎么做的呢？’过去就只能发邮件去问欧洲运营商的相关人员，而通过连长社区，身在欧洲的客户经理就能给我提供相应的案例，解答这个问题。”

华为正是通过这样的信息共享平台，在很大程度上实现了内部的信息共享，也解决了员工知识更新迭代的问题。

内部成员进行话题讨论也是线上分享活动的一种方式，但是它与邀请专家做案例分享还是稍有区别的，尽管这两种方式都是为了吸引更多人的关注。专家进行案例分享与内部成员进行话题讨论的区别具体如表 9-1 所示。

表 9-1　案例分享与话题讨论的区别

维度	案例分享	话题讨论
人员	以案例分享者为主，在特定阶段有时间让其他成员发表自己的看法	指定一人为话题引导者，所有成员都是分享者
内容	分享前界定主题，案例分享者根据主题准备自己擅长的内容	大家会不自觉地分享自己感兴趣的话题，容易偏离主题
参与度	要求案例分享者准备的内容有很高的质量，否则容易打消成员们的积极性	如果大家对话题感兴趣，参与度就会很高

为了保证线上案例分享活动的质量，我们需要考虑活动分享开始前、分享进行中、分享结束后的一些环节，具体如图 9-1 所示。

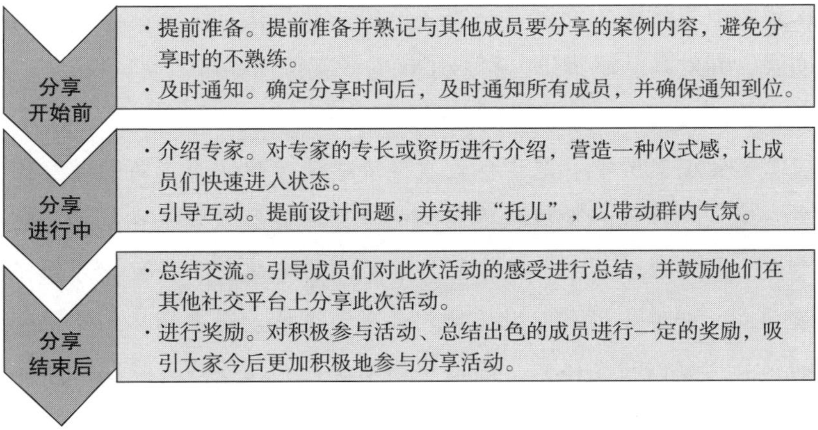

图 9-1　在线分享活动需要考虑的环节

一位学员通过案例分享活动，可以从学习企业标杆员工的优秀经验，到实践应用与总结，再向其他学员分享自己的成功经验。如此循环，新的学员也成为新的标杆。这样一来，组织就获得了一批又一批在实战中成长起来的优秀员工，为企业发展提供源源不断的动力。

9.2 案例推广平台建设

与传统媒介相比，互联网是突破时空和地域限制的，覆盖的人群更多、地域更广，信息的传播可以以声音、文字、视频等多种方式进行，便于公众接收信息。因此，互联网也是案例推广的重要阵地。

9.2.1 构建线上案例库

在互联网高度发达的当下，学习场所已经不再局限于培训教室了。也就是说，信息技术催生了新的学习方式——网络化学习，这种学习方式让学习具有了更大的灵活性。要想保障线上学习的效果，就必须建设完善的学习资源库，利用网络化学习平台不断创新学习载体。因此，案例推广平台建设非常重要的一环就是建立线上案例库。

在构建线上案例库方面，一马当先的是一些机构和大学，他们瞄准国内外的企业实践，开发高品质案例，打造了优秀的案例库品牌。

中国工商管理案例中心是清华大学经济管理学院从事工商管理案例研究、案例开发、案例库建设和案例教学培训的专业研究和教学服务机构。它以“集聚商业智慧、推动教学创新”为宗旨，在国内首先建立了教授指导研究助理的案例开发模式，并率先形成以现场案例开发为主体、图书馆案例及视频案例等为补充的规模化案例研发体系，瞄准中国本土的企业实践开发高品质案例，服务中国工商管理教育事业的发展。中心开发的每一篇案例全文均严格遵守研发标准，其撰写需长期跟踪目标企业并实地调研，篇均研发周期约 6 个月。

高效的学习工具与技术对于企业培训的作用不言而喻，亚洲开发银行知识管理总监奥利维尔·塞拉特曾说：“要打造学习型组织，就必须明智地利用先进的信息技术，才能更快、更好地学习，提升学习的速度和精确度。”加快线上案例库建设，一方面能够为员工提供多样化的学习资源，另一方面可以为企业展示优秀案例提供窗口。另外，有不少企业还在案例库中设置搜索功能，极大地方便了员工学习活动的展开。

国网大学（国家电网有限公司高级培训中心）积极开发适用于案例搜索与展示的案例平台。当员工遇到棘手问题时，员工在案例平台中输入关键词，就可以搜索和当前问题相似的案例，通过案例阅读、留言研讨记录和在线交流的形式，寻找解决问题的方法。在案例平台中，员工还可以在线学习一些公司自己开发的案例课程。另外，案例平台还为员工提供了案例开发的适用工具，包括企业内部案例、微案例的模板及写作要求等，为员工开发案例提供在线支持。

尽管案例库对员工来说有非常积极的作用，但是大部分员工还是呈现出“学习压力不够、动力不足”的现实问题。为了充分发挥案例库的作用，改变学习者的学习态度，使其主动参与学习，我们可以对案例学习采用积分制管理，即通过奖分或者扣分的形式来管理员工参与案例学习活动的行为。

为了让学员自发地学习、交作业，京东大学开发了一个统一的积分体系，将员工参与的各种培训活动都以积分的形式进行了记录。在此基础上，形成了京东认可的岗位认证体系。在这个认证体系中，有许多认证证书。如果想要获得更多的认证证书，你就需要参加更多的学习项目来获得积分。积分可以来源于三个方面：一是基本的学习积分，完成学习任务即可得分；二是贡献积分，你把你擅长的东西制作成视频，上传到京东 TV，得到更多人的点赞，也可以得分；三是任务积分，各部门或公司会定期发布任务，如果你有参与，并在其中表现不错，就可以拿到积分。这个认证体系让更多员工积极地参与到学习项目中来，并获得了不错的学习成果。

积分管理是一种无形的约束机制，它通过特定的准则操纵和控制着组织的管理活动，规范、指导、约束着每个员工的行为。对案例学习实施积分管理，可以使员工重视案例学习活动，从而达到强化员工学习行为，提高积极性的目的。

9.2.2 充分利用新媒体推广手段

互联网已经渗透到现代人工作和生活的各方各面，企业如果运用得当，互联网信息传播的范围和速度都是传统传播方式的数倍。

2019，华为在被美国封杀的第8天，在互联网平台上发布了一部名为《悟空》的宣传短片。这部短片是华为影业为P30系列“未来影像”计划所拍的电影。故事发生在1990年，主人公小男孩用父亲省吃俭用买来的钢笔和朋友换了一张《悟空》的电影票，结果遭到了父亲的一顿好打。然而，这并没能阻止小男孩看电影，他一个人偷偷离家，一路遭遇了风吹、日晒、雨淋、被毒蛇咬、跌落山崖，仿佛是西游记里师徒四人西天取经一般历经九九八十一难。当小男孩千辛万苦到达城里后，却发现时间已是几十年后，手里的电影票也失效多年。

华为正是通过这个短片告诉大众“回到最初、寻找未来”，小男孩奋不顾身进城的身影寓意了华为30多年来克服重重困难的执着奋斗。即便前方路途险阻，华为必会像小男孩一般永葆初心，做自己的开路者。《悟空》的短片一经发布，在网络上引起了巨大的反响，网友们在惊叹华为P30系列的质量时，也纷纷为华为加油打气。

在互联网时代，信息传播方式是多元化的，像《悟空》这样的短片就是消费者乐于接受的一种传播方式。在互联网中，每个人都是信息的接受者和文化的传播者，只要有信息接受者，就能通过一传十、十传百的方式让信息传播扩散开来。

在互联网技术广泛使用的今天，尤其是移动智能终端的普及催生了全新的人际网络新关系、信息传播交流新途径、沟通新渠道和经济生活新模式。在进行案例推广时，我们也要不断强化“互联网+”思维，注重运用“大云物移”新技术和微博、微信、客户端、App等新媒体自媒体平台，不断提升案例传播的影响力和吸引力。

（1）在微信公众号 / 公司网站开设“优秀案例学习”专栏。一般来说，我们要了解一个企业可能第一时间就是去搜索公司网站或者微信公众号，可以说它们是企业对外连接的窗口。在微信公众号 / 公司网站上设置“优秀案例学习”专栏，一方面是传播优秀案例，另一方面也是对外传递良好的企业形象。但值得注意的是，对外公开的案例要注意重要信息的保密，避免让竞争对手获取商业机密。

（2）定期通过长图、软文、H5 等形式进行案例宣传。制作精良、喜闻乐见的案例材料本身，就是信息传播的优良素材，推广形式的创新可以加速内容的有效传播。善于应用丰富的媒体形式，如长图、软文、H5、视频等，多样化地呈现案例，增加案例的可读性和传播力度。

瑞士信贷集团的首席学习官西格里德·亨里也指出：“如果没有电子化学习系统，我们无法在重要的业务领域培训我们的员工，如法律和规定。电子化学习是确保我们的员工得到最新法规信息并应用于工作的唯一方法。公司将专家对当前企业内部和外部业务发展的看法拍成短小视频，收录进‘专家视角’平台，通过这一平台，所有员工都能够获得我们企业拥有的丰富知识。”企业可以利用互联网思维与工具提高传播力度与效能，最终实现组织智慧的传承。

9.2.3　可视化的内部宣传阵地

为了让案例成果实现更好的传播效果，我们可以充分利用可视化的内部宣传阵地。各类办公场所、文化墙、展厅、宣传栏板都是企业内部的可视化传播载体，企业可以通过这些传播载体，加强宣传阵地、环境和氛围建设，加强案例成果的可视化传播。

文化墙是公司的一张隐形名片，对内团结员工，对外吸引客户。阿里文化墙是阿里巴巴的一大特色。阿里巴巴有很多面不同的文化墙，包括阿里日、倒立文化、阿里土话、武侠文化、阿里成长史等，整体风格活泼、生动，与阿里巴巴的企业特性相呼应。在腾讯也有公仔墙、学习墙、文化衫墙等不同形式的文化墙。

文化展厅一定程度上可以作为企业历史博物馆，让员工和客户了解企业发展脉络，激励员工不断奋进。苏宁的企业展厅介绍了苏宁的价值观、战略转型构想、发展历程、人力资源理念、员工活动、苏宁荣誉、智能家居体验等内容，全方位地展示了苏宁的企业面貌，传播了苏宁文化。文化展厅是企业与外部沟通的桥梁，也是企业内部激励、教育员工的重要渠道。

企业可以专门设置文化廊、展厅、宣传栏板，也可以充分利用前台、会议室甚至各个办公室的空间设计和装饰布置等，对优秀案例成果、案例开发项目过程、优秀案例个人和组织等加以宣传。

企业内部的宣传阵地还有广播显示屏、活动室等途径。这些内部宣传阵地是企业进行案例成果展示的窗口，企业可以根据自身实际，选择不同的宣传阵地，传播优秀案例成果，营造良好的学习氛围。

事实上，除了几种形式，企业可以创造一切条件和机会将案例成果要素搭配其中。当然也要把握好尺度，过犹不及，过于密集、刻意的宣传反而会引起员工的焦虑、反感。适宜的视觉环境打造既能对外展示企业的良好形象，也能让员工更多地感受到学习氛围，在耳濡目染下逐渐适应并认可案例开发工作，最终转化为行动的动力。

9.3 案例开发推广活动

为使案例开发及教学方法论被更多员工掌握，企业可以开展一系列案例开发推广活动，包括案例开发标准化管理、举办案例大赛、认证案例开发师等。

9.3.1 案例开发标准化管理

近年来，随着案例教学的兴起，各个企业都在积极探索案例开发工作。但是由于缺乏标准，员工在编写案例时都比较随意，存在缺乏实证分析、事实与观点不匹配等问题，极大损害了案例教学在人们心中的地位。因此，企业需要建立统一的案例写作和评判标准，提高案例开发质量，这是推广案例成果、提高教学质量的必要举措。

国网大学（国家电网有限公司高级培训中心）开展基层供电企业最佳管理案例开发工作，总结了一整套在国有企业大规模培训中管理案例开发和评选的方法流程，实现了对基层供电企业工作经验的挖掘积淀和传播分享，有效推动了企业管理创新、干部能力提升和培训效果改进。

（1）制定案例写作模板。对案例撰写提出了详细要求并制定了案例写作模板。其中，特别强调提交上来的案例需要包括五个方面的内容：具体问题描述、解决问题的思路和方法、解决问题的实践过程、对实践过程的思考和对效果的评价。

（2）规范案例评审流程。在案例甄选过程中，提出“推选审改”四步流程（如图 9-2 所示），严格把控案例质量。

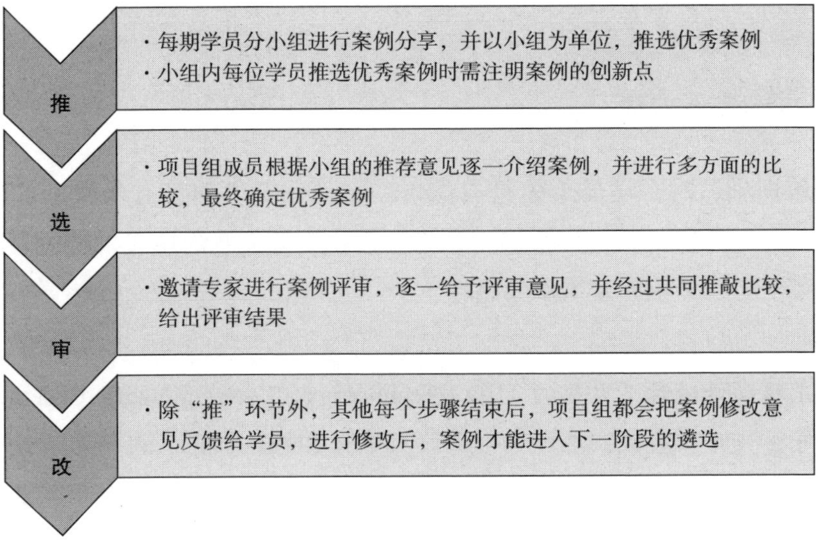

图 9-2　“推选审改”四步流程

统一案例写作的要求不仅规范了案例的写作标准，也为后期筛选案例省去了很多工作环节；案例评审流程设计的科学性、创新性，有效地保证了案例评选过程的公平及入选案例的质量。

为了能够高质量地收集案例，企业在案例开发标准化管理的基础上，需要加强宣传引导，增强员工对案例开发意义、方法论的认识，提高员工参与案例开发的积极性。

2020年，中铁十一局集团建筑安装工程有限公司积极探索案例库建设工作，多措并举引导员工开展经验总结，最终形成了48篇案例。公司培训负责人提出，如何提高案例编写质量，做好案例“点睛提质”是急需解决的问题。为此，公司组织了专题培训，邀请专家以理论结合实例的方式，从编制企业案例库的意义与要素、案例特征、如何编写案例、应注意事项等多维度讲解了案例库建设与案例写作技巧。通过专题培训，既帮助员工打开了案例写作的思路，也明确了企业未来开展案例应用的方向。

案例开发标准化管理为案例开发各环节匹配了标准流程、结构化模板及实操工具，使方法论易学习、易推广、可复制、可迁移。

9.3.2 举办案例大赛

在培训学习时，学员个体是有惰性的，而学员之间又有着微妙的竞争意识，因此，基于这种特性，很多企业都会通过案例大赛的模式，最大限度地引导和激发员工对案例开发工作的兴趣。

广东移动借助时下火热的TED（Technology、Entertainment、Design，即技术、娱乐、设计）模式，举办“一鸣惊人Talk Show大赛”，每个参加比赛的员工用18分钟讲述个人的故事、经验、心得。大赛旨在通过一线员工对真实经历的分享，促进个人或团队的最佳实践的快速传播，并将其转化为生产力。

大赛充分运用互联网思维进行推广运营，采用线上、线下相结合的互动方式，参赛选手可以在线报名，比赛环节的视频录像也可通过“微学习”手机端或微信公众号进行点播、评选。

一线员工通过一个个真实、生动、感人的故事，以多种方式演绎了自己在企业发展、个人成长过程中的不懈努力、深刻感受与具体收获，充分挖掘并分享了岗位的最佳实践，表现优异的员工更是借着大赛获得了更多的曝光度和职业发展机会。

经济学中有个一个关于竞争效应的概念，即竞争带来改进。竞争将会改变垄断者的思维定式、服务意识，使其能够提升效率、降低成本。其对企业有效，对员工同样有效。

举例来说，某酒吧只有一个调酒师，那么这个调酒师在薪酬和环境上向老板提要求时，老板便很难拒绝，而缺乏危机意识的调酒师也难以取得调酒工作上的突破。而倘若这家酒吧又引进了另一个调酒师，那么，两人便必须通过竞争的成败来决定“一哥”的归属，然后为自己争取更好的待遇，这样，调出来的酒水质量往往才能更高。

内部比赛是一种施压的过程，以同事之间或学员之间的比拼方式提升参与者的危机意识和进取心。比赛可以激发学员的外在学习动机，增强员工的学习意愿和投入度。同时，通过比赛可以找到标杆员工，而通过对标杆员工的案例进行宣传，又可以影响和引导更多的人参与进来。

除了用比赛的形式来评选优秀案例外，中信银行信用卡中心还面向企业内外开展案例评审员大赛，在更大范围推广案例成果。

中信银行信用卡中心一直以来都非常重视知识管理，每年都会收集并记录下涵盖战略管理、企业文化、人力资源、产品研发、市场经营、客户服务、营销、风险等多个领域最具有代表性、最具有创新价值的实践案例。

2013 年，中信银行信用卡中心依托微信平台面向企业内外部人员展开了“火星案例天使投资人招募”活动，邀请更多的人成为案例的评审员。活动当天，短短 10 分钟内便收到来自全国各地的 7000 多则申请消息。

借助互联网手段开发内部案例并推广案例活动，不仅可以在企业内部引起广泛反响，还可以成为企业管理创新的有力工具。

9.3.3 认证案例开发师

认证案例开发师也是企业进行案例开发推广的方式之一，充分挖掘和利用内部人力资源，让更熟悉企业语言的人来承担案例开发工作。

案例开发师作为企业内部知识管理的载体，有助于将知识沉淀和转化，进行知识传播和分享。企业需要案例开发师来带动更多人参与案例开发，但是并非所有人都能当案例开发师。组织需要制定一套选拔认证标准及流程，让足够优秀的员工来承担案例开发师的角色，为组织培养更多的人才。首先，案例开发师需要具备一定的能力，如表 9-2 所示。

表 9-2 案例开发师的能力要求（示例）

序号	核心能力	能力描述
1	领悟力	总结、感悟和升华工作中的实践经验
2	信息力	钻研探讨专业领域的知识，综合知识涉猎度高
3	学习力	通过不同的渠道来吸收知识，不断提升自己
4	逻辑力	问题分析、解决与表达有逻辑性，能有效解决学员的问题

企业在制定案例开发师的能力要求时，不一定局限于上述表格中的内容。不同企业面对的市场环境和拥有的内部资源不一样，可根据自身情况制定具体要求。

一般来说，企业认证案例开发师的方式包括部门推荐和自我推荐两种，具体认证流程如图 9-3 所示。

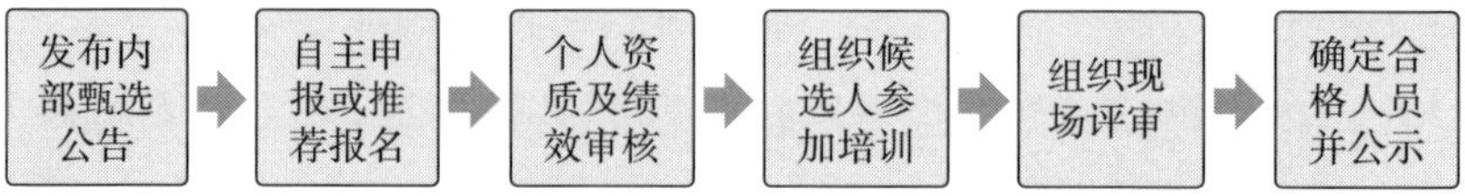

图 9-3 案例开发师的认证流程

（1）发布内部甄选公告。组织根据需要，发布案例开发师甄选公告，并附上选拔范围及标准等。在公告发布后，培训部门要向全体员工进行宣传，鼓励大家积极参与，以得到较多的报名人数，否则选拔会难以进行。

（2）自主申报或推荐报名。符合报名条件的员工，可自荐或由部门推荐，填写案例开发师申请表。

（3）个人资质及绩效审核。培训中心根据选拔标准，对申请人员的资质等情况进行审核，筛选出符合需求的候选人。在审核时，可要求申请人提供相关证明材料，如过往案例写作情况、取得的奖励情况。

（4）组织候选人参加培训。组织案例开发师候选人参加组织经验萃取与案例开发等所需的专业知识与技巧培训课程。

（5）组织现场评审。培训部门组织专业评审小组对候选人进行评估。专业评审小组不仅要包括内部培训相关人员，还要有外部专家。外部专家相对可以做到更加公正，尤其是在淘汰候选人时应由外部专家出面，其局外人的身份可以减少一些不必要的工作摩擦。

（6）确定合格人员并公示。培训部门将所有候选人的评估结果进行汇总并上报领导审核，经审批后向所有合格人员颁发案例开发师证书。

公司培训部门负责统一管理案例开发师，并定期对他们做考核和调整。

9.4　案例课程开发与应用

将萃取出来的最佳实践开发成案例课程，可以使组织经验得到更广泛的传播和传承，也是组织培养人才的最佳武器和资源。

9.4.1　开发案例课程

案例课程开发首先要解决课程定位的问题，课程开发人员必须清楚为什么要开发这门课程，以及这门课程为哪个人群开发，开发此课程是为了解决什么样的问题，能够培养学员什么样的能力等。课程定位表如表 9-3 所示。

表 9-3 课程定位表

课程名称： 开发人： 预估时长： 小时	
课程背景（为什么要开发这个课程？）：	
针对本课题，公司的期望是： 1. 2. 3.	目前存在的问题如下： 1. 2. 3.
学员对象描述：	
本次课程学员对象的特点是： 1. 2. 3.	本次课程学员对象在课堂上可能给培训师带来的挑战主要有： 1. 2. 3.
学习目标（完成本次课程后，学员能够收获什么？）：	

梳理完可传播的知识和经验，在此基础上，就要进行课程内容的开发，让经验变得简单易学可复制。为了让工作更加高效，在进行案例课程开发时，我们可以借助一些理论模型，如 SAM。

【管理研究】SAM（Successive Approximation Model，敏捷迭代课程开发模型）

SAM 融合了当代课程设计和开发流程，可以减少教学设计和开发的复杂性，转向侧重更积极和更高效的学习经验。SAM 将课程开发分为三个阶段，即准备、迭代设计和开发阶段。

（1）准备阶段：聚焦课程目标的确定。了解学员的目标、期望值，将前期收集的信息与参与者进行讨论、获取反馈。

（2）迭代设计阶段：聚焦课程内容的确定。团队成员通过研讨交流的方式，对课程内容的逻辑性、专业性不断进行设计、评估、修改和完善，在一定程度上提升企业内部课程开发的效率。

（3）迭代开发阶段：聚焦课程内容的实现。确定实现课程内容所需的软件、教学资源、时间和空间等，并通过不断演练、评估、完善，最终在课程实施前，最大限度地接近组织、岗位和个人的需求。

课程框架是一门课程的整体支架，课程无“框架”而不立，没有搭建起完整的整体逻辑性框架结构，再好的素材也无法被采用并设计开发出好的课程，培训的有效性也无从谈起。

课程框架的搭建重要的一个环节就是设计内容和内容之间的逻辑顺序。设计课程框架一般会遵循三个步骤：设定主题、分明章节、明确重点，如表 9-4 所示。

表 9-4　设计课程框架的三个步骤

设计步骤	具体内涵
设定主题	主题是该课程的中心论点，设定时要做到高度概括、聚焦浓缩，更要一目了然、吸引眼球，增加学员的兴趣度，激发其学习意愿
分明章节	设定主题后，便开始围绕课程主题细分章节，构建金字塔框架，从而真正达到突出主题、层次分明、“有血有肉”的效果
明确重点	在前两个步骤完成后，需要根据具体的教学时间，明确教学的重点和次重点内容模块，分清主次，引导学员高效学习。尤其在教学时间较短的情况下，区分课程的重点显得尤为重要

从开场到主题内容讲解，互动再到结尾，都要精心设计，让学员在课上有良好的体验才能使其学到更多的知识。

入职仅仅三个月，王阳便要给华为某省公司的干部讲“华为管理实践”这门课。这让她颇有压力，担心自己能不能讲好这门课，尤其在看到学员名单之后，她更加慌了。那些学员不仅年龄比她大了近 20 岁，而且职位也非常高。

在课程设计上，她思考了许多方面的问题。首先，她想到的就是如何跟高层级、高年龄的学员互动，因为只有形成良好的互动，培训的效果才有保证。否则，培训就干巴巴的，学员显然听不进去。其次，课程的内容如何取舍，这需要精准把握，既不能讲得太过于脱离实际，也不能只讲一些基础的内容。一连几天，王阳都在巨大的压力下对课程进行设计。

准备上课那天早上，她的主管给她发来消息，鼓励她说："我相信自己的眼光才让你讲，按试讲的状态正常发挥就可以。"主管的一番话让王阳卸下了心里的包袱，在课堂上引经据典，发挥自如，还不时引得全场哄笑。许多学员都相当认可她的授课。

在进行案例课程开发之前，要站在学员的角度考虑课程服务的对象特点及课程的学习目标，这样开发出来的课程就更有针对性，才能满足员工的学习需求。

9.4.2 录制线上微课

由于工作和生活的压力，人们已经越来越习惯于利用碎片化时间来进行学习。为了扩大组织知识和经验的传播范围，企业还可以开发微课，将业务专家的经验变成短时间的课程，并通过小程序或其他线上学习平台来发布案例课程，员工可在各类移动终端查看，随时随地进行学习。

微课的形式有很多种类型：

（1）图文类。以"图片＋文字"的形式展示学习内容，这种类型的微课制作速度快、传播方便，但是由于缺乏动态信息，容易导致学习者的代入感较低。

（2）动画类。采用动画技术制作电子课件，可以形象地向学习者展示学习内容，引起他们的注意力。

（3）视频类。一种是以角色扮演的形式，对课程进行情景设计，让真人演出学习内容的片段；一种是授课者面对镜头讲述课程内容，同时借助 PPT 进行教学展示。

（4）音频类。以音频文件的形式展示学习内容，虽然方便学习者的收听，但是学习者容易被其他事物分散注意力。

对企业来说，微信是发布案例微课的最佳平台之一。微信作为时下比较新潮的一种聊天工具，对我们生活的方方面面都产生了巨大的影响，尤其是它在传播知识和信息方面的优势非常明显。在微信上发布微课，学习者通过手机或电脑即可接收课程，可以不受时间、地点、环境的限制。

除此之外，很多企业也在使用慕课（Massive Open Online Course，MOOC）学习平台。“慕课”的概念是 2008 年由大卫・柯米尔（Dave Cormier）与布莱恩・亚历山大（Bryan Alexander）首次提出的，意思是大规模的开放式在线课程。慕课的概念一经提出，便很快在世界范围内获得了广泛的关注，并得到实际应用。

雅虎公司鼓励员工在 Coursera（一个提供免费的网络公开课程的网站）上通过 MOOC 课程进行自我学习，以此鼓励员工提升工作上所需的各种知识与技能。

英特尔公司运用 MOOC 针对新进员工提出了崭新的学习模式并获得了良好成效。通过让员工充分运用自己的时间自由学习，不仅大大降低了培训时间，也有效地提升了员工的能力。

Tenaris 公司与 edX（大规模开放在线课堂平台）合作，运用 edX 的软件平台及课程内容，为员工提供了丰富的 MOOC 学习资源，解决了来自不同背景和具有不同工作经历的员工的学习需求。

事实上，视频教学并不是新鲜事物，在远程教育实践中早就已经有所应用。但是，传统的视频教学有两个缺点，一是时间长，二是互动性差。在当下这种快节奏的生活中，人们完全不能适应这种教学方式。于是，时间短且内容实用的教学视频出现了，并受到了人们的普遍欢迎。

在录制微课时，我们可以在课程视频中嵌入一些测试题，这些测试题不仅能够提高学习的交互性，同时也是检测学习者学习效果的方式之一。另外，所有微课都应该配上简短的课程简介，一方面可以帮助学习者清楚地了解课程内容及学习目标，另一方面也可以对本门课程进行广泛宣传与营销，吸引更多的人参与到学习中来。

参考文献

[1] 悦扬，李殿波，余雪梅. 企业经验萃取与案例开发 [M]. 北京：机械工业出版社，2017.

[2] 邱伟. BEST 高能经验萃取：将优秀经验转化为绩效成果 [M]. 北京：电子工业出版社，2020.

[3] 李文德. 情景微课开发 [M]. 北京：电子工业出版社，2017.

[4] 孙波. 最佳实践萃取 [M]. 江苏：江苏人民出版社，2017.

[5] 李发海，章利勇. 组织发动机：中国企业大学最佳实践 [M]. 北京：电子工业出版社，2015.

[6] 周平，范歆蓉. 培训课程开发与设计 [M]. 北京：北京联合出版公司，2015.

[7] 彭剑锋，张建国. 经营者思维——赢在战略人力资源管理 [M]. 北京：中国人民大学出版社，2019.

[8] 邱昭良. 复盘 +：把经验转化为能力 [M]. 北京：机械工业出版社，2015.

[9] 王琳，朱文浩. 结构性思维：让思考和表达像搭积木一样有序省力 [M]. 北京：中信出版社，2016.

[10] 王玉荣，葛新红. 流程管理 [M]. 5 版. 北京：北京大学出版社，2016.

[11] 兰涛. 华为智慧：转型与关键时刻的战略决策 [M]. 北京：人民邮电出版社，2020.

[12] 林德斯. 毅伟商学院案例写作 [M]. 赵向阳，黄磊，译. 北京：北京师范大学出版社，2011.

[13] 厄斯金，林德斯，林德斯. 毅伟商学院案例教学 [M]. 黄磊，赵向阳，译. 北京：北京师范大学出版社，2011.

[14] 波洛克，杰斐逊，威克. 将培训转化为商业结果：学习发展项目的 6Ds 法则 [M]. 学习项目与版权课程研究院，译. 3 版 . 北京：电子工业出版社，2017.

[15] 斯托洛维奇，吉普斯. 交互式培训——让学习过程变得积极愉悦的成人培训新方法 [M]. 北京：企业管理出版社，2012.

[16] 马奎特. 学习型组织的顶层设计 [M]. 顾增旺，周蓓华，译. 3 版 . 北京：机械工业出版社，2016.

[17] 希尔伯曼. 如何做好生动培训 [M]. 孙丰田，译. 2 版 . 北京：机械工业出版社，2013.

[18] 派克. 重构学习体验：以学习为中心的创新性培训技术 [M]. 孙波，庞涛，胡智丰，译. 南京：江苏人民出版社，2015.

[19] 碧柯. ATD 学习发展指南 [M]. 顾立民，杨震，赵弘，等译. 2 版 . 北京：电子工业出版社，2016.

[20] 大岛祥誉. 麦肯锡工作法 [M]. 王柏静，译. 北京：中信出版社，2014.

[21] 霍恩，斯特克. 混合式学习：用颠覆式创新推动教育革命 [M]. 聂风华，徐铁英，译. 北京：机械工业出版社，2017.

[22] 帕金. 巧用故事做培训：以故事和比喻的形式助推学习进程 [M]. 派力，译. 北京：中国商业出版社，2011.